Tendenzen der deutschsprachigen Gegenwartsliteratur

BEITRÄGE ZUR LITERATUR
UND LITERATURWISSENSCHAFT
DES 20. UND 21. JAHRHUNDERTS

Herausgegeben von Hans-Edwin Friedrich
Begründet von Eberhard Mannack

BAND 30

*Zu Qualitätssicherung und Peer Review
der vorliegenden Publikation*

Die Qualität der in dieser Reihe
erscheinenden Arbeiten wird vor der
Publikation durch den Herausgeber der
Reihe geprüft.

*Notes on the quality assurance
and peer review of this publication*

Prior to publication, the quality of the
work published in this series is
reviewed by the editor
of the series.

Simon Hansen / Jill Thielsen (Hrsg.)

# Tendenzen der deutschsprachigen Gegenwartsliteratur

Narrative Verfahren und Traditionen in erzählender
Literatur ab 2010

PETER LANG

**Bibliografische Information der Deutschen Nationalbibliothek**
Die Deutsche Nationalbibliothek verzeichnet diese Publikation
in der Deutschen Nationalbibliografie; detaillierte bibliografische
Daten sind im Internet über http://dnb.d-nb.de abrufbar.

Gedruckt auf alterungsbeständigem, säurefreiem Papier.

Druck und Bindung: CPI books GmbH, Leck

ISSN 0721-2968
ISBN 978-3-631-76387-2 (Print)
E-ISBN 978-3-631-77212-6 (E-PDF)
E-ISBN 978-3-631-77213-3 (EPUB)
E-ISBN 978-3-631-77214-0 (MOBI)
DOI 10.3726/b14837

© Peter Lang GmbH
Internationaler Verlag der Wissenschaften
Berlin 2018
Alle Rechte vorbehalten.

Peter Lang – Berlin · Bern · Bruxelles ·
New York · Oxford · Warszawa · Wien

# Inhaltsverzeichnis

Simon Hansen und Jill Thielsen

# Tendenzen der deutschsprachigen Gegenwartsliteratur – eine Standortbestimmung

Entscheidet man sich für die Publikation eines Sammelbandes mit dem Titel *Tendenzen der deutschsprachigen Gegenwartsliteratur*, sieht man sich hinsichtlich der Begriffe ›Gegenwartsliteratur‹ und ›Tendenzen‹ vor definitorische Probleme gestellt, denn wie kann ein Sammelband den Anspruch erheben, das heterogene und aufgrund einer fehlenden literaturhistorischen Kanonisierung noch nicht näher charakterisierte Feld der aktuellen literarischen Produktion zu vermessen? Insbesondere das Determinans ‚Gegenwart-‘ gilt es deshalb näher zu bestimmen, sodass nicht nur eine Forschungsdiskussion, sondern auch Tendenzen der gegenwärtigen Literatur*wissenschaft* in den Blick rücken. Bis weit ins 20. Jahrhundert wurde die Auseinandersetzung mit Gegenwartsliteratur von der Literaturwissenschaft weitgehend abgelehnt.[1] Dies liegt vor allem am relationalen Charakter des Begriffs, hat man es doch laut des Definitionsversuchs im *Metzler Lexikon Literatur* mit der jüngsten Periode der Literaturproduktion zu tun[2], die sich durch ihre Unabgeschlossenheit und damit durch ihre Wandelbarkeit auszeichnet[3], was dem „Epochenbedarf der Literaturhistoriografie"[4] widerspricht.

---

1   Einen wissenschaftshistorischen Überblick liefert Carlos Spoerhase: Literaturwissenschaft und Gegenwartsliteratur. In: *Merkur* 68(1), 2014, S. 15–24, hier: S. 17–20.

2   Vgl. Lothar Bluhm: Gegenwartsliteratur [Art.]. In: Dieter Burdorf/Christoph Fasbender/Burkhard Moennighoff (Hg.): *Metzler Lexikon Literatur. Begriffe und Definitionen.* 3. Aufl. Stuttgart/Weimar 2007, S. 267.

3   Im Anschluss an die Definition des Metzler-Lexikons hebt Michael Braun in seiner Einführung die zentralen Kriterien der Wandelbarkeit, Zeitgenossenschaft und Zukunftsorientierung hervor (vgl. Michael Braun: *Die deutsche Gegenwartsliteratur. Eine Einführung.* Köln/Weimar/Wien 2010, S. 14–15). Zur wissenschaftshistorischen Dimension des Verhältnisses Literaturwissenschaft und Gegenwartsliteratur siehe auch Spoerhase, der aufzeigt, dass bis ins 20. Jahrhundert hinein nur literaturkritisch und essayistisch über Gegenwartsliteratur geschrieben werden sollte, könne die Gegenwartsliteratur aufgrund ihrer Beweglichkeit doch nur skizzenhaft erfasst werden. Spoerhase sieht in der Konzentration auf die Textsorte des Essays vielmehr eine Vermeidung methodologischer Probleme (vgl. Spoerhase 2014, S. 17–18).

4   Spoerhase 2014, S. 18. Zu den fehlenden schlüssigen Deutungs- und Ordnungskategorien und zur „fehlenden Deutungstradition und Kanonisierungsgeschichte, die

Die Annäherung an Gegenwartsliteratur blieb auch nach der Ausdifferenzierung des Faches und seines neugermanistischen Teilbereichs weiterhin Sache der Literaturkritik und des Feuilletons, sodass noch bis in die 1990er Jahre die Arbeitsteilung von Kritik und Wissenschaft zumindest seitens des Feuilletons behauptet worden ist.[5] Damit gewann die Literaturkritik nicht nur die Deutungshoheit über die Gegenwartsliteratur und trug zu Selektions- und Kanonisierungsprozessen bei, sondern die Literaturwissenschaft vermied durch die Reproduktion der vermeintlichen Grenze ihres Untersuchungsgegenstandes auch die Reflexion methodologischer Probleme, mit denen sie sich bei einer Beschäftigung mit den jüngsten literarischen Werken konfrontiert sieht. Erst um 2000[6] lässt sich eine verstärkte Hinwendung der Literaturwissenschaft zum in epistemisch und methodologischer[7] Hinsicht unsicheren Feld der Gegenwartsliteratur erkennen, die sich u. a. in Lehrveranstaltungen zu aktuellen Texten, Poetik-Dozenturen und -vorlesungen widerspiegelt und eine rege Produktion von Sammelbänden und Qualifikationsschriften zum Thema angestoßen hat.[8] Um der Offenheit, die der

---

für die Literaturwissenschaft Gegenwart zum Problem werden lässt", siehe auch Silke Horstkotte/Leonhard Herrmann: Poetiken der Gegenwart? Eine Einleitung. In: dies. (Hg.): *Poetiken der Gegenwart. Deutschsprachige Romane seit 2000.* Berlin/Boston 2013, S. 1–11, hier: S. 2.

5    Carlos Spoerhase verweist auf die Ablehnung einer Gegenwartsliteraturforschung seitens des Feuilletons und der Literaturkritik am Beispiel von Hannelore Schlaffer und Thomas Steinfeld (vgl. Spoerhase 2014, S. 15–16) und fragt außerdem nach der Herkunft der Arbeitsteilung – meist metaphorisch in den Oppositionspaaren Feuilleton = lebendige Gegenwartsliteratur/Literaturwissenschaft = tote Klassiker gefasst –, die er bereits im 19. Jahrhundert verortet (ebd., S. 16–17).

6    Vgl. Maik Bierwirth/Anja Johannsen/Mirna Zeman: Doing Contemporary Literature. In: dies. (Hg.): *Doing Contemporary Literature. Praktiken, Wertungen, Automatismen.* München 2012, S. 9–19, hier: S. 9.

7    Vgl. ebd., S. 15.

8    Vgl. neben den bisher und im Folgenden aufgeführten Sammelbänden exemplarisch Søren R. Fauth/Rolf Parr (Hg.): *Neue Realismen in der Gegenwartsliteratur.* Paderborn 2016. Tanja van Hoorn (Hg.): *Zeit, Stillstellung und Geschichte im deutschsprachigen Gegenwartsroman.* Hannover 2016. Monika Wolting (Hg.): *Identitätskonstruktionen in der deutschen Gegenwartsliteratur.* Göttingen 2017. Neben thematisch ausgerichteten Ansätzen findet sich auch Heribert Tommeks viel beachtete Monographie, die die Entwicklung des literarischen Feldes nach 1945 rekonstruiert, um die interagierenden literatursoziologischen Prozesse zu skizzieren, die zur Formation des gegenwärtigen Literaturbetriebs geführt haben (vgl. Heribert Tommek: *Der lange Weg in die Gegenwartsliteratur. Studien zur Geschichte des literarischen Feldes in Deutschland von 1960 bis 2000.* Berlin/München/Boston 2015).

Begriff ›Gegenwartsliteratur‹ mit sich bringt, begegnen zu können, schwanken die Definitionsversuche zwischen einer zeitlich genauen Eingrenzung, die sich an das soziologische Konzept der Generation anlehnt[9] oder historische (soziale oder politische) Wendepunkte zur Kategorisierung vorschlägt[10], und radikalen Forderungen nach einer Fokussierung auf den Aspekt der Gegenwärtigkeit und damit auf die Möglichkeit der unmittelbaren Erfahrbarkeit von Literatur durch Autorenlesungen und die performative Präsenz der Urheber.[11] So dient das Kompositum vor allem als zeitliche Systematisierung ohne definitorischen Aspekt, der ohnehin nicht eingelöst werden kann,[12] ist doch jedes literarische Werk einmal Gegenwartsliteratur gewesen.[13] Unabhängig von dieser zeitlichen Wandelbarkeit insbesondere hinsichtlich des bezeichneten Textkorpus, sieht sich die Gegenwartsliteraturforschung vor weitere methodologische Probleme gestellt, die aus der von Oliver Jahraus betonten Präsenz der Urheber literarischer Werke resultieren können und – obwohl wissenschaftstheoretische Standards betreffend – nur selten reflektiert werden. Institutionalisierte Foren wie Poetik-Dozenturen und andere Autorzentrierungen wie Werkstattgespräche und Interviews[14]

---

9  So formuliert Paul Michael Lützeler 2002 im Vorwort zur ersten Ausgabe des Jahrbuchs *Gegenwartsliteratur*: „‚Gegenwart' bedeutet die Zeitspanne einer Generation, hier also (in etwa) die letzten dreißig Jahre." (Paul Michael Lützeler: Vorwort. In: *Gegenwartsliteratur. Ein germanistisches Jahrbuch/A German Studies Yearbook* 1(1), 2002, S. xiii–xix, hier: S. xvii.

10  Begriffe wie ›Nachkriegsliteratur‹, ›Literatur seit 1945‹ und ›Literatur nach 1989‹ oder ›Literatur nach 9/11‹.

11  Vgl. hierzu Oliver Jahraus: *Die Gegenwartsliteratur als Gegenstand der Literaturwissenschaft und die Gegenwärtigkeit der Literatur*. Vortrag auf der Tagung des Literaturbeirats des Goetheinstituts in München am 14.01.2010, retrieved 22.09.2017, from http://www. medienobservationen.lmu.de/artikel/allgemein/allgemein_pdf/jahraus_gegenwartsliteratur.pdf, S. 6.

12  So wundert es nicht, dass definitorische Annäherungen auch ganz ausbleiben können (vgl. Kalina Kupczyńska/Nadine J. Schmidt: Editorial. In: dies. (Hg.): *Poetik des Gegenwartsromans*. Text + Kritik für Literatur. Sonderband. München 2016, S. 5–8) oder rein chronikalische Abrisse der jüngsten Literaturgeschichte verfasst werden (vgl. exemplarisch Volker Hage: *Letzte Tänze, erste Schritte. Deutsche Literatur der Gegenwart*. München 2007).

13  Vgl. Reto Sorg/Adrian Mettauer/Wolfgang Proß: Zurück in die Gegenwart. Eine Einleitung. In: dies. (Hg.): *Zukunft der Literatur – Literatur der Zukunft. Gegenwartsliteratur und Literaturwissenschaft*. München 2003, S. 7–11, hier: S. 8.

14  Vgl. exemplarisch die dokumentierten Gespräche Martin Eichs und Kalina Kupczyńskas mit Marcel Beyer und Clemens J. Setz im Text + Kritik Sonderband *Poetik des Gegenwartsromans* (Kalina Kupczyńska/Nadine J. Schmidt 2016, S. 9–12 und S. 13–17) oder das den Sammelband *Die Unendlichkeit des Erzählens* abschließende

können zu einer methodisch problematischen Grenztilgung von Beobachtung und Teilnahme der Literaturwissenschaftler\*innen führen[15] und auch die neuerdings zur Verfügung stehenden Datenmengen wie z. B. Vorlässe und Websites von Autor\*innen müssen im Zuge einer literaturwissenschaftlichen Analyse und Kontextualisierung zunächst und in erster Linie quellenkritisch erschlossen werden.[16] Einen Ausweg aus der methodologischen Debatte hinsichtlich einer literaturwissenschaftlichen Auseinandersetzung mit gegenwärtiger Literatur bzw. die Chance zu einer differenzierten Reflexion der methodologischen Probleme einer Gegenwartsliteraturforschung sieht Carlos Spoerhase in der Anlehnung an Fragestellungen des geschichtswissenschaftlichen Feldes der Zeitgeschichte, die den quellenkritischen Umgang u. a. mit Zeitzeugenberichten und die Funktion der Literaturwissenschaft im literarischen Feld betreffen.[17] Unabhängig davon hält Hans-Harald Müller jedoch fest:

> Epistemologisch hindert nichts daran, dass ein Literaturwissenschaftler einen Gegenwartstext streng wissenschaftlich interpretiert. Dass das so sehr selten geschieht, hängt damit zusammen, dass solche Interpretationen überaus riskant und auf eine geradezu leichtsinnige Weise falsifikationsgefährdet sind.[18]

Dieses zuletzt bemerkte Risiko nicht scheuend versammelt der vorliegende Band punktuelle Analysen und Interpretationen von Texten der deutschsprachigen Erzählliteratur seit 2010 und versteht sich damit auch als Materialbasis. So lassen sich die Beiträge und ihre Ergebnisse bereits mit heuristischen

---

Werkstattgespräch (Carsten Rohde/Hansgeorg Schmidt-Bergmann (Hg.): *Die Unendlichkeit des Erzählens. Der Roman in der deutschsprachigen Gegenwartsliteratur seit 1989*. Bielefeld 2013, S. 347–374). Auch Beiträge von Autor\*innen finden häufig Platz in wissenschaftlichen Publikationen zur Gegenwartsliteratur (so Kathrin Rögglas Ausführungen in: Jürgen Brokoff/Ursula Geitner/Kerstin Stüssel (Hg.): *Engagement. Konzepte von Gegenwart und Gegenwartsliteratur*. Göttingen 2016, S. 431–443 und S. 445–457), sodass vor einem systemtheoretischen Hintergrund auch nach den Grenzen der Systeme ›Wissenschaft‹ und ›Kunst‹ gefragt werden muss.

15  Vgl. Spoerhase 2014, S. 22.
16  Vgl. insgesamt zu Problemen und Standards einer Gegenwartsliteraturforschung Julika Griem: Standards für eine Gegenwartsliteraturforschung. In: *Germanisch-Romanische Monatsschrift*. Neue Folge 65(1), 2015, S. 97–114, hier: S. 104.
17  Vgl. Spoerhase 2014, S. 24. Griem meint, die methodische Analogie von Zeitgeschichte und Gegenwartsliteraturforschung bereits zu erkennen (vgl. Griem 2015, S. 100), vermisst aber weiterhin eine systematische methodologische Reflexion.
18  Hans-Harald Müller: Philologie und Gegenwartsliteratur. In: *Internationales Archiv für Sozialgeschichte der deutschen Literatur* 40(1), 2015, S. 168–176, hier: S. 175.

Systematisierungsversuchen[19] der aktuellen Forschung verbinden und können auch für zukünftige, weiterführende historisierende Arbeiten, mit einem dann schon zeitlich distanzierteren Blick genutzt und gegebenenfalls justiert werden.

Im Anschluss an Ursula Geitners potentielle Leitfragen für eine Gegenwartsliteraturforschung fokussieren die Beiträge inhaltlich-thematische, stoffliche, kontextbezogene und generische Aspekte, die sich auch mit Konzepten und Verfahren aus vorherigen literaturgeschichtlichen Epochen verbinden lassen.[20]

Der zweite diskussionswürdige Begriff ›Tendenzen‹ soll in diesem Zusammenhang ausdrücken, dass sich zu einem bestimmten Zeitpunkt innerhalb der deutschsprachigen Literatur[21] Entwicklungen zu erkennen geben, die sich über den Einzeltext hinweg zusammenfassen lassen. Er markiert in seiner Unschärfe, dass es aufgrund der zeitlichen Nähe zum Gegenstand nicht der Anspruch ist, ein bereits abgeschlossenes Fazit zu formulieren. Ein solches Vorhaben verfolgt lediglich eine Auswahl sich aktuell abzeichnender Richtungen und systematisiert die Tendenzen der Gegenwartsliteratur nicht in Gänze[22]. Wie und ob sich diese

---

19  Vgl. für einen solchen Systematisierungsversuch exemplarisch: Moritz Baßler: Die Unendlichkeit des realistischen Erzählens. Eine kurze Geschichte moderner Textverfahren und die narrativen Optionen der Gegenwart. In: Rohde/Schmidt-Bergmann 2016, S. 27–45.

20  Zwar lehnt z. B. Jahraus einen solch historisierenden Blick auf die Gegenwartsliteratur ab, doch können auch solche Rekurse auf Vergangenes, wie Geitner mit Bezug auf die Ausführungen des Germanisten Eugen Wolff 1895 festhält, für die Erforschung gegenwärtiger Literatur aufschlussreich sein (vgl. Ursula Geitner: Stand der Dinge: Engagement-Semantik und Gegenwartsliteratur-Forschung. In: Brokoff/Geitner/Stüssel 2016, S. 19–58, hier: S. 53).

21  Dass diese Tendenzen wiederum anschlussfähig an andere Nationalliteraturen sind, zeigen beispielsweise Heribert Tommek für Frankreich (vgl. Heribert Tommek: Formen des Realismus im Gegenwartsroman. Ein konzeptueller Bestimmungsversuch. In: Schmidt/Kupczyńska 2016, S. 75–87) und Alessandro Costazza für Italien (vgl. Alessandro Costazza: Effet de réel und die Überwindung der Postmoderne:»Es geht um den Realismus«. In: Birgitta Krumrey/Ingo Vogler/Katharina Derlin (Hg.): Realitätseffekte in der deutschsprachigen Gegenwartsliteratur. Schreibweisen nach der Postmoderne? Heidelberg 2014, S. 63–89).

22  „In einem enger gefassten, politischen Sinn scheint es seit einiger Zeit zu einer Renaissance des Engagements zu kommen. Jüngere Schriftsteller wie Juli Zeh kritisieren unter dem Ausruf »Wir trauen uns nicht« die »zeitgenössische Abkehr der Literatur vom Politischen« und plädieren stattdessen dafür,»legitime Interessen gemeinsam durchzusetzen und auf diese Weise am demokratischen Leben teilzunehmen.«" (Einleitung. In: Brokoff/Geitner/Stüssel 2016, S. 9–18, hier: S. 9). Auf diese Tendenz der Gegenwartsliteratur verweist unter anderen der von Brokoff/Geitner/Stüssel herausgegebene Sammelband, auf welche im vorliegenden jedoch nicht näher eingegangen wird.

an Zukunft fortsetzen werden, lässt sich nicht sagen; dass die Literaturwissenschaft dennoch an einem sehr heterogenen Untersuchungsgegenstand aktueller Veröffentlichungen gleiche Entwicklungen und rückgewandt bereits literaturhistorische Anknüpfungspunkte ausmachen kann, zeigt der vorliegende Band. Über die einzelnen Beiträge hinweg lässt sich erkennen, dass die jüngste Erzählliteratur auf realistische Darstellungsweisen und Erzählwelten zurückgreift (vgl. Beiträge von HANSEN, SCHMIDT), deren literaturhistorischer Bezugspunkt mit Heribert Tommek im Realismus des 19. Jahrhunderts gesehen werden kann. Die Epoche fungiert „als Folie, vor der sich der realistische, gut lesbare, potenziell gut verkäufliche und zugleich literarisch ambitionierte Gegenwartsroman entwickelt."[23] Dass die deutsche Gegenwartsliteratur wieder zu mehr Welthaltigkeit neigt, wurde bereits mehrfach im literaturwissenschaftlichen Kontext festgehalten.[24] Darüber hinaus liegen beispielsweise mit dem ›Populären Realismus‹ (Baßler)[25] und dem ›Ironischen Realismus‹ (Schramm)[26] sowohl aus dem Bereich der Literaturwissenschaft als auch mit dem ›Relevanten Realismus‹[27] (Politycki) oder dem ›Kybernetischen Realismus‹ (Herbst)[28] aus dem literarischen Betrieb begriffliche Angebote vor, diese Entwicklung zu benennen.[29] Eine weitere Tendenz lässt sich daran ablesen, dass sich die Gegenwartsliteratur auf ihre Vorläufer (HANSEN, SCHMIDT), tradierte Motive (KOCHANOWSKA) oder Prätexte und Genres (BUCK, HUNDERTMARK) bezieht. Diese Form der literarischen Referenz[30] lässt sich erweitern, da aktuelle Erzählliteratur

---

23  Tommek 2016, S. 76.
24  Krumrey/Vogler/Derlin 2014. Ebenso Baßler 2013 sowie Fauth/Parr 2016.
25  Moritz Baßler: Populärer Realismus. In: Roger Lüdeke (Hg.): *Kommunikation im Populären. Interdisziplinäre Perspektiven auf ein ganzheitliches Phänomen.* Bielefeld 2011, S. 91–103.
26  Moritz Schramm: Ironischer Realismus. Selbstdifferenz und Wirklichkeitsnähe bei Abbas Khider. In: Fauth/Parr 2016, S. 71–84.
27  Matthias Politycki: Relevanter Realismus. In: ders. (Hg.): *Vom Verschwinden der Dinge in der Zukunft.* Hamburg 2007, S. 102–106.
28  Alban Nikolai Herbst: *Kybernetischer Realismus. Heidelberger Vorlesungen.* Heidelberg 2008.
29  Zur Rubrizierung von Gegenwartsliteratur als realistisch, der Diversität der Zuschreibung sowie dem Versuch der Spezifizierung durch Adjektive siehe Rolf Parr: Neue Realismen. Formen des Realismus in der Gegenwartsliteratur. In: Fauth/Parr 2016, S. 11–22, insbesondere S. 13f.
30  Vgl. zur literarischen Referenz im Gegenwartsroman: Dirk Niefanger: Realitätsreferenzen im Gegenwartsroman. Überlegungen zu ihrer Systematisierung. In: Krumrey/ Vogler/Derlin 2014, S. 35–62.

ebenfalls tendenziell über historisches Erzählen Vergangenheit rekonstruiert (Płomińska-Krawiec, Greser)[31] oder historisch belegbare Ereignisse und Persönlichkeiten fiktiv modelliert (Rauen, Thielsen). Diese Form der Realitätsreferenz ist mit einer Hinwendung zum Biographischen verbunden, die nicht nur Personen mit weitreichendem Bekanntheitsgrad vorbehalten ist (Rauen, Kochanowska, Hundertmark), sondern auch als Mikrohistorie der Familiengeschichte von überindividuellem Interesse sein kann (Płomińska-Krawiec, Greser, Schmidt). Da sich die Autor*innen und Erzählinstanzen in den behandelten Erzähltexten selbstreflexiv zu ihrer rekonstruierenden Arbeit an dem überlieferten Quellenmaterial äußern, führen sie neben dem Anspruch der Literatur als Interdiskurs[32], einen Beitrag zur Geschichtsschreibung zu liefern, gleichzeitig die Probleme vor, die ein solcher Versuch, Literatur als Werkzeug der Wirklichkeitsrekonstruktion zu benutzen, in sich birgt.

Aus diesen innerhalb der Gegenwartsliteratur erkennbaren Tendenzen ergibt sich nahezu zwangsläufig eine weitere, die durch selbstreferenzielle Strukturen die Grenzen von Zeichen und Zeichenkomplexen und damit auch die Grenzen von Literatur und ihr Verhältnis zur außertextlichen Realität thematisiert (Thielsen).[33] Die beschränkten Möglichkeiten der Literatur, nur Szenarien, nie aber faktische Wahrheit schaffen zu können, geraten auf den Prüfstein, was letztlich aber nicht zu einer Absage ihrer Daseinsberechtigung, sondern vielmehr zu einer Würdigung und Stärkung ihrer ihr eigenen Zugriffsmöglichkeiten führt[34].

Die Beiträge des vorliegenden Bandes entstanden im Rahmen des Doktorandenworkshops *Tendenzen in der deutschsprachigen Gegenwartsliteratur* während der 5. Posener Tage in Kiel im November 2016.

Unser Dank gilt Professorin Dr. Maria Wojtczak von der Adam-Mickiewicz-Universität Posen für die produktive Zusammenarbeit in den letzten Jahren.

---

31  Vgl. zur Beziehung von Geschichte und Literatur in der Gegenwartsliteratur die entsprechenden Beiträge in Horstkotte/Herrmann 2013.

32  Vgl. Ansgar Nünning: *Von historischer Fiktion zu historiographischer Metafiktion. Band 1. Theorie, Typologie und Poetik des historischen Romans.* Trier 1995, S. 78–89.

33  Auch hier ergibt sich ein Anschlusspunkt zur Literatur des poetischen Realismus im 19. Jahrhundert, die ebenfalls selbstreferentielle Textstrukturen aufweist (vgl. hierzu einführend Claus-Michael Ort: Was ist Realismus? In: Christian Begemann (Hg.): *Realismus – Epoche – Autoren – Werke.* Darmstadt 2007, S. 11–26, hier: S. 12).

34  Vgl. Andrea Bartl/Nils Ebert (Hg.): *Der andere Blick der Literatur. Perspektiven auf die literarische Wahrnehmung der Wirklichkeit.* Würzburg 2014.

Ferner danken wir dem International Center der Christian-Albrechts-Universität sowie dem Institut für Neuere Deutsche Literatur und Medien für die finanzielle Förderung des Bandes und Olaf Koch für das Layout und den Satz. Unser abschließender Dank gilt Professor Dr. Hans-Edwin Friedrich für die Aufnahme des Bandes in die Reihe *Beiträge zur Literaturwissenschaft des 20. und 21. Jahrhunderts.*

Kiel, Mai 2018
*Simon Hansen/Jill Thielsen*

## Literaturverzeichnis

Bartl, Andrea/Ebert, Nils (Hg.): *Der andere Blick der Literatur. Perspektiven auf die literarische Wahrnehmung der Wirklichkeit.* Würzburg 2014.

Baßler, Moritz: Populärer Realismus. In: Lüdeke, Roger (Hg.): *Kommunikation im Populären. Interdisziplinäre Perspektiven auf ein ganzheitliches Phänomen.* Bielefeld 2011, S. 91–103.

Baßler, Moritz: Die Unendlichkeit des realistischen Erzählens. Eine kurze Geschichte moderner Textverfahren und die narrativen Optionen der Gegenwart. In: Rohde, Carsten/Schmidt-Bergmann, Hansgeorg (Hg.): *Die Unendlichkeit des Erzählens. Der Roman in der deutschsprachigen Gegenwartsliteratur seit 1989.* Bielefeld 2013, S. 27–45.

Bierwirth, Maik/Johannsen, Anja/Zeman, Mirna: Doing Contemporary Literature. In: dies. (Hg.): *Doing Contemporary Literature. Praktiken, Wertungen, Automatismen.* München 2012, S. 9–19.

Bluhm, Lothar: Gegenwartsliteratur [Art.]. In: Burdorf, Dieter/Fasbender, Christoph/Moennighoff, Burkhard (Hg.): *Metzler Lexikon Literatur. Begriffe und Definitionen.* 3. Aufl. Stuttgart/Weimar 2007, S. 267.

Braun, Michael: *Die deutsche Gegenwartsliteratur. Eine Einführung.* Köln/Weimar/Wien 2010.

Brokoff, Jürgen/Geitner, Ursula/Stüssel, Kerstin (Hg.): *Engagement. Konzepte von Gegenwart und Gegenwartsliteratur.* Göttingen 2016.

Costazza, Alessandro: *Effet de réel* und die Überwindung der Postmoderne: »Es geht um den Realismus«. In: Krumrey, Birgitta/Vogler, Ingo/Derlin, Katharina (Hg.): *Realitätseffekte in der deutschsprachigen Gegenwartsliteratur. Schreibweisen nach der Postmoderne?* Heidelberg 2014, S. 63–89.

Fauth, Søren R./Parr, Rolf (Hg.): *Neue Realismen in der Gegenwartsliteratur.* Paderborn 2016.

Geitner, Ursula: Stand der Dinge: Engagement-Semantik und Gegenwarts-literatur-Forschung. In: Brokoff, Jürgen/Geitner, Ursula/Stüssel, Kerstin (Hg.): *Engagement. Konzepte von Gegenwart und Gegenwartsliteratur*. Göttingen 2016, S. 19–58.

Griem, Julika: Standards für eine Gegenwartsliteraturforschung. In: *Germanisch-Romanische Monatsschrift*. Neue Folge 65(1), 2015, S. 97–114.

Hage, Volker: *Letzte Tänze, erste Schritte. Deutsche Literatur der Gegenwart*. München 2007.

Herbst, Alban Nikolai: *Kybernetischer Realismus. Heidelberger Vorlesungen*. Heidelberg 2008.

van Hoorn, Tanja (Hg.): *Zeit, Stillstellung und Geschichte im deutschsprachigen Gegenwartsroman*. Hannover 2016.

Horstkotte, Silke/Herrmann, Leonhard: Poetiken der Gegenwart? Eine Einleitung. In: dies. (Hg.): *Poetiken der Gegenwart. Deutschsprachige Romane seit 2000*. Berlin/Boston 2013, S. 1–11.

Jahraus, Oliver: *Die Gegenwartsliteratur als Gegenstand der Literaturwissenschaft und die Gegenwärtigkeit der Literatur*. Vortrag auf der Tagung des Literaturbeirats des Goetheinstituts in München am 14.01.2010, retrieved 22.09.2017, from http://www.medienobservationen.lmu.de/artikel/allgemein/allgemein_pdf/jahraus_gegenwartsliteratur.pdf.

Kupczyńska, Kalina/Schmidt, Nadine J.: Editorial. In: dies. (Hg.): *Poetik des Gegenwartsromans*. Text + Kritik für Literatur. Sonderband. München 2016, S. 5–8.

Lützeler, Paul Michael: Vorwort. In: *Gegenwartsliteratur. Ein germanistisches Jahrbuch/A German Studies Yearbook* 1(1), 2002, S. xiii–xix.

Müller, Hans-Harald: Philologie und Gegenwartsliteratur. In: *Internationales Archiv für Sozialgeschichte der deutschen Literatur* 40(1), 2015, S. 168–176.

Niefanger, Dirk: Realitätsreferenzen im Gegenwartsroman. Überlegungen zu ihrer Systematisierung. In: Krumrey, Birgitta/Vogler, Ingo/Derlin, Katharina (Hg.): *Realitätseffekte in der deutschsprachigen Gegenwartsliteratur. Schreibweisen nach der Postmoderne?* Heidelberg 2014, S. 35–62.

Nünning, Ansgar: *Von historischer Fiktion zu historiographischer Metafiktion. Band 1. Theorie, Typologie und Poetik des historischen Romans*. Trier 1995.

Ort, Claus-Michael: Was ist Realismus? In: Begemann, Christian (Hg.): *Realismus. Epoche – Autoren – Werke*. Darmstadt 2007, S. 11–26.

Parr, Rolf: Neue Realismen. Formen des Realismus in der Gegenwartsliteratur. In: Fauth, Søren R./Parr, Rolf (Hg.): *Neue Realismen in der Gegenwartsliteratur*. Paderborn 2016, S. 11–22.

Politycki, Matthias: Relevanter Realismus. In: ders. (Hg.): *Vom Verschwinden der Dinge in der Zukunft.* Hamburg 2007, S. 102–106.

Rohde, Carsten/Schmidt-Bergmann, Hansgeorg (Hg.): *Die Unendlichkeit des Erzählens. Der Roman in der deutschsprachigen Gegenwartsliteratur seit 1989.* Bielefeld 2013.

Schramm, Moritz: Ironischer Realismus. Selbstdifferenz und Wirklichkeitsnähe bei Abbas Khider. In: Fauth, Søren R./Parr, Rolf (Hg.): *Neue Realismen in der Gegenwartsliteratur.* Paderborn 2016, S. 71–84.

Sorg, Reto/Mettauer, Adrian/Proß, Wolfgang: Zurück in die Gegenwart. Eine Einleitung. In: dies. (Hg.): *Zukunft der Literatur – Literatur der Zukunft. Gegenwartsliteratur und Literaturwissenschaft.* München 2003, S. 7–11.

Spoerhase, Carlos: Literaturwissenschaft und Gegenwartsliteratur. In: *Merkur* 68(1), 2014, S. 15–24.

Tommek, Heribert: Formen des Realismus im Gegenwartsroman. Ein konzeptueller Bestimmungsversuch. In: Kupczyńska, Kalina/Schmidt, Nadine J. (Hg.): *Poetik des Gegenwartsromans.* Text + Kritik für Literatur. Sonderband. München 2016, S. 75–87.

Tommek, Heribert: *Der lange Weg in die Gegenwartsliteratur. Studien zur Geschichte des literarischen Feldes in Deutschland von 1960 bis 2000.* Berlin/München/Boston 2015.

Wolting, Monika (Hg.): *Identitätskonstruktionen in der deutschen Gegenwartsliteratur.* Göttingen 2017.

Simon Hansen

# ›Ungefähres Erzählen‹ in den Romanen von Peter Stamm. Eine Bestimmung am Beispiel von *Weit über das Land* (2016)

**Abstract:** A main feature of Peter Stamm's novels is their narrative sparingness. Therefore, in former discussions Stamm's writing style was compared to the one of Max Frisch. Using Stamm's novel *Weit über das Land* as an example, this article highlights the intertextual relation between Stamm and Frisch and assembles the characteristics of Stamm's narrative style in general, in this article referred to as ›ungefähres Erzählen‹.

Kaum einer der bisher vorliegenden Forschungsbeiträge zu den inzwischen sechs Romanen und vier Kurzgeschichtenbänden des Schweizer Autors Peter Stamm (geb. 1963) verzichtet darauf, Untersuchungsergebnisse zu einem Roman auch auf andere zu beziehen und so die Charakteristika seines Œuvres zusammenfassend zu formulieren. Nicht zu Unrecht, denn Aussagen über wiederkehrende Themen wie das „permanente Scheitern der Figuren bei ihrem Versuch, dauerhaftes Glück zu finden"[1], die „Frage, in welcher Weise die Menschen der Gegenwart ihre Liebesverhältnisse gestalten und welchen Mechanismen die jeweiligen Formen zwischenmenschlicher Beziehungen gehorchen"[2] oder das „Gefühl der Unbehaustheit"[3] lassen sich insgesamt auf Stamms Werk beziehen. Auch der Erzählstil ist übergreifend als markant lakonische[4], adjektivarme

---

1  Hartmut Vollmer: Die sprachlose Nähe und das ferne Glück. Sehnsuchtsbilder und erzählerische Leerstellen in der Prosa von Judith Hermann und Peter Stamm. In: Keith Bullivant et al. (Hg.): *Literatur für Leser* 29(1), 2006, S. 59–79, hier: S. 63.

2  Heinz Schumacher: Zur Anatomie gegenwärtiger Liebesverhältnisse. Beobachtungen zu den Romanen und zu einigen Erzählungen von Peter Stamm. In: Corinna Schlicht (Hg.): *Stimmen der Gegenwart. Beiträge zu Literatur, Film und Theater seit den 1990er Jahren*. Oberhausen 2011, S. 109–133, hier: S. 109.

3  Kathrin Wimmer: Der flüchtige Mensch bei Peter Stamm: Transiträume und Erinnerungsorte. In: Miriam Kanne (Hg.): *Provisorische und Transiträume. Raumerfahrung ,Nicht-Ort'*. Berlin 2013, S. 259–275, hier: S. 264.

4  Iris Hermann verweist unter Berücksichtigung des Begriffsursprunges auf die Lakonie in Stamms ersten beiden Romanen. Sie stellt heraus, dass Peter Stamm „auf kleinste Versuchsanordnungen setzt, auf ein Erzählen im Labor mit der Maßgabe, nur in der sparsamsten Dosierung zu erzählen, um zu sehen, welche Wirkung dieses Erzählen im Kondensat hinterlässt." (Iris Hermann: Peter Stamms *Agnes* und *Ungefähre Landschaft*.

Parataxe[5] benannt, die durch „Zurückhaltung und Distanz [...] die Leserinnen und Leser in hohem Maße in die Bedeutungskonstitution dieser Texte"[6] einbindet. Peter Stamm ist demnach kein Autor, der Form und Inhalt innovativ variiert, sondern der mit konsequenter erzählerischer Nüchternheit Geschichten mit ähnlichem zwischenmenschlichem Schwerpunkt entwickelt. In der Forschung diente der sparsame und präzise Erzählstil neben der gemeinsamen Nationalität dazu, eine Verbindung von Peter Stamm zu Max Frisch anzudeuten[7], ohne diese jedoch konkreter nachzuweisen. Im Fall von Peter Stamms zuletzt erschienenem Roman *Weit über das Land*[8] lässt sich diese Ähnlichkeit beider Autoren nicht nur im Stil, sondern auch auf der histoire-Ebene aufzeigen, da *Weit über das Land* über das gleiche Thema, das gleiche Setting und einen sehr ähnlichen Handlungsverlauf verfügt, wie sie Max Frisch in *Antwort aus der Stille*[9] (1937) entworfen hat: In Frischs Erzählung zieht es den „Sonderling" Balz[10] kurz vor seiner Hochzeit, ohne ein Wort des Abschieds an seine Verlobte, in die Schweizer Berge, um dort den Nordgrat zu besteigen. In den Schweizer Bergen kommt

---

Ein Essay. In: Andrea Bartl/Kathrin Wimmer (Hg.): *Sprechen am Rande des Schweigens. Annäherungen an das Werk Peter Stamms.* Göttingen 2016, S. 69–79, hier: S. 76).

5  Vgl. Claudia Gremler: Orte und Nicht-Orte im Norden: Raumwahrnehmung in Prosatexten von Klaus Böldl, Judith Hermann und Peter Stamm. Eine an Marc Augé orientierte Analyse. In: Kanne 2013, S. 187–213, hier: S. 202. Vgl. ebenso Vollmer 2006, S. 67.

6  Vgl. Schumacher 2011, S. 131.

7  Vgl. Hermann 2016. Ebenso: Dariusz Komorowski (Hg.): *Jenseits von Frisch und Dürrenmatt. Raumgestaltung in der gegenwärtigen Deutschschweizer Literatur.* Würzburg 2009.

8  Mit *Weit über das Land* wurde Peter Stamm bereits zum dritten Mal für die Longlist des Deutschen Buchpreises nominiert. Zuvor wurden *An einem Tag wie diesem* (2006) und *Sieben Jahre* (2009) auf die Longlist gewählt – auf die Shortlist hat es anschließend jedoch keiner der drei Romane geschafft.

9  Max Frisch: *Antwort aus der Stille. Eine Erzählung aus den Bergen.* Mit einem Nachwort von Peter von Matt. Frankfurt a. M. 2009.

10  Der Protagonist wird im Verlauf der Erzählung nicht mit seinem Vornamen benannt, sondern lediglich als ›Sonderling‹ bezeichnet. Erst zum Ende spricht Barbara ihren Verlobten mit seinem Vornamen Balz an. Zu Beginn wird erwähnt, dass sich Balz in der Unterkunft „als Doktor Leuthold eingetragen hat." Da Balz nicht erkannt werden will, bleibt aber offen, ob er sein Zimmer unter richtigem Namen gebucht hat (vgl. Frisch 2009, S. 32).

es dann, wie auch in *Weit über das Land*, zu einem Unfall, der sich jedoch vor allem durch das letztendliche Schicksal der Hauptfigur unterscheidet.[11] In beiden Texten steht somit ein männlicher Protagonist im Mittelpunkt, der seine Partnerin und das bisherige Leben verlässt, um in die Einsamkeit der Natur zu fliehen. Stamm greift in *Weit über das Land* aber nicht nur auf Frisch als Prätext zurück, sondern auch auf eine für sein eigenes Werk typische Thematik. Rose-Maria Gropp resümiert deshalb in ihrer Kritik, es sei „die alte, ewig wahre Geschichte des Vielleicht oder Vielleicht-auch-nicht, der gelungenen oder der verfehlten Existenz."[12] Andere Rezensenten bewerten den Rückgriff auf bekannte Muster verschieden: So attestiert Tomasz Kurianowicz dem Roman „gewohnt[e] Raffinesse"[13], Wolfgang Schneider hingegen kritisiert die Klischees und Allgemeinplätze.[14] Abgesehen von dem thematisch Konstanten tritt in *Weit über das Land* jedoch ein stilistisches Charakteristikum stärker als in anderen Romanen Stamms in den Vordergrund: Der „Nebel eines Vagen"[15], der nach Gropp die Geschichte umgibt, umfasst nicht nur die histoire, sondern auch den discours, die Art und Weise des Erzählens. Stamm nutzt eine Erzählinstanz, die über verschiedene Techniken des ›Ungefähren‹ Mehrdeutigkeit provoziert[16], aber keinesfalls mit einer unzuverlässigen zu verwechseln ist.

---

11  Anders als Thomas, der Protagonist in *Weit über das Land*, überlebt Balz den nicht näher beschriebenen Unfall. Balz kehrt verletzt zu seiner Frau zurück, um am Ende geläutert zu resümieren: „Daß es ein unsagbar ernstes Glück ist, leben zu dürfen, und daß wohl nirgends die Leere sein kann, wo dies Gefühl auch nur einmal wirklich errungen worden ist, dies Gefühl der Gnade und des Dankes." (Ebd., S. 145).

12  Rose-Maria Gropp: Wenn du vom Weibe gehst, vergiss die Zahnseide nicht. In: Literaturbeilage der *Frankfurter Allgemeinen Zeitung* 23.06.2016, S. 10.

13  Tomasz Kurianowicz: Trostloses Glück. In: *Die Zeit* (13) 05.04.2016.

14  Vgl. Wolfgang Schneider: Geschichte des plötzlichen Verschwindens. *DeutschlandradioKultur*, retrieved 23.03.2017, from http://www.deutschlandradiokultur.de/peter-stamm-weit-ueber-das-land-geschichte-des-ploetzlichen.1270.de.html?dram:article_id=347212.

15  Gropp 2016, S. 10.

16  Lucréce Friess und Sibylle Sauerwein Spinola nehmen in ihrer Untersuchung vor allem sprachliche Merkmale der Wortebene von *Ungefähre Landschaft* in den Blick. Demnach trügen ungenaue Zeitangaben, Übergänge zwischen singulativem und iterativem Bericht und verschiedene Modal- und Abtönungspartikel dazu bei, dass lokale und temporale Angaben unbestimmt blieben. Vgl. Lucréce Friess/Sibylle Sauerwein Spinola: *Ungefähre Landschaft* von Peter Stamm: Unbestimmtheit als Grundprinzip des Erzählens. In: Françoise Lartillot/Ulrich Pfeil (Hg.): *Constructions de l'espace dans les cultures d'expression allemande*. Bern et al. 2013, S. 301–316.

## ›Ungefähres Erzählen‹

Der ins Spiel gebrachte Begriff des ›Ungefähren‹[17] ist kein feststehender Fachterminus der Literaturwissenschaft, sondern aus Stamms zweitem Romantitel *Ungefähre Landschaft* (2001) abgeleitet. Auf diesen geht der Autor in seiner Wiesbadener Poetikdozentur (2004) näher ein: „Die ungefähre Landschaft ist die Landschaft der Erinnerung, eine Landschaft voller Unschärfen und weißer Flecken. Eine Landschaft, in der man verlorengehen kann."[18] Stamm präzisiert diese offene Bestimmung anhand des gleichnamigen Romans: „Was man beim Lesen der *Ungefähren Landschaft* nachfühlt, ist nicht die Topographie Lapplands, es sind die Gefühle eines Menschen, der in dieser Landschaft lebt, sich in ihr bewegt. Diese Gefühle werden in der Phantasie der Leser wieder zur Landschaft, zu einer ungefähren Landschaft."[19] Stamms Erzähler verzichten romanübergreifend[20] auf Detailreichtum und lebensweltliche Wiedererkennbarkeit; darüber hinaus errichten sie Gemeinplätze und Leerstellen, die die Lesenden assoziativ zu ergänzen haben.

Eine Textstelle aus *Ungefähre Landschaft*, in der sich die Protagonistin Kathrine an eine Zugfahrt durch Frankreich erinnert, veranschaulicht das angewendete Verfahren:

> Sie hatte aus dem Fenster des Zugs fotografiert. Verwischte Landschaften, ein bedeckter Himmel, manchmal ein paar Häuser, ein Dorf. Graue Wälder in der Ferne, silberne Wälder. Eine schmale Straße, die ein Stück weit am Gleis entlangführte, zwei Frauen auf Pferden, ein Friedhof. Aber das war auf den Bildern nicht zu sehen: Aufenthalte in den Städten, deren Namen sie noch nie gehört oder gelesen hatte. Ein Ort namens Rue, das hieß Straße. Dann wurde die Landschaft sehr flach.[21]

---

17  Den Begriff des ›Ungefähren‹ verwendet auch Susanne Kaul, bezogen jedoch auf die Liebesbeziehungen in Stamms Romanen. Kaul stellt heraus, dass Stamms Erzähler selbst die Liebe nicht schwärmerisch glorifizieren, sondern diese ebenfalls im markant lakonischen Stil zeichnen (vgl. Susanne Kaul: Ungefähre Liebschaften. Zu Peter Stamms Romanen. In: Bartl/Wimmer 2016, S. 171–184).

18  Peter Stamm: Wo beginnt ein Text? In: Rosemarie Altenhofer/Susanne Lewalter/Rita Rosen (Hg.):»*nehmen sie mich beim wort ins kreuzverhör*«. Vorlesungen der Wiesbadener Poetikdozentur. Frankfurt a. M. 2010a, S. 35–55, hier: S. 35.

19  Peter Stamm: Wegbeschreibungen. In: Altenhofer/Lewalter/Rosen 2010b, S. 13–34, hier: S. 26.

20  Vgl. ebenfalls: Andrea Bartl/Kathrin Wimmer: Sprechen am Rande des Schweigens. Eine Einführung in das Werk Peter Stamms. In: Bartl/Wimmer 2016, S. 9–20. Alexander Honold: Die Fremdheit der Welt. Zur Dramatik der Schauplätze bei Peter Stamm. In: Bartl/Wimmer 2016, S. 101–118.

21  Peter Stamm: *Ungefähre Landschaft*. Zürich/Hamburg 2001, S. 170.

Nach Gudrun Heidemann versuche Kathrine vergeblich durch Momentaufnahmen und Schnappschüsse „ihr Dasein einzufangen und zu bannen [...]. So erfolgen ihr tatsächliches Fotografieren wie ihre quasi-fotografischen Beobachtungen weitgehend wahllos, ungeplant und spontan."[22] Wie die Fotografie, die in der angeführten Textstelle eine vorbeiziehende, verwischte Natur zeigt, bleibt die Landschaftsdarstellung unscharf. Lediglich der französische Ortsname bietet einen vagen geografischen Anhaltspunkt auf eine ansonsten nicht näher bestimmte Region. In der Wiesbadener Poetikdozentur sagt Stamm, dass er nie behaupten würde, „irgendeinen Ort zu kennen oder beschreiben zu können. Die Welt ist zu groß und zu vielfältig, als dass einer dem anderen sagen könnte, wie sie aussieht."[23] Er betont mehrfach, dass sein Schreiben immer persönlich sei, da durch Erlebnisse ausgelöste Gefühle zu Literatur würden:

> Einige Häuser in meinen Erzählungen sind mein Elternhaus, aber nie wohnt darin meine Familie. Die Häuser stammen nicht aus der Wirklichkeit, sie stammen aus meiner Erinnerung. Das ist ein entscheidender Unterschied. [...] Die Erinnerung reduziert das Gesehene auf das Wesentliche.[24]

In Analogie zu den ungefähren Landschaften in den Romanen, die sich nur bedingt mit Orten der Wirklichkeit in Übereinstimmung bringen lassen, zeichnet sich die ›Ungefähre Erzählinstanz‹ dadurch aus, dass sie trotz eigentlicher Mehrwissenheit auf Eindeutigkeit verzichtet. Sie geht nur ›ungefähr‹ auf Figurenmotivationen und Handlungszusammenhänge ein[25] und trennt nicht immer den Erzählertext klar vom Figurengedanken ab. Die Aussagen über Diegese und Figuren sind allgemein gehalten, als ob der Erzähler davor zurückscheue, die unendliche Anzahl von möglichen Wahrnehmungen durch eine einzige Beschreibung zu simplifizieren.

---

22  Gudrun Heidemann: Fotografische Momentaufnahmen als ‚ungefähre Landschaft' in Peter Stamms gleichnamigem Roman. In: Komorowski 2009, S. 73–83, hier: S. 74–75.
23  Stamm 2010b, S. 33.
24  Ebd., S. 28.
25  Vgl. dazu Hermann 2016, S. 79: „Diese Leerstellen sind eine große Herausforderung für die Vorstellungskraft der Lesenden. Wenn es keine richtungsweisenden Adjektive gibt, die eine Figur umreißen, dann bleibt es der eigenen Vorstellungskraft überlassen, sich diese Figur auszumalen und ihr passend erscheinende Eigenschaften zuzuweisen. Diese aber sind nicht fest, sie haben keine Verankerung im Text und halten deshalb das Erzählte in einer Beweglichkeit, die es möglich macht, es immer wieder neu sich vorzustellen."

## ›Ungefähres Erzählen‹ in *Weit über das Land*
## Die ›ungefähre‹ Figurenmotivation

Die in Stamms Romanen mehrfach gestellte Frage, inwiefern sich das eigene Leben durch Reisen verändern lässt[26], ist auch in *Weit über das Land* zentral. Zwar bleibt der Raum der erzählten Welt auf die Schweiz beschränkt, jedoch geht dem Erzählanfang eine Reise voraus: Thomas und Astrid sind mit ihren Kindern aus einem Urlaub in Spanien zurückgekehrt, als Thomas am Abend der Heimkehr ohne ein Wort des Abschieds seine Familie verlässt. Der Erzähler schildert das Verschwinden, als wundere sich Thomas selbst darüber: „An der Ecke angelangt, zögerte er einen Augenblick, dann bog er mit einem erstaunten Lächeln, das er mehr wahrnahm als empfand, zum Gartentor ab."[27] Möglicherweise zweifelt Thomas an seiner Ehe, seinem Alltag oder Beruf.[28] Jene Gründe, die ihn letztendlich aktiv werden lassen, bleiben aber unausgesprochen: „Die Leere der Nacht schien ihn vorwärtszuziehen."[29] Wenn seine Motivationen zur Sprache kommen, geht es nicht um die Distanzierung vom bisherigen Leben, sondern um eine transzendentale Überwindung von Raum und Zeit: „Thomas legte sich hin und fiel bald in eine Art Halbschlaf, in dem Zeiten und Orte verschwammen zu einem glücklichen Gefühl der Allgegenwärtigkeit."[30] Die Wanderung und die Entfernung von der Zivilisation erfüllen ihn: „Er fühlte sich gegenwärtig wie sonst nie, es war ihm, als habe er keine Vergangenheit und keine Zukunft. Es gab nur diesen Tag, diesen Weg, auf dem er sich langsam den Berg hinauf bewegte."[31] Im weiteren Verlauf seiner Wanderung kommt zum Ausdruck, dass Thomas, ebenso wie Balz in *Antwort aus der Stille*[32], alten Erinnerungen nachspürt, denn innerhalb der Bergkulisse muss Thomas „an die Doppelbilder aus seiner Kindheit denken, auf denen zehn Unterschiede zu finden waren."[33] Das Bild vor seinen Augen gleicht Thomas mit dem ab, was er aus vergangener Zeit mit sich trägt. Zudem kann er sich in den Bergen an die Pflanzennamen erinnern, die

---

26  Die Reise bildet auch in *Ungefähre Landschaft* (2001), *An einem Tag wie diesem* (2006) und *Nacht ist der Tag* (2013) den Anlass für die Protagonisten, ihr bisheriges Leben zu hinterfragen.
27  Peter Stamm: *Weit über das Land*. Frankfurt a. M. 2016, S. 13.
28  Vgl. ebd., S. 72–73.
29  Ebd., S. 15.
30  Ebd., S. 114.
31  Ebd., S. 134.
32  Vgl. Frisch 2009, S. 10–11.
33  Stamm 2016, S. 124.

ihm sein Vater beigebracht hat.[34] Weitere Angaben zu seiner Biografie fehlen aber, sodass keine genaueren Rückschlüsse möglich sind. Ebenso wie die Gründe für die Reise bleiben ihr genaues Ziel und die geplante Dauer ungewiss. Thomas zieht es auf seiner Wanderung immer weiter aus der Zivilisation hinaus in die Schweizer Berge. In der Einsamkeit schärfen sich Thomas' Sinne, denn

> während er sich draußen im Flur an einem kleinen Waschbecken notdürftig wusch, war es ihm, als gäbe es nur diesen einen Augenblick, den staubigen Geruch, das Rinnen des Wassers, die entfernten Geräusche aus dem Stall und aus der Küche, die graue Düsternis dieses Vorraums, die Kälte des Metalls, als er den Hahn zudrehte.[35]

Thomas nimmt die einfachen Tätigkeiten auf der Berghütte bewusster wahr. Mit Bezug auf die poetologischen Anmerkungen Stamms stehen in der Beschreibung nicht Ort und Situation im Vordergrund, sondern die Gefühle des wahrnehmenden Menschen. Er versucht keine Spuren zu hinterlassen und von niemandem gesehen zu werden. Astrid bleibt zunächst passiv und sucht nach Gründen für Thomas' Flucht: „Er musste weg, einfach mal weg. Vielleicht war das ja die Erklärung. Er hatte keine Geliebte, hatte kein Geld veruntreut, keine Schulden gemacht, die er nicht zurückzahlen konnte. Er hatte sich nichts angetan, er war einfach weggegangen."[36] Astrid schlussfolgert diese Erklärung, weil sie in der Vergangenheit ähnliche Fluchtimpulse verspürt, diese aber vor Thomas geheim gehalten hat:

> Als Ella noch ganz klein gewesen war und Koliken gehabt und keine Nacht durchgeschlafen hatte, als sie stundenlang geschrien hatte und Astrid müde bis zur völligen Erschöpfung gewesen war, war sie manchmal einfach aus dem Haus gegangen und hatte das Baby allein gelassen, eine halbe Stunde, eine Stunde lang. Sie war zum Bahnhof gegangen und hatte sich auf dem Bahnsteig auf eine Bank gesetzt und tief durchgeatmet.[37]

Der Bahnsteig ist für Astrid ein Übergangsort, von dem aus sie aus der sie überfordernden Situation ausbrechen könnte. Im Gegensatz zu Thomas ist Astrid jedoch zu passiv, um dem Impuls zu folgen. Auch Thomas versorgt sich am Bahnhof mit Essen, weil sich dort niemand an seinen Aufenthalt erinnern wird.[38] In einem Einkaufszentrum genießt er nach der langen Zeit unter freiem Himmel „die zuverlässige Wärme der Räume, das blasse Neonlicht und die einfachen

---

34  Vgl. ebd., S. 70 und 83.
35  Ebd., S. 151.
36  Ebd., S. 66–67.
37  Ebd., S. 67.
38  Vgl. ebd., S. 93–94.

künstlichen Gerüche der Schuhe und Textilien. Es war eine endliche Welt, die zu begreifen war, eine Welt ohne Überraschungen und ohne Gefahren."[39] Es treibt Astrid und Thomas somit an Orte[40], die Marc Augé als Nicht-Orte definiert. Der Ausdruck bezeichnet „zwei verschiedene, jedoch einander ergänzende Realitäten: Räume, die in Bezug auf bestimmte Zwecke (Verkehr, Transit, Handel, Freizeit) konstituiert sind, und die Beziehung, die das Individuum zu diesen Räumen unterhält."[41] Miriam Kanne weist darauf hin, dass sich der Nicht-Ort erst durch die Verbindung zum Individuum, das keine Identifikation und emotionale Beziehung zu diesem Raum besitzt, etabliert.[42] Nicht-Orte, wie der Bahnhof oder das Einkaufszentrum, sind Durchgangsorte, an denen „das Subjekt vornehmlich und systematisch als eine zu bewältigende, abzufertigende, zu handhabende und zu kanalisierende [...] Kapazität verhandelt wird."[43] Da Astrid ihren nächtlichen Bahnhofsaufenthalt vor Thomas verschweigt[44], ist es nicht unwahrscheinlich, dass auch Thomas Geheimnisse vor ihr hat. Im Roman gibt es keine Hinweise darauf, dass die Lebenspartner viel miteinander reden würden. Astrid schließt für sich mögliche Gründe für Thomas' Verschwinden aus, obwohl sie dafür keine Indizien hat. Der Erzähler widerlegt diese Vermutungen nicht noch bestätigt er sie, sondern gibt sie lediglich in Form indirekter Gedankenrede wieder, ohne diese noch einmal zu kommentieren.[45] Auch

---

39  Ebd., S. 109.

40  Vgl. Gremler 2013, S. 187–213. Vgl. Wimmer 2013, S. 259–275.

41  Marc Augé: Nicht-Orte. Aus dem Französischen von Michael Bischoff. 2. Aufl. München 2011, S. 96.

42  „Erst die Subjekt-Raum-Konstellation, erst die Art (oder ‚Qualität') der Verbindung, die ein Subjekt zu einem positionalen, transfer- oder sozial-ökonomisch hergerichteten Punkt im Raum eingeht, lässt diesen zu einem Nicht-Ort oder zu einem anthropologischen Ort arrivieren; erst dort, wo ein Subjekt (k)eine Geschichte, (k)eine Beziehung und (k)eine identifikatorische Verbindung mit diesem Punkt im Raum teilt, kann er mit Augé als ein anthropologischer Ort oder als Nicht-Ort attribuiert werden – wobei die beiden Subjekt-Raum-Konstellationen freilich nicht als absolute und definite Einheiten, sondern als relative Interferenzen zu verstehen sind." (Miriam Kanne: Provisorische und Transiträume: Raumerfahrung ‚Nicht-Ort'. In: Kanne 2013, S. 7–34, hier: S. 15).

43  Ebd., S. 14.

44  „Das habe ich noch nie jemandem erzählt, nicht einmal meinem Mann." (Stamm 2016, S. 91).

45  Astrid hat das Gefühl, ihre Beziehung zu Thomas sei „in jenem Moment eingefroren, an dem sie vor drei Tagen ins Haus gegangen war, um nach Konrad zu schauen. Solange Thomas verschwunden blieb, würde sich nichts verändern. Erst durch seine Rückkehr würde die Zeit wieder zu laufen beginnen." (Ebd., S. 117).

in den folgenden auf Thomas fokalisierten Abschnitten verzichtet der Erzähler darauf, viel von Thomas' Innenleben preiszugeben.

## Der ›ungefähre‹ Figurengedanke

„Die kleinste Entscheidung, der kleinste Zufall teilten die Wirklichkeit in zwei Stränge".[46] Nach der ersten Episode, die auf Thomas fokalisiert ist, berichtet der heterodiegetische Erzähler abwechselnd und jeweils mit dem gleichen Wissensstand von Thomas und Astrid. Nach Gérard Genette liegt demnach eine variable interne Fokalisierung vor,[47] deren Wechsel im Druckbild durch zwei Leerzeilen markiert ist. Der Beginn des zweiten Abschnittes ist auf Astrid fokalisiert:

Wenn Astrid am Morgen bemerken würde, dass Thomas nicht neben ihr lag, würde sie denken, er sei schon aufgestanden, obwohl fast immer sie zuerst auf war. […] Auf dem Weg zur Küche würde Astrid einen Blick ins Wohnzimmer werfen und sich kurz wundern, dass Thomas auch hier nicht war. Aber diese erste Dreiviertelstunde am Morgen verlief nach einem so festen Plan, dass sie keine Zeit hatte, an etwas anderes zu denken als an das, was zu tun war. Die Kaffeemaschine einschalten, Wasser nachfüllen, den Tisch decken, Brot, Butter, Konfitüre und Honig, Milch und Kakaopulver.[48]

Nach der Szeneneinleitung im Konjunktiv wechselt der Modus unmerklich in den Indikativ des Präteritums, sodass die Grenze zwischen der Schilderung eines bloß möglichen und eines tatsächlich stattfindenden Ereignisses nicht trennscharf gezogen ist. Der Konjunktiv deutet eine distanzierte Perspektive an, die sich auf ein noch nicht sicheres Ereignis richtet. Da es sich bei dieser Textstelle um den ersten Fokalisierungswechsel handelt, besteht auch die Möglichkeit, den zweiten Abschnitt als Thomas' Vorstellung aufzufassen, wie Astrid auf seine Abwesenheit reagiert. Der dritte Abschnitt, zu dessen Beginn Thomas mitten in der Nacht erwacht, würde diese Vermutung stützen: „Thomas musste trotz des unbequemen Lagers geschlafen haben. […] Der Mond stand jetzt am Himmel, er war fast voll, aber er schien weit entfernt zu sein."[49] Astrids Reaktion auf Thomas' Verschwinden im zweiten Abschnitt findet chronologisch erst am Morgen des nächsten Tages statt, sodass die zeitliche Ordnung durcheinandergeraten ist: „Noch wurde nicht nach ihm gesucht, vermutlich hatte Astrid seine Abwesenheit noch nicht einmal bemerkt".[50] Da sich diese Lesart aber vor allem auf die

---

46  Ebd., S. 175.
47  Gérard Genette: *Die Erzählung*. 3. durchgesehene und korrigierte Aufl. Übersetzt von Andreas Knop. Paderborn 2010, S. 121.
48  Stamm 2016, S. 19.
49  Ebd., S. 28.
50  Ebd., S. 31.

Modifikation des Modus am Anfang des zweiten Abschnittes stützt, bleibt sie spekulativ. Die Verwendung des Konjunktivs zur Kennzeichnung nicht wirklich stattfindender Ereignisse ist jedoch eine Erzähltechnik, die sich auch an anderen Romanen Stamms belegen lässt.[51] Auch der Erzähler in Frischs *Antwort aus der Stille* nutzt einschränkende und relativierende Formulierungen, die den angegebenen Handlungsverlauf verunsichern: „Es ist anzunehmen, daß sie nun ihre Glossen machen, drunten im Gasthaus"[52], beziehungsweise denkt Balz nur „vielleicht"[53] an seine Kindheit zurück. Diese sich durchziehende Vagheit ist demnach eine Erzähltechnik, die sich auch in Frischs Erzählung nachweisen lässt. In *Antwort aus der Stille* reden die Figuren über ihre Handlungsmotivationen, ebenso über den Sinn des Lebens und die erfüllende Liebe. Genau diese Fragen sind es zwar auch, die sich in Stamms Roman aufdrängen, letztlich aber nicht beantwortet werden. Die Gründe, die einem Mann den Anlass geben die eigene Frau zu verlassen, werden bei Frisch verhandelt – bei Stamm bleiben sie unbesprochen.

Die formale Untergliederung in zwei Erzählstränge ermöglicht es, verschiedene Perspektiven auf ein Ereignis zu richten. Astrid ist in den ersten Tagen nach Thomas' Aufbruch zunächst teilnahmslos und beginnt erst aktiv zu suchen, als sie aus den Kontobewegungen erfährt, dass Thomas in einem Sportgeschäft Ausrüstung für seine Wanderung gekauft hat. Sie fährt zu dem Laden und fragt die Verkäuferin, ob sie sich an Thomas erinnern kann: „Wie hat er ausgesehen? Freundlich. Etwas müde hat er auf mich gewirkt und unrasiert war er. Und sein Hemd war zerknittert. Sonst ist mir nichts aufgefallen. Ein ganz normaler Kunde."[54] In dieser Textstelle, wie auch im gesamten Roman, fehlen Anführungszeichen, die anzeigen, dass der Erzähler die Figurenrede wörtlich wiedergibt. Auf diese Weise gibt es auf grafischer Ebene kein Signal dafür, dass die Formulierung des Erzählers jener der Figur entspricht. Erst im nächsten, auf Thomas fokalisierten Abschnitt, wird diese Episode aus dessen Sicht dargestellt. Während die Verkäuferin die Einkäufe zusammenpackt, denkt Thomas über sie nach:

> Er war fast sicher, dass sie keinen Mann hatte, keinen Freund, eine Katze allerhöchstens. Er stellte sich vor, wie sie nach Arbeitsschluss nach Hause ging in ihre kleine Wohnung in einem der mächtigen Wohnblocks, die er am Rand des Ortes gesehen hatte. [...] Sie duschte, bereitete sich einen Salat zu, ließ, während sie aß, das Radio laufen. Was sie

51  Vgl. beispielsweise Stamm 2006, S. 12.
52  Frisch 2009, S. 74.
53  Ebd., S. 10.
54  Stamm 2016, S. 107.

wohl sagen würde, wenn er sie fragte, ob sie heute Abend etwas vorhabe? Er stellte sich vor, wie er bei ihr Unterschlupf fand. Er saß, während sie duschte, in der Küche und lauschte auf die Geräusche aus dem Bad. Sie kam herein in einem Kimono, ein Handtuch um die Haare geschlungen, nahm Lebensmittel aus dem Kühlschrank, bereitete sich ihr Abendessen zu. Er saß da, schaute ihr stumm beim Essen zu. Er saß neben ihr vor dem Fernseher und später, wenn sie ins Bett ging, legte er sich wie selbstverständlich mit unter ihre Decke. […] Bar oder Karte, fragte die Verkäuferin. Karte, sagte Thomas.[55]

Der aus der Erinnerung der Verkäuferin rekonstruierte Ablauf geht demnach dem ‚objektiveren‘, aus übergeordneter Perspektive geschilderten, voraus, wodurch erneut gegen die chronologische Ordnung erzählt wird.[56] Thomas entwickelt in seiner Phantasie nacheinander zwei unterschiedliche Versionen des weiteren Abends, weil die Verkäuferin ihre Handlungen wiederholt. In der ersten Phantasie geht die Verkäuferin allein nach Hause, in der zweiten begleitet sie Thomas. Wie bei der doppelten Wiedergabe von Ereignissen durch unterschiedliche Figuren können auch Figurengedanken selbst mehrere Versionen von einem Ereignis liefern, die selbst nicht stattfinden müssen.[57] Im Umfang nehmen die erdachten Versionen der Figuren jedoch häufig einen größeren Umfang und eine größere Detailfülle ein, als die Schilderung der tatsächlich stattfindenden Handlungen. Dabei kann es zu einer unmerklichen, sich manchmal nicht mehr aufzulösenden Verschmelzung von Figurengedanke und Erzählertext kommen. Als Astrid beispielsweise von ihrer erfolglosen Suche nach Hause kommt, macht

sie kein Licht. Sie stellte sich vor, Thomas liege schon im Bett und warte auf sie. Sie schlüpfte zu ihm unter die Decke. Wo warst du denn so lange?, fragte er mit belustigter Stimme, zog sie an sich und küsste sie. Er legte eine Hand auf ihre Brust, ließ sie auf ihren Bauch gleiten, schob sie unter ihr Nachthemd und zwischen ihre Beine. Sie stellte sich vor, er liege auf ihr, sie spürte sein Gewicht und seine kräftigen Bewegungen, hörte seinen Atem, sein Stöhnen. Nachdem sie gekommen war, musste sie weinen. Sie wollte nicht einschlafen, sie fürchtete sich vor dem Erwachen, vor dem nächsten Tag, an dem Thomas noch weiter weg sein würde.[58]

---

55  Ebd., S. 110–111.

56  Vgl. ebd., S. 110–111. An anderer Stelle ist eine Übernachtung von Thomas zunächst aus Sicht der Gastwirtin und anschließend aus der von Thomas dargestellt (vgl. ebd., S. 143–151).

57  Astrid erinnert sich während Thomas' Verschwindens an ihre Verrichtungen im Haus. Ihre Perspektive ergänzt diejenige von Thomas aus dem ersten Abschnitt (vgl. ebd., S. 38).

58  Ebd., S. 81.

Die wörtliche Rede konkretisiert die Phantasie, jedoch bleibt ungenau, an welchem Ort Astrid den erotischen Gedanken erliegt. Astrids Weinen deutet das Ende des Gedankens an, jedoch ließe es sich auch als Bestandteil innerhalb der Phantasie deuten: Das Weinen wäre dann nicht Ausdruck ihrer Angst vor Thomas räumlicher, sondern seiner zunehmenden emotionalen Entfernung. An anderer Stelle entwirft Astrid einen Handlungsverlauf, der sich vom tatsächlichen unterscheidet. Sie erinnert sich an den Abend, als Thomas die Familie verlassen hat:

> Wenn sie die Augen schloss, konnte sie sich vorstellen, er sitze neben ihr. Aus dem Haus war Konrads weinerliche Stimme zu hören. Schaust du nach ihm?, sagte sie. Lass ihn doch, sagte Thomas, der beruhigt sich schon wieder. Bitte, sagte sie mit Nachdruck, und er stand stöhnend auf und ging hinein.[59]

Auch Thomas hatte sich im ersten Abschnitt ausgemalt, was Astrid für ihn nicht sichtbar im Haus verrichtet. Anders als in der ersten Szene ist es nun Thomas, der ins Haus geht und nach den Kindern sieht. Astrid verklärt die Wirklichkeit, indem sie denkt, dass Thomas die Familie nicht verlassen hätte, wenn nicht sie, sondern er nach den Kindern gesehen hätte.

> Sie stellte sich vor, wie er in den Keller ging, um eine neue Flasche Wein zu holen. Er las kurz im Heizkeller den Stand des Heizöls ab und rechnete im Kopf nach, ob es für den nächsten Winter reichen würde oder ob im Herbst eine Bestellung fällig wäre.[60]

Über repetitives Erzählen berichten mehrere Figuren von einem Ereignis oder entwerfen in Gedanken andere Versionen von dem, was sich tatsächlich ereignet hat. Diese Erzähltechnik zeigt keine Widersprüchlichkeit der Blickwinkel auf, sondern lässt mehrere zu, ohne dabei die Imagination stetig neu zu bekräftigen. In Max Frischs *Mein Name sei Gantenbein*[61] (1964) leitet der Ich-Erzähler seine erdachten Geschichten um Gantenbein, Enderlin und Svoboda immer wieder mit der Ankündigungsformel „Ich stelle mir vor" ein, sodass ihr imaginierter Charakter stets offengelegt ist. Bei Stamm bleibt vielfach in der Schwebe, wann der Erzähler die Figurenperspektive wieder verlässt. Trotz der fehlenden Einsicht in Beweggründe und Emotionen kommt dem Figurengedanken und der Imagination eine beträchtliche Bedeutung zu. Dies wird schon ersichtlich in der Darstellung, wo ihnen mehr Umfang eingeräumt wird als dem tatsächlich Geschehenen. Besonders zum Ende des Romans dient diese Facette des

---

59  Ebd., S. 76.
60  Ebd., S. 76–77.
61  Vgl. Max Frisch: *Mein Name sei Gantenbein*. Frankfurt a. M. 1964.

›Ungefähren Erzählens‹ dazu, den tatsächlichen Handlungsverlauf zu verunsichern.

## Der ›ungefähre‹ Handlungsverlauf

Die Polizei spürt Thomas schließlich auf, kann ihn aber im unwegsamen Gelände nicht rechtzeitig einholen. Tief in den Bergen stürzt er im wahrsten Sinne tragisch in eine Felsspalte und stirbt: „Der Schnee hatte den toten Körper zugedeckt, aber nach einigen kalten Tagen wurde es noch einmal wärmer, der Schnee schmolz, und Jäger fanden die Leiche."[62] Der Erzählertext gibt an, dass Thomas bei seinem Absturz ums Leben gekommen ist.[63] Eigentlich sollte man vermuten, dass die wechselnde Fokalisierung endet, weil nach Thomas' Tod nicht länger von ihm erzählt werden kann. „Alle Fakten waren in Erfahrung zu bringen, alle Beweismittel lagen vor, aber was bedeuteten sie?"[64] Entgegen der eigentlichen Autorität des Erzählerwortes bleibt die Zweisträngigkeit aber bestehen, weil sich Astrid weigert die Faktenlage zu akzeptieren: „Astrid dachte sich eine andere Geschichte aus. Thomas war nicht gestorben beim Sturz, er hatte sich nur die Jacke zerrissen und sich leicht verletzt."[65] Im folgenden, auf Astrid fokalisierten Abschnitt kann sich Thomas befreien und eine einsame Berghütte erreichen. Als er dort abends im Bett liegt, sieht er sich,

> wie er unten in der Spalte lag, hintenübergebeugt und mit verrenkten Gliedern. Es war ihm, als blicke er von weit oben hinunter auf den unbeweglichen Körper, der da lag, mit Schnee bedeckt und mit einem unnatürlichen Lächeln im erstarrten Gesicht, dem Lächeln eines Toten.[66]

In Astrids Geschichte setzt Thomas seine Wanderung fort, erreicht ein kleines Dorf und nimmt in den kommenden Jahren Hilfsarbeiten bei Handwerkern an.

---

62 Stamm 2016, S. 174.
63 Der Text gibt Hinweise, die Thomas' späteren Tod vorausdeuten: Im ersten Absatz des Romans wird der Garten vor dem Haus als „ein dunkles Verlies, aus dem es kein Entkommen mehr gab" (ebd., S. 9) bezeichnet, was ebenso für die Felsspalte gilt, in die Thomas später stürzt. Auf seinem Weg in den Bergen kommt Thomas an einem Wegkreuz vorbei, das ihm aufgrund der davor gepflanzten Blumen „wie ein frisches Grab" (ebd., S. 82) erscheint. Als Astrid dem Polizisten Thomas' Aussehen beschreibt, hat sie das Gefühl, ihr Mann erstarre dadurch „zu einem unveränderlichen Bild, dem Bild eines Toten." (ebd., S. 52). Insgesamt fallen im Vorfeld Wörter und Metaphern, die bereits vage auf den weiteren Handlungsverlauf hindeuten.
64 Ebd., S. 175.
65 Ebd., S. 176.
66 Ebd., S. 173.

Auch wenn der Erzähler nicht näher darauf verweist, müssen die auf Thomas fokalisierten Abschnitte, die nach seinem Tod folgen, von Astrid eingebildet sein. Der auf Astrid fokalisierte Abschnitt, der diese Frage beantworten könnte, bekräftigt keine eindeutige Erklärung. Nur aus einigen Hinweisen lässt sich folgern, dass Astrid die Rettung imaginiert: So gerät Thomas in einem auf ihn fokalisierten Abschnitt in eine Polizeikontrolle, die Astrid sich zuvor vorgestellt hat.[67] Die Art des Erzählens ist als ›ungefähr‹ und nicht als ›unzuverlässig‹ bezeichnet, weil Thomas' Tod eindeutig angegeben ist: „Es gab eine Leiche, die geborgen worden war von Menschen, die Namen hatten, Berufe, Familien, es gab Kleider und Schuhe und einen Rucksack mit Proviant und einigen Ausrüstungsgegenständen.“[68] Der Erzählinstanz ist zu trauen und das weitere Erzählen nicht als unzuverlässig zu hinterfragen, da auch eine mögliche Begründung für das weitere Erzählen angegeben ist. Dennoch wird im Folgenden die Irrealität der Ereignisse oder die Imagination nicht noch einmal thematisiert. Was wirklich passiert und was nur Gedanke der Figur ist, bleibt so nebulös.

## Das ›ungefähre‹ Ende

In einer für Stamms Romane typischen Weise beginnt die Zeit zum Ende der Geschichte immer schneller zu laufen[69]: Erzählzeit und erzählte Zeit bewegen sich rasant auseinander, indem auf zehn Seiten etwa zwanzig Jahre erzählt werden. Die Kinder verlassen die Schule, absolvieren Ausbildung und Studium, bekommen selbst Kinder und heiraten. Das Verfahren bekräftigt eigentlich die Autorität der Erzählinstanz, weil sie ihre Kontrolle über die erzählte Zeit demonstriert. Zudem spielt Stamm in diesem Verfahren auf das *frame-* und *script*-Wissen der Lesenden an, um all jene Ereignisse auszusparen, die in einer typischen Handlungssequenz zwischen dem ersten und dem letzten Ereignis liegen.[70] Die fehlenden Zwischenstationen müssen die Lesenden selbst ausgestalten und ergänzen, wodurch mehr erzählt als gesagt ist.

---

67  Vgl. ebd., S. 208–209.
68  Ebd., S. 174–175.
69  Vgl. ebd., S. 186–187.
70  Thomas bemerkt beispielsweise, dass der Schornstein der Almhütte mit einem Brett zugenagelt ist. Der folgende Absatz setzt mit der Information ein: „Am Mittag brannte ein Feuer im Ofen, und in der Hütte war es wohlig warm.“ (ebd. S. 172). Die Zwischenschritte, die beide Ereignisse miteinander verbinden, sind in der Handlungssequenz nicht erzählt, weil die Lesenden diese schlussfolgern und ergänzen können. Eine gleiche Rekurrenz auf das *script*-Wissen der Lesenden liegt vor, wenn der Polizist Patrick im weiteren Verlauf als ein Vertrauter Astrids auftritt. Die Lesenden ergänzen, dass

Erst im letzten Abschnitt bewegen sich Erzählzeit und erzählte Zeit wieder auf-
einander zu. Astrid steht in der Küche, als sie plötzlich Thomas' Anwesenheit spürt:

> Da wusste sie, er war wieder da. [...] Noch konnte er umkehren und für immer ver-
> schwinden. Aber er zögerte nur oder genoss den Augenblick der Heimkehr in dieser
> kurzen Verzögerung. [...] Wie sie hatte er gewartet auf diesen Moment, diesen kurzen
> Augenblick des Glücks, in dem er die Hand auf die Türklinke legen und sie herunter-
> drücken würde. Diesen Moment, in dem die Tür sich öffnete und sie ihn sah als ver-
> schwommene Silhouette im hellen Mittagslicht.[71]

Nicht nur Thomas und Astrid finden in der letzten Episode des Romans wieder
zusammen, auch die Erzählperspektive deutet einen Wechsel in die verbindende
Nullfokalisierung[72] an. Dass es sich letztendlich bei Thomas' pathetischer Rückkehr nur um Astrids Auflösung ihrer Phantasie handelt, lässt sich mit Rekurs
auf einen Roman zeigen, den Astrid während ihres ersten Treffens mit Thomas
erwähnt: „Was liest du? Das Geisterhaus von Isabel Allende, sagte Astrid. Worum
geht es da? Um alles, sagte sie und lachte wieder. Eine Familiengeschichte über
drei Generationen. Das ist nichts für Männer." [73] Unter Einbezug dieser intertextuellen Spur kann Astrids Wissen am Ende als Hoffnung darauf gedeutet
werden, dass sie wie Clara in *Das Geisterhaus* mit den Verstorbenen in Kontakt
bleiben kann:

> ‚Sterben ist wie geboren werden: nur eine Veränderung', hatte Clara gesagt. Sie hatte
> hinzugefügt, daß, wenn sie sich ohne Mühe mit den Seelen im Jenseits verständigen
> könne, sie ganz sicher sei, dasselbe auch mit den Seelen des Diesseits tun zu können, so
> daß Alba, statt zu heulen, lieber ganz ruhig sein solle, wenn es soweit sei, denn in ihrem

---

Astrid und Patrick nach Thomas' Tod in Kontakt geblieben sein müssen (vgl. ebd.,
S. 214).

71  Ebd., S. 222–223.
72  Es ist nicht eindeutig auszumachen, ob nur der äußere Eindruck von Thomas oder
    auch dessen Gefühle bei der Heimkehr mitbeschrieben sind: „Mit einem verwunderten
    Lächeln betrachtete er den blühenden Garten, nahm die Veränderungen wahr, staunte
    über die riesigen Rhabarberstauden [...]. Er bemerkte, dass der Holunderbusch fehlte,
    dass der Maschendrahtzaun um das Grundstück entfernt worden war und die benach-
    barten Gärten nun ineinander übergingen, als gehörten sie zusammen" (ebd., S. 222).
    Als Metapher für die Vereinigung steht die noch im ersten Abschnitt des Romans als
    unüberwindbar beschriebene Hecke zum Garten des Nachbarn, die zum Ende entfernt
    ist (ebd., S. 222).
73  Ebd., S. 192.

Fall sei der Tod keine Trennung, sondern eine Form, noch inniger vereint zu sein. Alba verstand das.[74]

Claras Appell an ihre Tochter Alba deckt sich in seiner Aussage darüber hinaus mit dem Zitat aus Markus Werners *Zündels Abgang*, das Stamm dem Roman vorangestellt hat: „Wenn wir uns trennen, bleiben wir uns."[75]

## Cézannes Äpfel

Merkmale des ›Ungefähren Erzählens‹ lassen sich bereits in anderen Romanen Stamms, ebenso im Werk Max Frischs nachweisen. Diese Erzählerhaltung ist keine Erzähltechnik, die Stamm erst in *Weit über das Land* entwickelt, jedoch verschwimmt im Vergleich zu den anderen Romanen hier die Grenze zwischen tatsächlichem und von den Figuren imaginiertem Handlungsverlauf: Die Eindeutigkeit ist stark verunsichert, weil sich der Erzähler mit seiner Rede im Erinnern und Vorstellen der Figuren verliert und darauf verzichtet, deren Motivationen eindeutig zu benennen. Die Figuren entwerfen umfang- und detailreiche Handlungsverläufe, die dem tatsächlichen gegenüberstehen. Aufgrund der Vagheit, die aus dieser Erzähltechnik resultiert, könnte der Vorwurf erwachsen, Peter Stamms Schreiben sei beliebig. Der Blick auf die Komposition des ›Ungefähren‹ zeigt jedoch ein System konstruierter Offenheit, das aus der Verschmelzung und Verunsicherung von Gedankenwelt und Realität resultiert. Es hält die erzählte Wirklichkeit möglichst vage, ohne dabei den Interpretationsspielraum auf den tatsächlichen Handlungsverlauf unnötig zu dehnen. Die Anwendung dieser Erzähltechnik tritt in *Weit über das Land* deutlicher als in den anderen Romanen Stamms in den Vordergrund. Die Vagheit darf aber nicht mit einer unbefriedigenden Offenheit verwechselt werden, die beispielsweise aus einem nur bedingt logischen Handlungsverlauf oder aus einem offenen Ende resultierte, das der Autor womöglich selbst nicht schließen konnte.

Nach Moritz Baßler ist realistische Literatur nicht vordergründig durch Welthaltigkeit oder Realitätseffekte charakterisiert, sondern so sind, „gut strukturalistisch, solche literarischen Texte bezeichnet, die dominant metonymisch verfahren, d.h. ihre Darstellungsebene mit Hilfe von Frames und Skripten konstruieren, die im kulturellen Archiv bereits fest verankert sind."[76] Realistische

---

74  Isabel Allende: *Das Geisterhaus*. Aus dem Spanischen von Anneliese Botond. 1. Aufl. Frankfurt a. M. 1993, S. 298.

75  Markus Werner: *Zündels Abgang*. 2. Aufl. Salzburg/Wien 1984, S. 58.

76  Moritz Baßler: Die Unendlichkeit des realistischen Erzählens. Eine kurze Geschichte moderner Textverfahren und die narrativen Optionen der Gegenwart. In: Carsten Rohde/Hansgeorg Schmidt-Bergmann (Hg.): *Die Unendlichkeit des Erzählens. Poetiken*

Literatur bereite den Lesenden keine Verständnisschwierigkeiten, was in gleicher Weise für den poetischen Realismus des 19. Jahrhunderts wie für die Gegenwartsliteratur gelte, die sich realistischer Erzählweisen bediene. Weil realistische Romane auf Situationskontexte und Handlungssequenzen zurückgreifen, die den Lesenden bekannt sind, müssen diese nicht ausbuchstabiert werden: „Dies lässt den Rezipienten vergessen, dass das Dargestellte durch Zeichenkonstellationen auf der Textebene konstituiert wird – die Zeichen als solche kommen gar nicht in den Blick."[77]

In der aktuellen Gegenwartsliteratur erkennt Baßler noch keine Prinzipien, die die Aufstellung einer Systematik erlauben würden – „Wir befinden uns offenbar noch immer im Dispositiv der literarischen Moderne"[78] – allerdings zeige der heuristische Blick, dass der realistische Roman mit Weltbezug gegenüber dem mit avantgardistischem Zeichengebrauch dominiere.[79] Unter Einbeziehung der Systematisierung Baßlers lässt sich Stamms Erzähltechnik wegen des metonymischen Verfahrens, der leichten Verständlichkeit und der wiederkehrenden Handlungsmuster somit als realistische Erzählweise bezeichnen.

In der Bamberger Poetikvorlesung (2014) begründet Peter Stamm die Ziele seiner literarischen Darstellungsweise aus seiner Bewunderung für Paul Cézannes Malerei:

Und Paul Cézanne glaubte, mit einem Apfel ganz Paris in Erstaunen versetzen zu können. Aber im Gegensatz zum biblischen Apfel war jener Cézannes alles andere als ein Symbol. Es ging dem Maler im Gegenteil darum, den Apfel nur als das zu zeigen, was er ist, oder noch besser als das, was wir von ihm wahrnehmen. [...] Seine Bilder haben ihre Frische und ihre Lebendigkeit bewahrt, in ihrer Radikalität haben sie etwas Schockierendes und Beunruhigendes. Jedes Mal, wenn man sie betrachtet, sieht man sie

---

*des Romans in der deutschsprachigen Gegenwartsliteratur seit 1989.* Bielefeld 2013, S. 27–45, hier: S. 27.

77 Baßler 2013, S. 27. Vor dem Hintergrund dieser Definition lassen sich auch in der phantastischen Literatur realistische Erzählweisen belegen, denn nicht die Deckungsgleichheit der Diegese mit der empirischen Wirklichkeit entscheide darüber, ob von einem realistischen Erzählen zu sprechen ist, sondern die Frage, ob sich das Figurenhandeln und die Regeln der Diegese an Genrekonventionen und Mustern orientieren: „Das Gegenteil des realistischen Textes ist demnach nicht der fantastische, sondern der emphatisch moderne Grenztext, der mit unseren kulturellen Frames und Skripten bricht, sie verunsichert – ein tendenziell metaphorisches Verfahren, das seine eigene Künstlichkeit jederzeit ausstellt und im Extremfall zu Prosatexturen an der Grenze zur Unverständlichkeit führt." (ebd., S. 28).

78 Ebd., S. 39.

79 Vgl. ebd.

neu. […] Ich wäre glücklich, wenn meine Ernte auch nur aus einem einzigen solchen Apfel bestünde.[80]

In der Art der Darstellung[81] versucht Stamm dem französischen Maler nachzueifern – (und vielleicht auch Peter Handke, der sich ja auch schon in *Die Lehre der Sainte-Victoire*[82] literarisch an Cézanne versucht hat). Stamm erzählt keine innovativen Geschichten, da sich die Figuren, Figurenkonstellationen und Handlungsverläufe romanübergreifend gleichen. Facettenreich ist Stamms Werk demnach nicht, was er selbst nicht leugnet: „Wer etwas lesen will, was er noch nicht weiß, […] der kauft sich die Zeitung."[83] Sein lakonischer Stil und das ›Ungefähre Erzählen‹ schaffen aber Leerstellen und Deutungsmöglichkeiten, die der Lesende neu füllt und subjektiv sieht – so wie Cézannes Äpfel.

## Literaturverzeichnis

Allende, Isabel: *Das Geisterhaus*. Aus dem Spanischen von Anneliese Betond. 1. Aufl. Frankfurt a. M. 1993.

Augé, Marc: *Nicht-Orte*. Aus dem Französischen von Michael Bischoff. 2. Aufl. München 2011.

Bartl, Andrea/Wimmer, Kathrin: Sprechen am Rande des Schweigens. Eine Einführung in das Werk Peter Stamms. In: dies. (Hg.): *Sprechen am Rande des Schweigens. Annäherungen an das Werk Peter Stamms*. Göttingen 2016, S. 9–20.

Baßler, Moritz: Die Unendlichkeit des realistischen Erzählens. Eine kurze Geschichte moderner Textverfahren und die narrativen Optionen der Gegenwart. In: Rohde, Carsten/Schmidt-Bergmann, Hansgeorg (Hg.): *Die Unendlichkeit des Erzählens. Poetiken des Romans in der deutschsprachigen Gegenwartsliteratur seit 1989*. Bielefeld 2013, S. 27–45.

Friess, Lucréce/Sauerwein Spinola, Sibylle: *Ungefähre Landschaft* von Peter Stamm: Unbestimmtheit als Grundprinzip des Erzählens. In: Lartillot, Françoise/Pfeil, Ulrich (Hg.): *Constructions de l'espace dans les cultures d'expression allemande*. Bern et al. 2013, S. 301–316.

---

80 Peter Stamm: »Work in Progress« In: *Die Vertreibung aus dem Paradies. Bamberger Vorlesungen und verstreute Texte*. Frankfurt a. M. 2014, S. 103–130, hier: S. 128–130.
81 Hartmut Vollmer vergleicht Stamms Erzählstil mit dem Skizzieren eines Malers. Vgl. Hartmut Vollmer: Künstlerische Versuche, »das ungenaue Gefühl so genau wie möglich festzuhalten«. Zur erzählerischen Visualität Peter Stamms. In: Bartl/Wimmer 2016, S. 285–299.
82 Peter Handke: *Die Lehre der Sainte-Victoire*. Frankfurt a. M. 1980.
83 Stamm 2010b, S. 20.

Frisch, Max: *Mein Name sei Gantenbein*. Frankfurt a. M. 1964.

Frisch, Max: *Antwort aus der Stille. Eine Erzählung aus den Bergen.* Mit einem Nachwort von Peter von Matt. Frankfurt a. M. 2009.

Genette, Gérard: *Die Erzählung*. Übersetzt von Andreas Knop. 3. durchgesehene und korrigierte Auflage. Paderborn 2010.

Gremler, Claudia: Orte und Nicht-Orte im Norden: Raumwahrnehmung in Prosatexten von Klaus Böldl, Judith Hermann und Peter Stamm. Eine an Marc Augé orientierte Analyse. In: Kanne, Miriam (Hg.): *Provisorische und Transiträume. Raumerfahrung 'Nicht-Ort'.* Berlin 2013, S. 187–213.

Gropp, Rose-Maria: Wenn du vom Weibe gehst, vergiss die Zahnseide nicht. In: Literaturbeilage der *Frankfurter Allgemeinen Zeitung* 23.06.2016, S. 10.

Handke, Peter: *Die Lehre der Sainte-Victoire*. Frankfurt a. M. 1980.

Heidemann, Gudrun: Fotografische Momentaufnahmen als 'ungefähre Landschaft' in Peter Stamms gleichnamigem Roman. In: Komorowski, Dariusz (Hg.): *Jenseits von Frisch und Dürrenmatt. Raumgestaltung in der gegenwärtigen Deutschschweizer Literatur*. Würzburg 2009, S. 73–83.

Hermann, Iris: Peter Stamms *Agnes* und *Ungefähre Landschaft*. Ein Essay. In: Bartl, Andrea/Wimmer, Kathrin (Hg.): *Sprechen am Rande des Schweigens. Annäherungen an das Werk Peter Stamms*. Göttingen 2016, S. 69–79.

Honold, Alexander: Die Fremdheit der Welt. Zur Dramatik der Schauplätze bei Peter Stamm. In: Bartl, Andrea/Wimmer, Kathrin (Hg.): *Sprechen am Rande des Schweigens. Annäherungen an das Werk Peter Stamms*. Göttingen 2016, S. 101–118.

Kanne, Miriam: Provisorische und Transiträume: Raumerfahrung 'Nicht-Ort'. In: dies. (Hg.): *Provisorische und Transiträume. Raumerfahrung 'Nicht-Ort'.* Berlin 2013, S. 7–34.

Kaul, Susanne: Ungefähre Liebschaften. Zu Peter Stamms Romanen. In: Bartl, Andrea/Wimmer, Kathrin (Hg.): *Sprechen am Rande des Schweigens. Annäherungen an das Werk Peter Stamms*. Göttingen 2016, S. 171–184.

Komorowski, Dariusz (Hg.): *Jenseits von Frisch und Dürrenmatt. Raumgestaltung in der gegenwärtigen Deutschschweizer Literatur*. Würzburg 2009.

Kurianowicz, Tomasz: Trostloses Glück. In: *Die Zeit* (13) 05.04.2016.

Schneider, Wolfgang: Geschichte des plötzlichen Verschwindens. *Deutschlandradio Kultur*, retrieved 23.03.2017, from http://www.deutschlandradiokultur. de/peter-stamm-weit-ueber-das-land-geschichte-des-ploetzlichen.1270. de.html?dram:article_i=347212.

Schumacher, Heinz: Zur Anatomie gegenwärtiger Liebesverhältnisse. Beobachtungen zu den Romanen und zu einigen Erzählungen von Peter

Stamm. In: Schlicht, Corinna (Hg.): *Stimmen der Gegenwart. Beiträge zu Literatur, Film und Theater seit den 1990er Jahren.* Oberhausen 2011, S. 109–133.

Stamm, Peter: *Ungefähre Landschaft.* Zürich/Hamburg 2001.

Stamm, Peter: *An einem Tag wie diesem.* 2. Aufl. Frankfurt a. M. 2006.

Stamm, Peter: *Sieben Jahre.* 4. Aufl. Frankfurt a. M. 2009.

Stamm, Peter: Wo beginnt ein Text? In: Altenhofer, Rosemarie/Lewalter, Susanne/Rosen, Rita (Hg.): *»nehmen sie mich beim wort ins kreuzverhör«. Vorlesungen der Wiesbadener Poetikdozentur.* Frankfurt a. M. 2010a, S. 35–55.

Stamm, Peter: Wegbeschreibungen. In: Altenhofer, Rosemarie/Lewalter, Susanne/Rosen, Rita (Hg.): *»nehmen sie mich beim wort ins kreuzverhör«. Vorlesungen der Wiesbadener Poetikdozentur.* Frankfurt a. M. 2010b, S. 13–34.

Stamm, Peter: *Nacht ist der Tag.* Frankfurt a. M. 2013.

Stamm, Peter: »Work in Progress« In: *Die Vertreibung aus dem Paradies. Bamberger Vorlesungen und verstreute Texte.* Frankfurt a. M. 2014, S. 103–130.

Stamm, Peter: *Weit über das Land.* Frankfurt a. M. 2016.

Vollmer, Hartmut: Die sprachlose Nähe und das ferne Glück. Sehnsuchtsbilder und erzählerische Leerstellen in der Prosa von Judith Hermann und Peter Stamm. In: Bullivant, Keith et al. (Hg.): *Literatur für Leser* 29(1), 2006, S. 59–79.

Vollmer, Hartmut: Künstlerische Versuche, »das ungenaue Gefühl so genau wie möglich festzuhalten«. Zur erzählerischen Visualität Peter Stamms. In: Bartl, Andrea/Wimmer, Kathrin (Hg.): *Sprechen am Rande des Schweigens. Annäherungen an das Werk Peter Stamms.* Göttingen 2016, S. 285–299.

Werner, Markus: *Zündels Abgang.* 2. Aufl. Salzburg/Wien 1984.

Wimmer, Kathrin: Der flüchtige Mensch bei Peter Stamm: Transiträume und Erinnerungsorte. In: Kanne, Miriam (Hg.): *Provisorische und Transiträume. Raumerfahrung ,Nicht-Ort'.* Berlin 2013, S. 259–275.

Nikolas Buck

# Der neue deutsche Großstadtroman – Clemens Meyers *Im Stein* (2013)

**Abstract:** In his novel *Im Stein* (2013) the author Clemens Meyer consistently seizes content-related and stylistic attributes of the 1920s modern urban novels, especially in reference to Alfred Döblin's *Berlin Alexanderplatz*. This applies to the structure of the narrative world as well as to the application of genuinely modern narrative techniques. However, Meyer seeks to transform the genre into a shape adequate to the 21st century. To that end, he radicalizes the attributes of the modern urban novel in at least two manners: on the one hand he reinforces the role of the city as a main agent in the story, on the other hand he intensifies the tendency to place the events on a mythological level.

## Einleitung

Schon seit einigen Jahren kursiert für die Stadt Leipzig die Bezeichnung ‚Hypezig'. Sie stammt von dem Schriftsteller André Herrmann,[1] der damit die außergewöhnliche mediale Aufmerksamkeit für „Germany's new cultural hot spot"[2] – so titelte beispielsweise der britische *Guardian* – einzufangen versuchte. Der Autor Clemens Meyer nimmt sich in seinem im Jahr 2013 erschienenen Roman *Im Stein* eines weniger öffentlichen Teils der Stadt Leipzig an – ohne den Handlungsort im Roman freilich so zu benennen: Es ist eben nicht die Lebenswelt der Hipster und Kunstschaffenden, die den Rahmen der Romanhandlung abgibt, sondern diejenige von Zuhältern, Bordellbetreibern und Prostituierten. *Im Stein* verfolgt episodenhaft das Leben verschiedener Figuren aus dem Rotlichtmilieu von der Wende 1989/90 bis etwa ins Jahr 2011, wobei die Handlung keiner linearen Ordnung folgt. Die Perspektiven und Schauplätze variieren von Kapitel zu Kapitel und teilweise auch innerhalb der Kapitel.

Die Entscheidung des Autors, die Handlung seines Romans im ‚Milieu' anzusiedeln, war Futter für die im Literaturbetrieb schon seit Längerem hartnäckig kursierenden Clemens-Meyer-Klischees. Der Autor und sein Verlag Fischer sind

---

1  André Herrmann: Hypezig – Bitte bleibt doch in Berlin! [Blog], retrieved 04.11.2016, from http://hypezig.tumblr.com/.

2  Philip Oltermann: Is Leipzig the new Berlin? *The Guardian* 11.09.2014, retrieved 04.11.2016, from https://www.theguardian.com/travel/2014/sep/11/is-leipzig-the-new-berlin.

an diesen Zuschreibungen nicht ganz unschuldig. Im Gegenteil scheint das Etikett des nonkonformen Autors, der sich bestens in den Milieus auskennt, über die er schreibt, durchaus verkaufsfördernd zu sein.[3] Es überrascht also nicht, dass auch die Rezensionen zu *Im Stein* immer wieder darauf hinweisen, der Autor beherrsche den Sound der Straße sozusagen aus eigener Erfahrung,[4] oder die schlüpfrige Frage stellen, wie seine Recherchen zu diesem Roman ausgesehen haben könnten.[5]

Die Möglichkeit, dass die (für die deutschsprachige Gegenwartsliteratur immer noch recht ungewöhnliche) Wahl des Handlungsraums ,Rotlichtmilieu' auch mit einer gewissen Gattungstradition zusammenhängen könnte, wird dagegen in erstaunlich geringem Maße verfolgt. Dabei stellt Clemens Meyers Roman *Im Stein* – so die Grundannahme des vorliegenden Beitrags – den offensichtlichen Versuch dar, die Tradition des modernen Großstadtromans in einer für das 21. Jahrhundert angemessenen Form wiederzubeleben.[6] Und in dieser Gattung – man denke an die Figur des Franz Biberkopf in Alfred Döblins *Berlin Alexanderplatz* – waren es insbesondere die unteren Gesellschaftsschichten mit ihrer aus der Not geborenen Nähe zu kriminellen Milieus, die in den Fokus der Darstellung gerieten.

Es ist in der Forschung durchaus umstritten, ob der Großstadtroman als eigenständige Subgattung gelten kann. So existiert eine Vielzahl konkurrierender Begriffe wie ›Zeitroman‹, ›Gesellschaftsroman‹, ›Sozialer Roman‹ oder ›Montageroman‹, unter die je nach Forschungsperspektive auch Texte wie der

3   So heißt es beispielsweise im Klappentext zu Meyers Erzählband *Die Nacht, die Lichter* (Frankfurt a. M. 2008): „Seine Helden sind Menschen, die mit dem Leben kämpfen, strauchelnde Glückssucher und ruhelose Nachtgestalten." Über die Biografie des Autors erfährt man analog dazu unter anderem Folgendes: „Clemens Meyer, geboren 1977 in Halle/Saale, lebt in Leipzig. Nach dem Abitur arbeitete er als Bauhelfer, Möbelträger und Wachmann."

4   Vgl. Jens Uthoff: In der Welt der „Engel GmbH". In: *Die Tageszeitung* 22.08.2013.

5   Vgl. Lena Bopp: Reisender, kommst du nach Eden City. *Frankfurter Allgemeine Zeitung* (194) 22.08.2013, retrieved 04.11.2016, from http://www.faz.net/aktuell/feuilleton/buecher/rezensionen/belletristik/clemens-meyer-im-stein-reisender-kommst-du-nach-eden-city-12541182.html.

6   Zwar verweisen einige Kritiken auf formale Ähnlichkeiten zwischen Meyers Roman und den Großstadtromanen der ,klassischen' Moderne: z. B. Rainer Moritz: Ein wuchtiger Milieuroman. In: *Neue Zürcher Zeitung* 03.10.2013; Daniela Strigl: Ein Puff-Panorama und doch ein großer Roman. In: *Die Welt* 21.08.2013; Gisa Funck: Versuch eines großen Wurfs. *Deutschlandfunk* 29.09.2013. Dass die Wahl des Handlungsraums in diesem Sinne nicht zufällig erscheint, findet jedoch keine Erwähnung.

bereits genannte Roman Döblins fallen können. Zudem wird der Großstadt-roman häufig als ein lediglich über thematische Gesichtspunkte abgrenzbares Phänomen wahrgenommen.[7] Als eines der wenigen besitzt das *Metzler Lexikon Literatur* einen Eintrag zum Lemma ,Großstadtdichtung'. Hier heißt es:

> [S]o versuchen die Großstadt-Romane des 20. Jh.s […] die Komplexität städtischen Wirklichkeitserlebens mit der experimentellen Erprobung neuer Erzähl- und Darstel-lungstechniken (Vielsträngigkeit, Perspektivenfülle, Collagetechniken) zu verknüpfen.[8]

Tatsächlich ist die hier dargestellte Verbindung inhaltlicher und formaler Aspekte wohl das entscheidende Moment für eine mögliche Definition der Gattung, und zwar die Wahl des Sujets ,Leben in der modernen Großstadt' bei gleichzeitiger Suche nach innovativen erzählerischen Mitteln zur adäquaten Darstellung des-selben – oder mit Volker Klotz pointiert formuliert:

> Diese Romane zielen auf die Stadt selber, der sie sich mehr oder minder ausschließ-lich verschreiben. Wenn sie die Stadt zum Vorwurf nehmen, handeln sie nicht nur davon: ihr Aufbau, ihre Sicht, ihr Stil sind – von Mal zu Mal anders – davon geprägt.[9]

---

7   Die Schwierigkeiten im Umgang mit dem Großstadtroman bezeugt u. a. ein Artikel von Gero von Wilpert in seinem *Sachwörterbuch der Literatur*. Hier wird „Großstadt-dichtung" zuallererst über das gemeinsame Thema, „die Konflikte, Erlebnisse und Erfahrungen […] des menschlichen Lebens im rastlosen Strömen der anonymen, unüberschaubaren Welt- und Millionenstädte" (Gero von Wilpert: Großstadtdich-tung [Art.]. In: ders.: *Sachwörterbuch der Literatur*. 8. Aufl. Stuttgart 2001, S. 320), definiert. Döblins *Berlin Alexanderplatz*, Dos Passos' *Manhattan Transfer* und Belyjs *Petersburg* finden zwar Erwähnung, jedoch mit dem Querverweis auf das Lemma „Sozialer Roman" (vgl. ebd.).

8   Waltraud Wende: Großstadtdichtung [Art.]. In: Dieter Burdorf/Christoph Fasbender/ Burkhard Moennighoff: *Metzler Lexikon Literatur. Begriffe und Definitionen*. 3. Aufl. Stuttgart/Weimar 2007, S. 296.

9   Volker Klotz: *Die erzählte Stadt. Ein Sujet als Herausforderung des Romans von Lesage bis Döblin*. München 1969, S. 10. Klotz' Buch kann immer noch als Standardwerk in der deutschsprachigen Forschung zum Großstadtroman gelten. Klotz beschränkt seine Darstellung zwar nicht auf den modernen Stadtroman, sondern bietet einen Überblick über die Entwicklung des Umgangs mit dem Sujet seit dem 18. Jahrhundert, wodurch zunächst eine gewisse Kontinuität angezeigt wird. Wenn er jedoch im Verlauf seiner Argumentation Zolas Romanzyklus *Les trois Villes* (1894–1898) eine literatur-geschichtliche Zwischenstellung zuschreibt (vgl. ebd., S. 253), impliziert dies durchaus einen radikalen, zu Beginn des 20. Jahrhunderts zu verortenden Bruch in der ästhe-tisch geformten Darstellung der Stadt. Während sich nämlich die bis zum Ende des 19. Jahrhunderts geschriebenen Romane jeweils einer der typischen Erzählweisen (mit einem auktorialen oder personalen Erzähler) bedienten und diese dann auch einhellig durchgehalten hätten (vgl. ebd., S. 255) – Erzählweisen also, die „zumindest die Fiktion

Das Sujet ist also gleichsam das Erzählproblem, das es auf formaler Ebene zu lösen gilt.

In der Forschung zum modernen Großstadtroman gibt es Texte, die immer wieder herangezogen werden, um Merkmale der besagten literarischen Gattung zu definieren. Neben John Dos Passos' *Manhattan Transfer* (1925), Andrej Belyjs *Petersburg* (1919) und mit Einschränkungen James Joyces *Ulysses* (1922) betrifft dies – für die deutschsprachige Literatur besonders stilbildend – Alfred Döblins *Berlin Alexanderplatz* (1929).[10] Die folgenden Ausführungen werden zeigen, wie konsequent Meyer die inhaltlichen und formalen Merkmale des modernen Großstadtromans der 1920er Jahre aufgreift und wie er diese in mindestens zweierlei Hinsicht radikalisiert, und zwar einerseits mit Blick auf die Stellung der Stadt als Hauptakteur der Handlung sowie andererseits hinsichtlich der Mythologisierung des Geschehens.

## Der „BIG BANG" – Inhaltliche Analogien

Bevor ausführlich auf die erzähltechnischen Besonderheiten von Meyers Roman eingegangen wird, müssen zunächst noch die inhaltlichen Analogien zwischen *Im Stein* und den Großstadtromanen der 1920er Jahre thematisiert werden. Denn die Tatsache, dass nicht nur diejenigen Merkmale aufgegriffen werden, die bei der Wahl des Handlungsortes ‚Großstadt' ohnehin erwartet werden dürften (der Mensch in der Masse sowie in verschiedenen funktionalen Zusammenhängen, rastlose Bewegung etc.), sondern darüber hinaus auch die Tiefenstruktur der dargestellten Welt und die historischen Rahmenbedingungen der Handlung erstaunlich eng mit *Berlin Alexanderplatz* korrespondieren, verdeutlicht nachdrücklich das Bemühen, sich in die direkte Nachfolge der Zwanziger-Jahre-Romane zu stellen.

---

ermöglichen, sie [die Stadt, N.B.] sei als Ganzes überschaubar" (ebd., S. 439), sei in den Großstadtromanen des frühen 20. Jahrhunderts der Stil die Stadt selber (vgl. ebd., S. 254). Daneben vgl. zum Begriff des Großstadtromans u. a. Friedbert Stühler: *Totale Welten. Der moderne deutsche Großstadtroman*. Regensburg 1989, S. 29–34.

10  Erweitert man den zeitlichen Horizont über die 1920er Jahre hinaus, kommt für den deutschsprachigen Raum unweigerlich Wolfgang Koeppens *Tauben im Gras* (1951) in den Blick. Die folgende Suche nach Gemeinsamkeiten zwischen Meyers *Im Stein* und den Großstadtromanen der klassischen Moderne wird sich insbesondere auf Döblins *Berlin Alexanderplatz*, zum Teil auch auf Dos Passos' *Manhattan Transfer* beziehen, da in beiden Fällen sowohl auf inhaltlicher als auch auf formaler Ebene besonders viele Anschlussmöglichkeiten gegeben sind.

Vielfältige Analogien ergeben sich – wie einleitend bereits festgestellt – durch den fokussierten Ausschnitt der Welt: die Unterwelt bzw. das Rotlichtmilieu. Diesbezüglich muss auf eine Auffälligkeit in der Handlungsstruktur aufmerksam gemacht werden, die über eine bloße Übereinstimmung in der Wahl des Handlungsraums hinausgeht. So treten sowohl in *Berlin Alexanderplatz* als auch in *Im Stein* fast ausschließlich Figuren auf, die dem ‚Milieu' angehören. Die Welt der ‚Reichen und Mächtigen' wird in beiden Romanen nur indirekt thematisiert. Gleichzeitig spielt sie jedoch eine nicht unerhebliche Rolle, wenn etwa Franz Biberkopf von dem Geld lebt, das seine Freundin Mieze von ihrem reichen ‚Gönner' mit nach Hause bringt,[11] oder wenn im Vergleich dazu bei Meyer die Figur des Arnold Kraushaar die einflussreichen Besucher eines Clubs, in dem minderjährige Prostituierte festgehalten werden, mit Videomaterial erpresst und damit seinen Aufstieg im Rotlichtmilieu begründet.[12] Die beiden Sphären sind in beiden Texten also nicht als rein gegensätzlich, sondern als komplementär zu begreifen.

Die wohl bedeutendste inhaltliche Analogie besteht jedoch in dem, was Clemens Meyer in der fünften seiner Frankfurter Poetikvorlesungen mit dem Begriff des „BIG BANG"[13] benennt: Wie die großen Romane der amerikanischen und europäischen Moderne wesentlich aus den Erfahrungen des Ersten Weltkriegs (eben des „BIG BANG") schöpften, schwingt im Hintergrund von *Im Stein* stets die Wende und ihre Folgen für die Bewohner der Großstädte in der ehemaligen DDR als einschneidendes und damit identitätsstiftendes geschichtliches Ereignis mit.[14]

---

11   Alfred Döblin: *Berlin Alexanderplatz. Die Geschichte vom Franz Biberkopf*. Roman. Mit einem Nachwort von Moritz Baßler und Melanie Horn. In: ders.: Gesammelte Werke. Bd. 10. 5. Aufl. Hg. v. Christina Althen. Frankfurt a. M. 2015, S. 289–292, 332, 357–360.

12   Vgl. Clemens Meyer: *Im Stein*. Roman. Frankfurt a. M. 2014a, S. 163f., 394; weitere Andeutungen der Erpressung auf S. 48f., 55f., 75f., 195, 344, 458.

13   Vgl. Clemens Meyer: *Der Untergang der Äkschn GmbH. Frankfurter Poetikvorlesungen*. Frankfurt a. M. 2016a, S. 140, 144. Die fünfte Vorlesung ist in veränderter Fassung zuletzt auch als Nachwort zur Neuauflage von *Manhattan Transfer* erschienen (vgl. Clemens Meyer: Dos Passos und die Wild Bunch oder Die Erfindung der Moderne. In: John Dos Passos: *Manhattan Transfer*. Roman. Aus dem Englischen von Dirk van Gunsteren. 2. Aufl. Reinbek bei Hamburg 2016b, S. 523–531.

14   Vgl. zum „gesellschaftskritische[n] Potential" von Meyers Roman auch Toni Müller: Entdeckung und Verwandlung. Entwürfe der Gegenwart in den Romanen *Im Stein* von Clemens Meyer und *Schimmernder Dunst über CobyCounty* von Leif Randt. In: Haimo Stiemer/Dominic Büker/Esteban Sanchino Martinez (Hg.): *Social Turn? Das Soziale in der gegenwärtigen Literatur(-wissenschaft)*. Weilerswist 2017, S. 79–92, S. 81–86 [Zitat auf S. 81].

In Döblins *Berlin Alexanderplatz* begegnet man beispielsweise der in der Weimarer Republik virulenten Kriegsinvaliden-Problematik,[15] es werden Soldatenlieder gesungen und Kriegserlebnisse ausgetauscht.[16] Bei Meyer sind es entsprechend die im Roman allerorten anzutreffenden ‚Wendeverlierer'. So hat der namenlose Taxifahrer aus dem ersten Kapitel einst in einer großen lokalen Druckerei gearbeitet, die nach der Wende schließen musste.[17] ‚Der Reiter' wiederum, ein ehemaliger Jockey, der auf der Suche nach seiner im Milieu verschwundenen Tochter ist, musste im Zuge der um sich greifenden Internationalisierung nach 1990 seinen Sport aufgeben, weil er kein Englisch spricht.[18] Komplementär zu diesen ‚Opfern des Strukturwandels' herrscht in Teilen der Gesellschaft des ‚wilden Ostens' – so eine gängige Bezeichnung für das Gebiet der ehemaligen DDR in der Wendezeit – jedoch auch eine Aufbruchsstimmung, vergleichbar mit derjenigen in den ‚Goldenen Zwanzigern'. Diese Analogie zeigt sich etwa darin, dass es sowohl in *Berlin Alexanderplatz* als auch in *Im Stein* zu einer häufigen Thematisierung reger Bautätigkeit kommt.[19]

Wie also in den Romanen der 1920er Jahre der Erste Weltkrieg als weltpolitisches Ereignis mit seinen Folgen nachwirkt, ist in Meyers Roman das Ende der DDR als „Stunde null"[20], als „Anfang des anderen Wahnsinns"[21] (nach dem Kommunismus) allgegenwärtig; oder, wie es eine andere Figur aus *Im Stein*, ein ehemaliger Zuhälter, unter Verwendung des von Meyer in seinen Poetikvorlesungen genannten Begriffs beschreibt: „Aber neunzig, ja, da war das alles noch ein wüstes Land. Das große Chaos nach dem großen Knall."[22]

---

15  Vgl. z. B. die Episode über den an Kriegslähmung leidenden Paule, dessen Sohn wegen einer Unachtsamkeit seines Arztes verstorben ist (Döblin 2015, S. 125f.).

16  Vgl. die Kneipenszene in ebd., S. 97–99.

17  Vgl. Meyer 2014a, S. 11.

18  Vgl. ebd., S. 59.

19  Interessanterweise sind es in beiden Romanen sogar vornehmlich Tunnelarbeiten für Bahnprojekte. In *Berlin Alexanderplatz* wird an neuen U-Bahnstrecken gearbeitet, in *Im Stein* am sogenannten City-Tunnel (vgl. Döblin 2015, S. 135; Meyer 2014a, S. 57).

20  Meyer 2014a, S. 205. Vgl. auch den Titel des Kapitels „Tokio im Jahre null", der auf den gleichnamigen Roman von David Peace anspielt (ders.: *Tokio im Jahr null. Roman. Aus dem Englischen von Peter Torberg*. München 2009). Auch in Peaces – wie Meyers *Im Stein* formal äußerst avancierten – Roman ist es ein ‚Big Bang', der die Romanhandlung prägt – und zwar der Zusammenbruch des japanischen Kaiserreichs am Ende des Zweiten Weltkriegs.

21  Meyer 2014a, S. 425.

22  Ebd., S. 419. Nicht zufällig erscheint in diesem Zusammenhang auch die Referenz auf T. S. Eliots berühmtes Langgedicht *The Waste Land* (1922).

Gleichzeitig kann von Teilen der wirtschaftlichen Strukturen, die die modernen Großstadtromane geprägt haben, nur noch im Modus der Nostalgie erzählt
werden:

> „Das war, weil das Stampfen der Fabriken", sagt der Alte unterm Sonnenschirm, den sie
> mit Draht fixiert haben an der Wand, gegen die Stürme, weil es ja bald gewittern soll,
> ah, ah, ah, jemand bumst laut, offene Fenster im Hinterhof, Frauenstimmen, Tachome-
> ter, „Ich brauche 'ne Taxe, sofort!", die Sommerluft leitet die Geräusche, Elektrosound,
> „das war, weil ..." *Zisch* macht das Bier, Kronkorken mit Wernesgrüneremblem, in der
> Sonne funkelt alles, immer im Kreis, Metall, Straßenbahnen quietschen in den Kurven,
> Tausende Arbeiter strömen in die Fabriken, aus den Fabriken, während der Alte trinkt
> mit geschlossenen Augen, neunzehnhundertvierundsechzig, Sonnenfinsternis neun-
> zehnhundertneunundneunzig, „und weil die doch alle zu sind jetzt, dichtgemacht und
> ..., ahhhh, mein Gott, tut das gut, stampft das nicht mehr, klingt das anders jetzt, und
> Güterzüge sind doch auch nur noch selten und leer, wenn überhaupt."[23]

Dass die alten industriellen Produktionsverhältnisse und ihr Einfluss auf das
Leben der Menschen für die Romanfiguren überhaupt noch in dieser Form prä-
sent sind, liegt in dem im Vergleich zur Bundesrepublik verspätet einsetzenden
Übergang von der Industrie- zur Dienstleistungsgesellschaft begründet. Indem
die ‚moderne' Großstadt der 1920er Jahre in den Groß- bzw. Industriestädten
der DDR noch viel länger fortlebte, können die umfassenden Veränderungen in
der Gesellschaftsstruktur noch unmittelbar über die Erinnerungen der Figuren
thematisiert werden.

## Die „vielfache Optik" – Formale Analogien

Wenn nun im Anschluss die formalen Analogien zwischen *Im Stein* und den
modernen Großstadtromanen der 1920er Jahre betrachtet werden sollen, lohnt
es sich, zunächst einen Blick auf einen der bedeutendsten Beiträge zu einer Poetik des Großstadtromans im deutschsprachigen Raum zu werfen: Gemeint ist
Alfred Döblins Pamphlet *An Romanautoren und ihre Kritiker*, erstmals veröffentlicht 1913 in der expressionistischen Zeitschrift *Der Sturm*. In dieser auch
„Berliner Programm" genannten Schrift stellt Döblin Grundsätze für eine zeitgemäße literarische Produktion auf. Eine erste wichtige Forderung betrifft die
Verwendung eines – und an dieser Stelle sollte man mit Blick auf den Titel von

---

23  Ebd., S. 26. Vgl. auch das Kapitel „In der Stahlstadt" (ebd., S. 302–323, hier v. a. S. 305),
    in der Hans, eine der Hauptfiguren des Romans, für die Beerdigung seines Vaters nach
    25 Jahren Abwesenheit in seine Heimatstadt zurückkehrt und bei einem Spaziergang
    über die Arbeitsbedingungen im alten Stahlwerk sinniert.

Meyers Roman aufmerken – „steinernen Stils". Damit meint Döblin im Wesentlichen den Verzicht auf einen auktorialen Erzähler, der das Gesamtgeschehen deutet und Bewertungen vornimmt:

> Die Hegemonie des Autors ist zu brechen; nicht weit genug kann der Fanatismus der Selbstverleugnung getrieben werden. Oder der Fanatismus der Entäußerung: ich bin nicht ich, sondern die Straße, die Laternen, dies und dies Ereignis, weiter nichts. Das ist es, was ich den steinernen Stil nenne.[24]

Dass dieses Plädoyer für ein neutrales Erzählverhalten bzw. eine neutrale Erzählhaltung[25] nicht zuletzt eine Reaktion auf die neuartigen Erfahrungen in der modernen Großstadt ist, belegt das folgende Zitat: „Die Fassade des Romans kann nicht anders sein als aus Stein oder Stahl, elektrisch blitzend oder finster; sie schweigt."[26] Eine weitere, mit dem Vorherigen zusammenhängende Forderung ist diejenige nach einem „Kinostil", den die Darstellung bei der ungeheuren Menge des Geformten erfordere: „In höchster Gedrängtheit und Präzision hat die ‚Fülle der Gesichte' vorbeizuziehen. Der Sprache das Äußerste an Plastik und Lebendigkeit abzuringen."[27] Und weiter:

> Von Perioden, die das Nebeneinander des Komplexen wie das Hintereinander rasch zusammenzufassen erlauben, ist umfänglich Gebrauch zu machen. Rapide Abläufe, Durcheinander in bloßen Stichworten; wie überhaupt an allen Stellen die höchste Exaktheit in suggestiven Wendungen zu erreichen gesucht werden muß. Das Ganze darf nicht erscheinen wie gesprochen sondern wie vorhanden.[28]

Diese Äußerungen Döblins können durchaus als Vorüberlegungen zu seiner 15 Jahre später in *Berlin Alexanderplatz* angewandten Montagetechnik gedeutet werden.

---

24  Alfred Döblin: An Romanautoren und ihre Kritiker. Berliner Programm. In: ders.: *Schriften zu Ästhetik, Poetik und Literatur*. Olten/Freiburg i. Br. 1989, S. 119–123, hier: S. 122.

25  Zur an dieser Stelle verwendeten Begrifflichkeit vgl. Jürgen H. Petersen: *Erzählsysteme. Eine Poetik epischer Texte*. Stuttgart/Weimar 1993, v. a. S. 74–78. Petersens Systematik hat sich im wissenschaftlichen Diskurs (bislang) nicht vollständig durchgesetzt. Nichtsdestotrotz haben gerade seine Ausführungen zum neutralen Erzählverhalten und zur neutralen Erzählhaltung in Bezug auf bestimmte Analysegegenstände, z. B. die Literatur der Neuen Sachlichkeit, durchaus einen heuristischen Wert. Zur Signatur neutralen Erzählens gehören u. a. ein objektiv-sachlicher Berichtstil, eine Dominanz direkter Figurenrede sowie der Verzicht auf auktoriale Erzählerkommentare.

26  Döblin 1989, S. 121.

27  Ebd.

28  Ebd., S. 121f.

Als wesentliche Wirkung derjenigen Passagen von Döblins Roman, die durch diese Technik geprägt sind, kann gelten, dass die Stadt mehr oder weniger als Hauptakteur erscheint. Und auch die wesentlichen erzähltechnischen Besonderheiten, die für Meyers *Im Stein* festgestellt werden können, haben – so die weitere These in diesem Abschnitt – ebendiesen Effekt, die Stadt zu einem quasi-autonomen Handlungsträger zu machen. Um dies zu veranschaulichen, sei im Folgenden exemplarisch der Beginn des zweiten Buches von Döblins Roman zitiert:

> Der Rosenthaler Platz unterhält sich. Wechselndes, mehr freundliches Wetter, ein Grad unter Null. [...] Wetteraussichten für Berlin und weitere Umgebung. Die Elektrische Nr. 68 fährt über den Rosenthaler Platz, Wittenau, Nordbahnhof, Heilanstalt, Weddingplatz, Stettiner Bahnhof, Rosenthaler Platz, Alexanderplatz [...]. Die drei Berliner Verkehrsunternehmen bilden eine Tarifgemeinschaft. Der Fahrschein für Erwachsene kostet 20 Pfennig, der Schülerfahrschein 10 Pfennig. [...] Mitten auf dem Rosenthaler Platz springt ein Mann mit zwei gelben Paketen von der 41 ab, eine leere Autodroschke rutscht noch grade an ihm vorbei, der Schupo sieht ihm nach, ein Straßenbahnkontrolleur taucht auf, Schupo und Kontrolleur geben sich die Hand: Der hat aber mal Schwein mit seine Pakete. Diverse Fruchtbranntweine zu Engrospreisen, Dr.Bergell, Rechtsanwalt und Notar, Lukutate, das indische Verjüngungsmittel der Elefanten, Fromms Akt, der beste Gummischwamm, wozu braucht man die vielen Gummischwämme. Die Invalidenstraße wälzt sich linksherum ab. Es geht nach dem Stettiner Bahnhof, wo die Züge von der Ostsee ankommen: Sie sind ja so beußt – ja hier staubts. – Guten Tag, auf Wiedersehen.[29]

Die zitierte Passage verdeutlicht, was Döblin unter „steinernen Stil" und „Kinostil" versteht. Der Erzähler rückt hier nämlich nahezu vollkommen in den Hintergrund. Das einzige, was eventuell über ihn gesagt werden kann, ist, dass eine Beobachterperspektive aus einer Straßenbahn heraus eingenommen wird. Nicht namentlich genannte Personen und Gesprächsfetzen wie auch die einmontierten Textfragmente von Werbe- und Informationstafeln dienen lediglich der Illustration großstädtischen Lebens. Gleichzeitig wird ein Anschein von Simultanität erweckt.

Analog dazu nun eine Textstelle aus dem ersten Kapitel von Clemens Meyers *Im Stein*:

> Menschen schieben schweigend das Leben und die Nacht und den Tag vor sich her, „Sechshundertfünfzigtausend sind sicher keine große Sache, kein Weltstadtniveau, aber wir expandieren! Die Million ist das Ziel!" (Ich sagte *schweigend*!), Farben flimmern durch die Stadt, Baumaschinen auf zerrissenen Straßen, Wetterleuchten weit im

---

29	Döblin 2015, S. 53–55.

Norden, drei Zeppeline kreisen über den Häusern. „Nimm deine scheiß Zunge aus meinem Mund! *Und komm mir nicht mit deinem Das hat der und der und die und die.* Ich habe gesagt, dass ich nicht ...“ Grüne Wellen, Straßenbahnen quietschen in den Kurven, S-Bahnen auf Brücken, Bahndämmen, in Tunneln, Bahnhöfen, Gelenkbusse winden sich durch den Verkehr, Nummer 60, Zehnminutentakt, 76, 69, Rotstopp, am Güterring kreuzen sich S-Bahnen und Güterzüge, mehrere Ebenen, ein steinernes Viadukt hinterm Sportplatz, Kleingärten rauchen, Ostvorstadt, Angrillen, Abgrillen, Westvorstadt, badamm, badamm, badamm [...] Wo bleibt der Regen, wir warten auf den Regen, nehmen Sie sich Urlaub und fahren Sie ans Meer ... auf zweiundneunzig Komma drei ... Und die Sonne wandert schnell.[30]

Wie bei Döblin wird ein städtisches Panorama entfaltet, indem ähnlich einer Schnittfolge im Film eine Vielzahl heterogener (aber nicht willkürlich gewählter) Eindrücke aneinandergereiht wird: auch hier die unmarkierten Fragmente von Gesprächen, auch hier die Straßenbahnen bzw. ‚Gelenkbusse‘ als Versinnbildlichung städtischer Dynamik. Die vorherrschende externe Fokalisierung bei gleichzeitiger Nichthierarchisierung und -bewertung der Wahrnehmungspartikel bewirkt, dass an den in dieser Art gestalteten Textstellen die Stadt zum eigentlichen Handlungsträger wird.

Bei allen Ähnlichkeiten der beiden soeben erläuterten Textpassagen erscheint Clemens Meyers *Im Stein* insgesamt deutlich radikaler als *Berlin Alexanderplatz*. An dieser Stelle muss nämlich daran erinnert werden, dass Döblins „Berliner Programm“ bei seinem *Berlin Alexanderplatz* nur teilweise Anwendung findet: Der Untertitel *Die Geschichte vom Franz Biberkopf* weist bereits auf die auffällige Zweiteilung des Romans hin, und zwar auf die Verbindung von Elementen des traditionellen Bildungsromans mit der neuartigen Form des Großstadtromans. Mit diesen beiden Grundstrukturen korrespondieren zwei divergierende Erzähltechniken: zum einen der Rückgriff auf einen auktorialen und personalen Erzähler, der vor allem die Handlung um den Fall des Franz Biberkopf prägt, und zum anderen das Montageprinzip, das durchgängig beobachtbar ist, insbesondere jedoch in den Szenen zum Einsatz kommt, die einen Eindruck vom großstädtischen Leben vermitteln sollen.[31]

Meyer verzichtet nun im Gegensatz zu Döblin konsequent auf eine auktoriale Erzählinstanz, wechselt vielmehr munter zwischen Ich-, Du- und Er-Erzählern, zwischen interner und externer Fokalisierung hin und her, wobei ein Großteil

---

30  Meyer 2014a, S. 25–27.
31  Vgl. hierzu zusammenfassend auch Sabina Becker: Großstadtroman: *Berlin Alexanderplatz. Die Geschichte vom Franz Biberkopf* (1929). In: dies. (Hg.): *Döblin-Handbuch: Leben – Werk – Wirkung.* Stuttgart 2016, S. 102–123.

der Episoden nicht (wie die oben zitierte) extern, sondern intern fokalisiert ist.
Die Perspektive variiert dabei – in Anlehnung an die Erzählweise von Dos Passos' *Manhattan Transfer* – von Episode zu Episode, oft sogar innerhalb einer Episode.

Nun stellt schon Jürgen Petersen fest, dass grundsätzlich „Innensicht nicht der Neutralität des Erzählverhaltens widerspricht"[32]. Demnach können auch die Gedanken einer Figur ‚neutral', das heißt in diesem Fall „unprätentiös und sachdienlich"[33], präsentiert werden. Dies ist bei Meyer dezidiert nicht der Fall: die Innenperspektiven der Figuren strotzen auf der Mikroebene förmlich vor persönlich gefärbten Weltdeutungen. Paradoxerweise ist jedoch festzustellen, dass die wechselnden Erzählinstanzen und die extrem variablen internen Fokalisierungen auf der Makroebene einen ganz ähnlichen Effekt haben wie das fast vollständige Zurücktreten des Erzählers. Denn die von Kapitel zu Kapitel divergierenden Erzählstimmen können nach Vera und Ansgar Nünning als multiperspektivisches Erzählen in einer „offenen Perspektivenstruktur"[34] beschrieben werden.[35] Und diese Form des multiperspektivischen Erzählens – Meyer nennt es in seiner Dankesrede zum Bremer Literaturpreis die „vielfache Optik"[36] des Romans – führt aufgrund des Fehlens einer ordnenden Instanz zu einem Vakuum im Normenhorizont des Romans, das nur durch den Leser ausgefüllt werden kann. Der Eindruck, dass der Rezipient selbst „große Synthetisierungsleistungen"[37] vollbringen muss, wird zusätzlich noch dadurch befördert, dass die Blickwinkel einer ständigen Relativierung durch andere Figuren ausgesetzt sind.[38] Gleichzeitig rückt letztlich wiederum das in

32  Petersen 1993, S. 74.
33  Ebd.
34  Vera Nünning/Ansgar Nünning: Multiperspektivität aus narratologischer Sicht: Erzähltheoretische Grundlagen und Kategorien zur Analyse der Perspektivenstruktur narrativer Texte. In: Dies. (Hg.): *Multiperspektivisches Erzählen: Zur Theorie und Geschichte der Perspektivenstruktur im englischen Roman des 18. bis 20. Jahrhunderts.* Trier 2000, S. 39–77, hier: S. 62.
35  Diese ist Vera und Ansgar Nünning zufolge vor allem dadurch gekennzeichnet, dass die Heterogenität der Erzählstimmen zu einer Dominanz von „dynamischen Zentrifugalkräften" führt. Ebd., S. 61.
36  Clemens Meyer: Nicht neu kann sein, was du beginnst. Dankrede zum Bremer Literaturpreis. In: *Neue Rundschau* 125(2), 2014b, S. 172–178, hier: S. 175.
37  Nünning/Nünning 2000, S. 62.
38  Man mag einwenden, dass durch den größeren Umfang, den die Perspektiven der Figuren ‚Schweine-Hans' und ‚AK' einnehmen, implizit eine Bewertung des Geschehens

den Vordergrund, was die Figuren eint: ihre Erfahrungen mit dem Leben in der
Stadt.[39] Die durch die bisher genannten Aspekte ohnehin schon stark ausgeprägte Tendenz, die Stadt zum eigentlichen Handlungsträger zu machen, wird im Roman
*Im Stein* zusätzlich noch durch eine Bildlichkeit verstärkt, die die Stadt als lebenden Organismus zeigt.[40] So erinnert sich ein alternder Kriminalbeamter auf der
Fahrt zu einem Leichenfundort, an dem er verspätet einzutreffen droht, an seine
Anfangszeit in der Stadt folgendermaßen: „Vor siebzehn Jahren, und auch noch
vor fünfzehn Jahren, konnte er sagen, dass er sich verfahren hat, im Aderwerk
der Straßen, Stau, Baustellen, weil die Stadt sich bewegte und bewegt".[41] Kurz
darauf heißt es über das Schienennetz der Stadt: „Von oben gesehen ein silbernes
Aderwerk, das zum dunklen Klumpen des Herzens führt."[42] Im Übrigen wird
die Stadt nicht als selbstgenügsamer Organismus dargestellt, sondern als einer,
der unaufhörlich wächst und dabei umliegende Ortschaften verschlingt:

> Zu diesem Ausläufer der Heidelandschaft, die sich weiter im Nordosten erstreckt, hier
> und da die Vororte berührt, der beiden fast eins gewordenen Städte, bin ich der Einzige,
> der das sieht? Dass sich die Märkte und Marktplätze mehr und mehr verbinden, Rat-
> häuser aus Stahlbeton, die Fleischmärkte expandieren, der Stein wächst.[43]

Die metonymische, sich auf den städtischen Schauplatz des Romans beziehende Wendung ‚Der Stein wächst' als das lebendige Unlebendige ist paradox.

---

vorgenommen wird. Doch stellt sich Hans im Verlauf des Romans als Mörder heraus
(siehe das Kapitel „Lichter in der Kathedrale") und eine Szene aus Sicht zweier Prosti-
tuierter zeigt, dass der ‚tiefsinnige' Arnold Kraushaar durchaus auch eine brutale Seite
hat. Hier heißt es u. a.: „Seine Augen sind leer […]. Als wäre er irgendwo weit weg.
Und es ist kalt dort" (Meyer 2014a, S. 105).

39  Eine ganz ähnliche Feststellung trifft Volker Klotz mit Blick auf den Roman *Manhattan
Transfer*: „Schon durch ihre [der präsentierten Lebensläufe, N.B.] ungewöhnlich hohe
Anzahl und Vielfalt lenkt Dos Passos das Interesse von der Jeweiligkeit der Personen
auf das Multiple, das sie alle zusammen, gemeinsam oder getrennt, ausmachen. Dies
Multiple ist Manhattan, das dichteste und bewegteste Mittelstück New Yorks" (Klotz
1969, S. 322).

40  Dies gilt im eingeschränkten Maße auch bereits für *Berlin Alexanderplatz*, wie wiederum Volker Klotz feststellt, indem er mit Bezug auf die Wendung „Der Rosenthaler
Platz unterhält sich" die Stadt als „eigenständiges, komplexes Lebewesen" (siehe ebd.,
S. 376) charakterisiert. Döblins Roman fehlen jedoch die expliziten Organismusme-
taphern, die für Meyers *Im Stein* kennzeichnend sind.

41  Meyer 2014a, S. 142.

42  Ebd., S. 153.

43  Ebd., S. 147.

Sie ist aber Teil einer dichten Motivstruktur, welche sich zum Beispiel auch in metaphorischen Beschreibungen wie „steinernes Gesicht"[44] oder „Herzen wie Diamanten"[45] manifestiert und in der Bezeichnung des den Figuren drohenden Gefängnisses als ‚Stein'[46] sowie in der Umschreibung eines lokalen Friedhofs als „endlose[s] Feld der Steine"[47] kulminiert. Denn gerade die letztgenannten Wendungen lassen sich auf einer übergeordneten Ebene mit einem allgemeinen Gefühl des ‚Geworfenseins' in Verbindung bringen, das die Individuen angesichts der allgegenwärtigen Stadt überfällt. So werden die Bewohner der Stadt von dieser in gewisser Weise ‚einverleibt' und ‚versteinern'.

## „Realer Ort und Babel zugleich" – Mythologisches Erzählen

Die multiple Kontextualisierung des Begriffs ‚Stein' leitet über zu einem weiteren Aspekt, in dem Form und Inhalt des Romans in gewisser Weise konvergieren: dem mythologischen Erzählen. Denn im Unterschied zu *Berlin Alexanderplatz* wird der Handlungsort in *Im Stein* nicht konkret benannt, sondern einfach als ‚Stadt' oder eben auch als ‚Stein'[48] bezeichnet. Dies korrespondiert mit der Beobachtung, dass auch die Namen der Figuren zu einem großen Teil mythologisch ausdeutbar sind: So wird etwa Arnold Kraushaar, der in der Stadt Wohnungen an Prostituierte vermittelt, von seinen Kollegen und Bekannten auch als „Alter vom Berge" (nach einem legendären Anführer der Assassinen) oder als „Mister Orpheus" – Orpheus, der in die Totenwelt abtaucht, um seine Eurydike zu retten – bezeichnet.[49] Der ehemalige Jockey wiederum, der auf

---

44  Ebd., S. 433; in ähnlicher Form auch auf S. 51 und S. 373.

45  Ebd., S. 159.

46  Ebd., S. 43. Über die Herkunft der metonymischen Verbindung Gefängnis/Stein gibt Meyers Erzählung *Im Bernstein* Auskunft. Hier heißt es: „[I]n den Stein, so habe ich es mal genannt in einem angefangenen Buch, wenn man hinter Gitter kommt, in den Stein (das ist österreichischer Slang und kommt daher, weil im Vorort Stein der Stadt Krems ein riesiger Knast ist) […]." Clemens Meyer: Im Bernstein. In: ders.: *Gewalten. Ein Tagebuch*. Frankfurt a. M. 2012, S. 25–58, hier: S. 39.

47  Meyer 2014a, S. 173; vgl. auch das auf einem großen Friedhof spielende Kapitel „Gesichter" (ebd., S. 430–463).

48  So beispielsweise an folgenden Textstellen: Meyer 2014a, S. 147, 254, 399, 475. Das Verhältnis von abstrakten und konkreten Ortsbenennungen im Roman ist insgesamt durchaus spannungsreich, da viele Handlungsorte auf untergeordneter Ebene in der realen Stadt Leipzig lokalisiert werden können, wie etwa das sogenannte „Märchenviertel" (ebd., S. 14).

49  Vgl. ebd., S. 191f.

der Suche nach seiner Tochter ist, heißt im Roman stets nur „der Reiter"[50] – eine
Anspielung auf die in den entsprechenden Passagen zitierte *Erlkönig*-Ballade von
Goethe, wohl aber auch in Analogie zu den apokalyptischen Reitern der Johan-
nes-Offenbarung, denn das im Roman an vielen Stellen beschworene „Chaos"
deutet unzweifelhaft auf ein mögliches Ende der Welt hin.[51]

Nun gibt es auch bereits in *Berlin Alexanderplatz* diese Tendenz, das Geschehen auf eine höhere, allegorische Ebene zu heben. Man denke etwa an die
berühmte Schlachthofszene, die mit Inhalten aus dem Buch Hiob versetzt ist,[52]
oder an die „Hure Babylon", die das Leben und Leiden in der Stadt verkörpert
und um die Seele von Franz Biberkopf buhlt.[53] Während sich bei Döblin diese
allegorischen Szenen jedoch in der Regel deutlich vom Rest des Romans abset-
zen, sind in Meyers Roman die mythologischen Elemente durchgängig nach-
weisbar. Sie werden hier zu einem strukturellen Merkmal des Gesamttextes.
In seinem Nachwort zu *Manhattan Transfer* erinnert sich Clemens Meyer an
folgende Überlegungen: „Mythologie und Chronik, dachte ich damals, wie das
zusammenbringen? Wie das MONTIEREN? Die Stadt, meine Stadt Leipzig, als
realer Ort und als Babel zugleich".[54]

Neben den bereits genannten Aspekten gelingt die Einbettung des Mythologischen vor allem durch eine konsequente Auflösung der linearen zeitlichen
Ordnung, wird hierdurch doch die zunächst realistisch anmutende Erzählanlage
partiell aufgegeben. Verstärkend wirkt in diesem Zusammenhang auch die Wahl
eines zwischen Nähe und Distanz paradox changierenden Du-Erzählers, der wie
ein ‚metaphysisches Raunen' im Kopf der Protagonisten erscheint. Insgesamt
sind drei zeitliche Schwerpunkte der Handlung zu identifizieren: die Wende-
jahre nach 1990, die Zeit um das Jahr 2000 und die ‚Jetztzeit' (also ca. 2011). Die
konkrete Handlungszeit und somit auch der Handlungsort sind dabei jedoch
oft schwer bestimmbar. Denn neben den diskontinuierlichen Zeitsprüngen von

---

50 Vgl. u. a. das Kapitel „Die Nacht des Reiters" (ebd., S. 54–83).
51 Vgl. u. a. ebd., S. 30f., 75, 89, 155, 419. Daneben bezeichnen sich die Mitglieder eines
   Bündnisses von Rotlichtunternehmern als „Ritter der Tafelrunde" (ebd., S. 50); ein aus
   Westdeutschland stammender Sexunternehmer wird „Graf " genannt (ebd., S. 207); es
   gibt einen ominösen „Mann hinter den Spiegeln" (z. B. ebd., S. 544), der die Macht
   in der ‚Stadt' übernehmen will; und die Ankunft der Rockerbanden Hells Angels (im
   Roman ironischerweise meist als „Engel" bezeichnet) und „Los Locos" wird mit der
   Invasion von „Horden" verglichen (vgl. ebd., S. 526).
52 Vgl. Döblin 2015, S. 150–163.
53 Vgl. ebd., S. 497–499.
54 Meyer 2016b, S. 525.

Kapitel zu Kapitel sind auch die einzelnen Szenen durch eine Vielzahl von Erin-
nerungssequenzen und Prolepsen geprägt. So tendiert der Roman insgesamt zu
einer Aufhebung der Grenzen zwischen den zeitlichen Ebenen – ein entschei-
dender Unterschied zu Döblins Roman, der im Wesentlichen chronologisch
erzählt ist.

Die Orientierungslosigkeit in Raum und Zeit überträgt sich auch auf die
Figuren, wie das folgende Beispiel zeigt. Nachdem der besagte Arnold Kraushaar
nur knapp einen ihm geltenden Angriff überlebt hat, reist er zur Erholung nach
Japan. Hier kommt es zu folgender Beschreibung: „Wo bist du? Wohin gehst du?
Öffne deine Augen. Ein dunkler Fluss unterm Zug und unter dir. Kleine Eis-
schollen auf dem Wasser. Wie die Geräusche sich ändern, wenn du über Brücken
fährst. Hast du nicht die Berge gesehen, vor Stunden, Tagen?"[55] An anderer Stelle
wird sogar konkret die mögliche Existenz von Zeitschleifen thematisiert: „Wie
heißt diese Schleife, in der man festhängt. Lipsiusschleife? Nein. Ich bin in einem
kalten Tunnel, zwischen den Jahren und Sternen, und draußen fliegt das All vor-
über."[56]

Die genannten Besonderheiten in der Zeit- und Raumstruktur des Textes
bewirken auch, dass der Realitätssinn der Figuren insgesamt schwindet.[57] Wenn
nämlich Vergangenheit, Gegenwart und Zukunft zunehmend in eins gehen,
scheint immer wieder eine Art Unendlichkeit auf. Dies spiegelt sich nicht zuletzt
in den im gesamten Roman äußerst präsenten Träumen und Traumzuständen
sowie in dem von Figuren häufig geäußerten Wunsch nach Erlösung wider. So
heißt es beispielsweise, als die Figur des bereits erwähnten Kriminalbeamten
eingeführt wird:

---

55  Meyer 2014a, S. 347.
56  Ebd., S. 91. In diesem Zusammenhang ist auch ein Register-Eintrag zu Meyers Frank-
    furter Poetikvorlesungen bemerkenswert. Unter dem Stichwort „Die Gallerte" heißt
    es: „Raum/Zeit-Phänomen. Bekannt aus dem Roman ‚Durchzug eines Regenbandes‘
    von Ulrich Zieger. Wenn man in der Gallerte verschwindet, können draußen Stun-
    den, Wochen, Jahre vergangen sein, theoretisch. Aber auch nur Sekunden, während
    in der Gallerte eine Welt den Besucher für lange Zeit verschlingt. Grotesk ist es dort,
    ja, grotesk. Aber auch magisch bisweilen, im Sinne jener vergessenen Magie, die jeder
    irgendwann mal kannte" (Meyer 2016a, S. 169).
57  Diesbezüglich existiert im Übrigen auch eine interessante Verbindungslinie zur Dar-
    stellung der Stadt als (nicht fixierbarem) Organismus, wie die nachfolgend zitierte
    Textstelle zeigt: „diese Stadt, die sich seit Jahren langsam in die nächste, kleinere Stadt
    hineinbewegt und seltsam über die Karten wandert, so hast du es mir erklärt" (Meyer
    2014a, S. 536).

der alte Cop liegt im Herzen der Meere […], er erinnert sich, während er langsam aus diesem Traum auftaucht, den er immer träumt, von einer unendlichen Fläche Wasser, kein Schiff, kein Land, nur hin und wieder ein Fisch, ein Wal, etwas *Großes* zumindest, das aus der Tiefe kommt, diesem *Blau*, diesem *Schwarz*, er erinnert sich und spürt das Kribbeln in seinen Händen.[58]

Während in der zitierten Stelle Traum und Realität noch relativ klar unterschieden werden können, sind viele Kapitel des Romans – wie das oben stehende Beispiel zeigt – durch eine Art ,diskontinuierlichen Erlebnisstrom' geprägt, der eine Differenzierung der beiden Zustände fast unmöglich macht.[59]

Entscheidend ist, dass die Tendenz zur Mythologisierung des Geschehens weder Selbstzweck noch bloßes Zitat ist, sondern auf zweifache Weise funktionalisiert wird. Auf der Mikroebene fällt zum einen auf, dass die Auflösung konkreter raumzeitlicher Bezüge häufig solche Passagen betrifft, in denen sich die Figuren in persönlichen Grenzsituationen befinden – wie zum Beispiel in den Kapiteln „Früher Abend in Eden City" und „Tote Taube in der Flughafenstraße", an deren Ende jeweils der mutmaßliche Tod des Bordellbesitzers Hans und des Webradio-Moderators Ecki steht. Die Aussicht auf Unendlichkeit wird an diesen Stellen also gleichsam vorweggenommen; jedenfalls bezeichnen die genannten Passagen einen Übergang vom Diesseits ins Jenseits.

Zum anderen verweist die Annäherung an mythologische Erzählmuster makrostrukturell auf ein Geschichtsbild, in dem Linearität und damit die Möglichkeit von (gesellschaftlichem) Fortschritt zugunsten der Annahme eines zyklischen Charakters von Geschichte suspendiert ist. Volker C. Dörr beschreibt in seiner Habilitationsschrift mit dem Titel *Mythomimesis*, die sich mit der Konjunktur mythischer Geschichtsbilder in der deutschen Nachkriegsliteratur beschäftigt, die allgemeine Funktion des Mythos wie folgt:

> Die Interpretation von Geschichte als Mythos – oder allgemeiner: als tiefenstrukturell ,sinnvoll' geordnet – hilft jene zu ertragen. Der Mythos stattet individuelles Leiden und Schmerz mit einem universellen Sinn aus. Der Glaube daran, daß kosmische Abläufe eine zyklische Struktur aufweisen, ermöglicht den Zeitgenossen dunkler Epochen auch den Glauben daran, daß die Katastrophe das Ende eines Durchgangs bedeutet und eine Erneuerung bald bevorsteht.[60]

---

58  Ebd., S. 137.

59  Offen thematisiert wird dies vor allem in Textstellen, die auf Arnold Kraushaars Erlebnishorizont fokalisiert sind. Es prägt jedoch implizit auch die Wahrnehmung eines Großteils der anderen Erzählstimmen.

60  Volker C. Dörr: *Mythomimesis. Mythische Geschichtsbilder in der westdeutschen (Erzähl-)Literatur der frühen Nachkriegszeit (1945–1952)*. Berlin 2004, S. 25.

Für das Verständnis von *Im Stein* ist speziell der Hinweis auf die kompensatorische Funktion des Mythos in Krisenzeiten von erheblicher Bedeutung. Denn die auf Ebene der histoire allgegenwärtigen Folgen der Wende – des jüngsten ‚Big Bang' – motivieren in gewisser Weise die Transzendierung des Geschehens in einen mythisch geprägten Raum. So wird das Leid der Figuren durch die Einbettung in einen größeren zyklisch organisierten Zusammenhang relativiert bzw. findet seinen Niederschlag in der Sehnsucht nach Unendlichkeit. Dies spiegelt sich auf Ebene des discours in der auf Verlust raumzeitlicher Koordinaten ausgelegten Erzählanlage wider. Dass die Verbindung von Mythos und krisenhaftem Wandel nicht zufällig, sondern von Meyer intendiert ist, offenbart sein Dos-Passos-Nachwort, in dem er unter Berufung auf Herman Melville poetologisch-selbstbezüglich auf das Vorhaben verweist, „mythologisches und realistisches Erzählen [zu] vereinen[], den großen Untergang im MAHLSTROM"[61].

Einschränkend muss darauf hingewiesen werden, dass bei *Im Stein* ein wichtiger Indikator für ‚mythomimetisches Erzählen' im Sinne Dörrs offensichtlich fehlt, und zwar die Existenz einer ‚monologischen' Erzählanlage, womit insbesondere eine über eine durchgängige auktoriale Erzählinstanz vermittelte, ganzheitliche Sinngebung gemeint ist.[62] Wie die Ausführungen im vorangegangenen Abschnitt gezeigt haben, verzichtet Meyer auf eine ebensolche ostentativ. Daraus darf jedoch nicht geschlossen werden, dass dem Roman insgesamt kein

---

61  Meyer 2016b, S. 527.

62  Siehe diesbezüglich auch Dörrs Befund zu Wolfgang Koeppens Roman *Tauben im Gras*, dessen Polyvalenz der Annahme eines ‚mythomimetischen' Programms widerspreche (vgl. Dörr 2004, S. 437); zur allgemeinen Bedeutung der monologischen Erzählanlage für ‚mythomimetisches' Erzählen vgl. auch ebd., S. 43. Als weiteres Argument gegen die Kennzeichnung von *Tauben im Gras* als ‚mythomimetischen' Text wird von Dörr die Tatsache angeführt, dass kein geschlossenes mythologisches System entworfen, sondern eine Vielzahl von Mythologemen disparater Herkunft anzitiert werde, wodurch der Text den Charakter eines *bricolage* erhalte (vgl. ebd., S. 453 u. 457). Dies gilt grundsätzlich auch für *Im Stein*. Das Homogenitäts-Argument erscheint jedoch nicht so entscheidend, als dass Meyers Roman die mythische Dimension grundsätzlich abgesprochen werden könnte. Dass der Befund auch bei *Tauben im Gras* nicht so eindeutig ist, zeigt Ingo Irsigler auf. Er stellt heraus, dass es in Koeppens Roman durchaus ein implizit vermitteltes Sinnpotential gebe. Vgl. Ingo Irsigler: *Überformte Realität. Konstruktionen von Geschichte und Person im westdeutschen Roman der 1950er Jahre.* Heidelberg 2009, S. 291–294.

‚mythomimetisches Programm' zugrunde liegen würde. Denn zum einen verstärkt gerade das Verfahren der ‚vielfachen Optik' die Orientierungslosigkeit in Zeit und Raum und damit wiederum den Eindruck mythischer Zyklizität. Zum anderen übernimmt die alles absorbierende Stadt als Handlungsträger bis zu einem gewissen Grad die Funktion einer Schicksalsmacht, deren Sinnangebote allerdings zugegebenermaßen im Nebulösen bleiben. Damit ergibt sich letztlich das ambivalente Bild, dass *Im Stein* zwar auf struktureller Ebene ein ‚mythomimetisches Programm' verwirklicht – und zwar sehr viel konsequenter als etwa *Berlin Alexanderplatz* –, durch die Polyvalenz des Erzählten jedoch gleichzeitig eine eindeutige, als uneingeschränkt sinnvoll gekennzeichnete Tiefenstruktur verweigert wird.

## Fazit

Clemens Meyers Roman *Im Stein* weist vielfältige Analogien zu den Großstadtromanen der 1920er Jahre auf. Auf inhaltlicher Ebene betrifft dies die Wahl und Charakterisierung des Handlungsraums sowie vor allem die Existenz eines die handelnden Figuren beeinflussenden ‚Big Bang'. Auf formaler Ebene wiederum zeigen sich Analogien in den angewandten erzählerischen Mitteln, die dazu tendieren, die Stadt zum eigentlichen Hauptakteur zu machen und das Erzählte auf eine mythologische Ebene zu heben.

Es würde dem Text von Meyer allerdings nicht gerecht werden, von einem bloßen ‚Pastiche' eines anderen Einzeltextes, eben *Berlin Alexanderplatz*, zu sprechen. Dafür sind einerseits die Unterschiede zwischen den Romanen zu groß, wie die Anmerkungen zum multiperspektivischen Erzählen und zur Mythologisierung des Geschehens im Roman gezeigt haben. Andererseits ist auch eine Vielzahl von Analogien zu anderen Vertretern der Gattung ‚Großstadtroman', insbesondere zu *Manhattan Transfer*, feststellbar. Passender dürfte daher Gérard Genettes Begriff der ‚Architextualität' sein,[63] das heißt in diesem Fall die Bezugnahme auf allgemeine stilistische und thematische Charakteristika des Großstadtromans der 1920er Jahre und die Transformation derselben in eine den Bedingungen der Gegenwart angepassten Form.

---

63  Vgl. Gérard Genette: *Palimpseste. Die Literatur auf zweiter Stufe.* Aus dem Französischen von Wolfram Bayer und Dieter Hornig. Frankfurt a. M. 1993, S. 13f.; ders.: *Einführung in den Architext.* Aus dem Französischen von J. P. Dubost [u. a.]. Stuttgart 1990; Anja Müller-Muth: Architext/Architextualität. In: Ansgar Nünning (Hg.): *Metzler Lexikon Literatur- und Kulturtheorie. Ansätze – Personen – Grundbegriffe.* 4. Aufl. Stuttgart/Weimar 2008, S. 30.

Intuitiv erscheint es zunächst alles andere als selbstverständlich, dass Meyer seinen Roman in eine Traditionslinie mit den modernen Großstadtromanen stellt. Immerhin liegen zwischen *Berlin Alexanderplatz* und *Im Stein* mehr als 80 Jahre der literarischen, aber auch gesellschaftlichen Entwicklung.[64] Um diesen Bogen dennoch schlagen zu können, setzt er zwei wesentliche Prämissen, die auch in seinen Frankfurter Poetikvorlesungen bzw. in seinem Dos-Passos-Nachwort zur Sprache kommen. Die erste betrifft die Nivellierung der Unterschiede zwischen Welt- und Provinzstädten. Während Volker Klotz in seinem Standardwerk *Die erzählte Stadt* noch betont, die in seiner Monographie betrachteten Romane „sollten Großstadtromane sein, weil der gesellschaftlich anders gelagerten, übersichtlichen, gemächlichen Kleinstadt [...] besagte Provokationskraft fehlt",[65] ist der Schauplatz von *Im Stein* eben keine Weltstadt, wie dies etwa New York und Berlin in den 1920er Jahren waren, sondern ein eher (wachsendes) überregionales Zentrum im Osten Deutschlands. Für Meyer gelten jedoch mit Blick auf die ästhetischen Herausforderungen nunmehr ähnliche Voraussetzungen. So heißt es beispielsweise im besagten Nachwort zu Dos Passos' *Manhattan Transfer* nach der Schilderung einer Wanderung durch New York: „In der Nähe von Güstrow erkenne ich die Fragmente der Welt und verdamme alle Rankings."[66]

Die zweite – und gleichsam noch provokantere – Prämisse könnte man unter den Titel ‚Die Gegenwärtigkeit der Moderne' stellen. Die Literatur der Moderne ist Meyer zufolge unverändert aktuell, denn „[d]ie BIG BANGS rollen durch die Zeit, was WK I zerriss, wird heute wieder anders zerrissen bzw. zerreißt *anderes anders*".[67] Jedenfalls sei die Moderne nach wie vor das, was man als Literarhistoriker die aktuelle Epoche der literarischen Produktion nennen würde – oder mit den Worten Clemens Meyers: „für mich existierte nie eine POSTMODERNE"[68].

---

64  Auch die Annahme einer verzögert einsetzenden Entwicklung zur Dienstleistungsgesellschaft im Gebiet der ehemaligen DDR kann diesen Umstand nicht restlos erklären.

65  Klotz 1969, S. 21.

66  Meyer 2016b, S. 531. In seiner fünften Frankfurter Poetikvorlesung heißt es – etwas abgeschwächt: „In Mecklenburg erkenne ich die Fragmente der Welt" (Meyer 2016a, S. 150).

67  Meyer 2016a, S. 146.

68  Ebd. Aufschlussreich in diesem Zusammenhang ist auch ein Artikel aus dem *Spiegel*, in dem von der Existenz zweier gegensätzlicher Pole in der Gegenwartsliteratur ausgegangen wird. Auf der einen Seite stehe Wolfgang Höbel zufolge der den Paradigmen der Moderne verpflichtete Autor Clemens Meyer, auf der anderen Seite der postmodern schreibende Daniel Kehlmann. Vgl. Wolfgang Höbel: Bipolare Störung. In: *Der Spiegel* (36) 02.09.2013.

Diese Argumentation ist nun freilich nichts anderes als das theoretische Korrelat zur Evokation mythischer Zyklizität auf Ebene des Romans – was den obigen Befund, dass die Entkonkretisierung von Raumzeit vornehmlich der Illustration eines entsprechenden Geschichtsbildes dient, bestätigt. Dabei waren es doch gerade die als postmodern bezeichneten Philosophen, die seit Ende der 1970er Jahre die Linearität des Geschichtsverlaufs und den damit verbundenen (und gerade in der ästhetischen Moderne weitverbreiteten) Fortschrittsgedanken fundamental infrage stellten.[69] Im Übrigen offenbart schon der auf ein Gedicht von Wolfgang Hilbig zurückgehende Titel von Meyers Dankesrede zum Erhalt des Bremer Literaturpreises *Nicht neu kann sein, was du beginnst*, dass der Innovationsanspruch, mit dem die Autoren der modernen Großstadtromane aufgetreten sind, für ihn nicht mehr in dem gleichen Maße gilt. In Verbindung mit der den Roman auszeichnenden Pluralität der Erzählstimmen, welche die Frage der Bewertung des Geschehens im Wesentlichen dem Leser überlässt und somit insgesamt den konstruktiven Charakter von Wahrheit betont, sowie der gesteigerten intertextuellen Verweisstruktur[70] (neben den genannten Aspekten weist der Roman unter anderem zahlreiche Bezüge zur Popkultur auf) scheint es daher durchaus plausibel, auch *Im Stein* genuin postmoderne Züge zuzuschreiben.[71] Auch wenn Meyer die Existenz einer solchen Epoche leugnet, weisen

---

69  Vgl. zur Verabschiedung des ‚Modernismus‘ in der Postmoderne einleitend Wolfgang Welsch: *Unsere postmoderne Moderne*. 7. Aufl. Berlin 2008, S. 7f.

70  Eine umfassende Analyse der komplexen intertextuellen Verweisstruktur kann an dieser Stelle nicht geleistet werden; sie wäre eine eigenständige Untersuchung wert. Zur Illustration sei an dieser Stelle lediglich auf das erste Kapitel verwiesen: In diesem werden nicht nur bekannte Werbeslogans („Come in and find out", Meyer 2014a, S. 10) zitiert. Die Figuren erwähnen auch zahlreiche popkulturelle Erzeugnisse wie z. B. Bands („Scooter" und „Rolling Stones", ebd., S. 15), Spiel- und Trickfilme („Jenny [gemeint ist Lola, N.B.] rennt", ebd., S. 17; „Der letzte Tango [in Paris, N.B.]", ebd., S. 17; „Nu pagadi", ebd. S. 18; „Pretty Woman", ebd., S. 21), populäre Sachbücher („Ich bin dann mal weg", ebd., S. 11) und in namentlich leicht veränderter Form Fernsehsendungen („Tiger und Äffchen", ebd., S. 23); daneben auch alte Volksmärchen und -lieder. Zudem haben die drei Abschnitte des ersten Kapitels jeweils Liedzeilen der Gruppe *Trio* als Motto. Im weiteren Verlauf des Romans spielen motivisch insbesondere der Roman *Tokio im Jahre null* von David Peace, der postapokalyptische Roman *Eden City* von Reinhard Kriese sowie der Folksong „In the year 2525" der Gruppe *Zager and Evans* eine bedeutende Rolle.

71  Auf ein weiteres postmodernes Kernkonzept verweisen die Ausführungen Toni Müllers, wenn er feststellt, dass die Struktur des Romans *Im Stein* an das erinnere, was Gilles Deleuze und Félix Guattari Rhizom nennen würden. Vgl. Müller 2017, S. 85.

gerade die augenfälligsten Schritte, die er unternimmt, um den modernen Großstadtroman in eine zeitgemäße Form zu überführen, in den Kernbereich dessen, was gemeinhin als ‚Postmoderne' bezeichnet wird.

## Literaturverzeichnis

Becker, Sabina: Großstadtroman: *Berlin Alexanderplatz. Die Geschichte vom Franz Biberkopf* (1929). In: dies. (Hg.): *Döblin-Handbuch: Leben – Werk – Wirkung.* Stuttgart 2016, S. 102–123.

Bopp, Lena: Reisender, kommst du nach Eden City. *Frankfurter Allgemeine Zeitung* (194) 22.08.2013, retrieved 04.11.2016, from http://www.faz.net/aktuell/feuilleton/ buecher/rezensionen/belletristik/clemens-meyer-im-stein-reisender-kommst-du-nach-eden-city-12541182.html.

Döblin, Alfred: An Romanautoren und ihre Kritiker. Berliner Programm. In: ders.: *Schriften zu Ästhetik, Poetik und Literatur.* Olten/Freiburg i. Br. 1989, S. 119–123.

Döblin, Alfred: *Berlin Alexanderplatz. Die Geschichte vom Franz Biberkopf.* Roman. Mit einem Nachwort von Moritz Baßler und Melanie Horn. In: ders.: Gesammelte Werke. Bd. 10. 5. Aufl. Hg. v. Christina Althen. Frankfurt a. M. 2015.

Dörr, Volker C.: *Mythomimesis. Mythische Geschichtsbilder in der westdeutschen (Erzähl-)Literatur der frühen Nachkriegszeit (1945–1952).* Berlin 2004.

Dos Passos, John: *Manhattan Transfer.* Roman. Aus dem Englischen von Dirk van Gunsteren. 2. Aufl. Reinbek bei Hamburg 2016.

Funck, Gisa: Versuch eines großen Wurfs. *Deutschlandfunk* 29.09.2013.

Genette, Gérard: *Einführung in den Architext.* Aus dem Französischen von J. P. Dubost [u. a.]. Stuttgart 1990.

Genette, Gérard: *Palimpseste. Die Literatur auf zweiter Stufe.* Aus dem Französischen von Wolfram Bayer und Dieter Hornig. Frankfurt a. M. 1993.

Herrmann, André: Hypezig – Bitte bleibt doch in Berlin! [Blog], retrieved 04.11.2016, from http://hypezig.tumblr.com/.

Höbel, Wolfgang: Bipolare Störung. In: *Der Spiegel* (36) 02.09.2013.

Irsigler, Ingo: *Überformte Realität. Konstruktionen von Geschichte und Person im westdeutschen Roman der 1950er Jahre.* Heidelberg 2009.

Klotz, Volker: *Die erzählte Stadt. Ein Sujet als Herausforderung des Romans von Lesage bis Döblin.* München 1969.

Koeppen, Wolfgang: *Tauben im Gras.* Roman. 44. Aufl. Frankfurt a. M. 2015.

Meyer, Clemens: *Die Nacht, die Lichter.* Stories. Frankfurt a. M. 2008.

Meyer, Clemens: Im Bernstein. In: ders.: *Gewalten. Ein Tagebuch*. Frankfurt a. M. 2012, S. 25–58.

Meyer, Clemens: *Im Stein*. Roman. Frankfurt a. M. 2014a.

Meyer, Clemens: Nicht neu kann sein, was du beginnst. Dankrede zum Bremer Literaturpreis. In: *Neue Rundschau* 125(2), 2014b, S. 172–178.

Meyer, Clemens: *Der Untergang der Äkschn GmbH. Frankfurter Poetikvorlesungen*. Frankfurt a. M. 2016a.

Meyer, Clemens: Dos Passos und die Wild Bunch oder Die Erfindung der Moderne. In: John Dos Passos: *Manhattan Transfer*. Roman. Aus dem Englischen von Dirk van Gunsteren. 2. Aufl. Reinbek bei Hamburg 2016b, S. 523–531.

Moritz, Rainer: Ein wuchtiger Milieuroman. In: *Neue Zürcher Zeitung* 03.10.2013.

Müller, Toni: Entdeckung und Verwandlung. Entwürfe der Gegenwart in den Romanen *Im Stein* von Clemens Meyer und *Schimmernder Dunst über CobyCounty* von Leif Randt. In: Stiemer, Haimo/Büker, Dominic/Sanchino Martinez, Esteban (Hg.): *Social Turn? Das Soziale in der gegenwärtigen Literatur(-wissenschaft)*. Weilerswist 2017, S. 79–92.

Müller-Muth, Anja: Architext/Architextualität. In: Nünning, Ansgar (Hg.): *Metzler Lexikon Literatur- und Kulturtheorie. Ansätze – Personen – Grundbegriffe*. 4. Aufl. Stuttgart/Weimar 2008, S. 30.

Nünning, Vera/Nünning, Ansgar: Multiperspektivität aus narratologischer Sicht: Erzähltheoretische Grundlagen und Kategorien zur Analyse der Perspektivenstruktur narrativer Texte. In: Dies. (Hg.): *Multiperspektivisches Erzählen: Zur Theorie und Geschichte der Perspektivenstruktur im englischen Roman des 18. bis 20. Jahrhunderts*. Trier 2000, S. 39–77.

Oltermann, Philip: Is Leipzig the new Berlin? *The Guardian* 11.09.2014, retrieved 04.11.2016, from https://www.theguardian.com/travel/2014/sep/11/is-leipzig-the-new-berlin.

Peace, David: *Tokio im Jahr null*. Roman. Aus dem Englischen von Peter Torberg. München 2009.

Petersen, Jürgen H.: *Erzählsysteme. Eine Poetik epischer Texte*. Stuttgart/Weimar 1993.

Strigl, Daniela: Ein Puff-Panorama und doch ein großer Roman. In: *Die Welt* 21.08.2013.

Stühler, Friedbert: *Totale Welten. Der moderne deutsche Großstadtroman*. Regensburg 1989.

Uthoff, Jens: In der Welt der „Engel GmbH". In: *Die Tageszeitung* 22.08.2013.

Welsch, Wolfgang: *Unsere postmoderne Moderne*. 7. Aufl. Berlin 2008.

Wende, Waltraud: Großstadtdichtung [Art.]. In: Burdorf, Dieter/Fasbender, Christoph/Moennighoff, Burkhard (Hg.): *Metzler Lexikon Literatur. Begriffe und Definitionen.* 3. Aufl. Stuttgart/Weimar 2007, S. 296.

von Wilpert, Gero: Großstadtdichtung [Art.]. In: ders.: *Sachwörterbuch der Literatur.* 8. Aufl. Stuttgart 2001, S. 320.

Agata Kochanowska

# Sehen oder gesehen werden? Alissa Walsers Romandebüt *Am Anfang war die Nacht Musik* (2010)

**Abstract:** The relationship of main characters, described with a literary virtuosity, becomes a perfect opportunity to demonstrate the author's gift not only to tell stories, but also to enrich them with artistic aspects. The most important of them are: music and its multidimensionality, the language, the ability to show the inside by describing the outside and last but not least – the synaesthesia.

> *Wer nicht sehen kann, wird auch nicht gesehen.*
> *Wer nicht gesehen wird, wird auch nicht gehört.*
> *Wer nicht gehört wird, lebt nicht.*[1]

*Am Anfang war die Nacht Musik* ist das Romandebüt von Alissa Walser. Von der Kritik positiv, gar enthusiastisch aufgenommen[2], greift es tradierte Stoffe[3] aus dem 18. Jahrhundert auf, obwohl sich die Kritik nicht einig ist, welche von ihnen tatsächlich historisch belegt sind. Roman Bucheli hält zudem fest, dass Walser die historische Faktenlage gar nicht umformen musste, weil diese bereits von sich aus genug Dramatik und Tragik für eine Romanhandlung enthielte.[4]

---

1 Alissa Walser: *Am Anfang war die Nacht Musik*. München/Berlin 2010, S. 77.

2 Vgl. Sandra Kegel: Der Doktor und das blinde Kind. In: *Frankfurter Allgemeine Zeitung* (7) 09.01.2010, S. Z5. Ina Hartwig: Was fließt denn da? In: *Die Zeit* (4) 21.01.2010. Judith von Sternburg: Die Ärmchen ausgestreckt in himmelweiter Geste. *Frankfurter Rundschau* 06.02.2010, retrieved 10.07.2017, from http://www.fr.de/kultur/literatur/ alissa-walsers-roman-am-anfang-war-die-nacht-musik-die-aermchen-ausgestreckt-in-himmelweiter-geste-a-1054858.

3 Die Autorin stützt sich in ihrem Roman nicht nur auf historische Ereignisse, die den Ausgangspunkt für ihre Ausführungen bilden, sondern bearbeitet zugleich literaturgeschichtliche Motive der Romantik: vor allem den in den Vordergrund tretenden Mesmerismus, aber auch die Intermedialität – in diesem Fall eine Art Hybrid, denn es handelt sich nicht um eine Verbindung der Künste, sondern von Musik und Magnetismus als Heilmethode.

4 Roman Bucheli: Mit Blindheit geschlagen. In: *Neue Zürcher Zeitung* 19.01.2010, S. 45.

Das mag stimmen, jedoch erst die Art und Weise, wie die Autorin die historische Vorlage aufgreift und literarisch ausformt, entscheidet über die Qualität des Romans.

Der Protagonist Franz Anton Mesmer ist einer der berühmtesten Ärzte seiner Zeit und der spätere Begründer des sogenannten ›animalischen Magnetismus‹ – von seinem Namen abgeleitet auch ›Mesmerismus‹ genannt. Mesmer soll, trotz seiner unkonventionellen, umstrittenen und auch gefürchteten Methoden, Maria Theresia Paradis heilen. Sie ist ein Wunderkind, eine geniale und später auch weltbekannte Pianistin und Komponistin, jedoch seit ihrem dritten Lebensjahr erblindet. Dank seiner unkonventionellen Methoden gelingt es Mesmer, bei der Patientin gewisse Heilerfolge zu erzielen. Seine ärztliche Tätigkeit führt dazu, dass er und seine Patientin immer vertrauter miteinander werden. Leider bedeutet für sie der Fortschritt im Sehen einen Rückschritt im Klavierspiel, denn mit dem Wiedergewinn des Augenlichts verliert die Pianistin einen großen Teil ihrer musikalischen Begabung. Die Eltern der Resi, wie sie sie nennen, fürchten, dass diese Rückschritte eine finanzielle Katastrophe zur Folge haben könnten, weil die Gefahr besteht, dass die einst so begeisterte Kaiserin dem Wunderkind in Anbetracht der verlorenen Begabung die zuvor versprochene Gnadenpension streicht. Die genauso ehrgeizigen wie rücksichtslosen Eltern unterbrechen also den Heilungsprozess und nehmen die Tochter gegen ihren Willen zurück zu sich, was ihre völlige Erblindung zur Folge hat. Das wiederum wird zur Gelegenheit für die Feinde und Neider des Doktors, ihn einen Scharlatan zu nennen und zu behaupten, es hätte gar keine Heilerfolge gegeben und alles wäre nur vorgetäuscht gewesen. Mesmers Ruf vernichtend, unterstellen sie ihm zudem eine Affäre mit der kontroversen Patientin und verbannen ihn letzten Endes aus Wien nach Paris. Dort treffen sich Mesmer und Maria Theresia einige Jahre später auf einem ihrer Konzerte im Rahmen einer Welttournee wieder: sie ist blind, aber als Pianistin anerkannt; er hingegen hat eine eigene Schule für seinen animalischen Magnetismus gegründet, wird jedoch kaum als ernsthafter Wissenschaftler angesehen. Für eine kurze Zeit hatten sie ihre Rollen getauscht – sie konnte sehen, er wurde von anderen gesehen, denn das Wiener Arztmilieu, von dem er um jeden Preis Beachtung wollte, erkannte ihn (zumindest für eine kurze Zeit) als Initiator eines Umbruchs in der Medizin, als Erfinder einer neuen, sensationellen (und wirksamen!) Methode an. Für beide hielt der Erfolg aber nicht lange an und musste schließlich enden – für sie mit der Rückkehr zu den Eltern und zur völligen Blindheit, für ihn mit einem Neuanfang in einer fremden Stadt.

## Literaturhistorische Beziehungen

Nicht aber die Handlung, die nur zugleich einen Ausgangs- und Bezugspunkt für den künstlerischen Prozess bildet, ist einer weiteren Besprechung würdig, sondern die Art und Weise, wie Walser den Stoff literarisch aufgreift und neu erzählt: Aufmerksamkeit verdient an erster Stelle die von Walser vollzogene Umwandlung des Arzt-Patienten-Verhältnisses im Vergleich zu dem aus dem 18. Jahrhundert bekannten und praktizierten. Damals war nämlich die völlige Hingabe des Magnetisierten gegenüber dem Magnetiseur Hauptbedingung für den Erfolg der Mesmerschen Therapie, was nicht nur in naturwissenschaftlichen Schriften thematisiert, sondern auch literarisch, beispielsweise bei E. T. A. Hoffmann, aufgegriffen ist:

> In diesem Zusammenhang ist es insbesondere das starke Machtgefälle zwischen dem Magnetiseur und dem diesem willenlos gehorchenden Magnetisierten, das Hoffmann ins Zentrum seiner Überlegungen stellt, wobei er sich vor allem auf Carl Alexander Ferdinand Kluges *Versuch einer Darstellung des animalischen Magnetismus als Heilmittel* aus dem Jahr 1811 und Ernst Daniel August Bartels' *Grundzüge einer Physiologie und Physik des animalischen Magnetismus* von 1812 stützt.[5]

Ein solches Verhältnis führte oft zu einer „magnetischen Manipulation"[6]. Zwischen den Protagonisten in Walsers Roman entwickelt sich hingegen vielmehr eine Art Freundschaft, ein Vertrauens- und kein Abhängigkeitsverhältnis, in dem das Medium die Musik und der Vermittler Mesmers Pianoforte ist: „In diesem Moment nimmt das Fräulein die Hände von den Tasten, nickt, sagt, ja, das werde gehen, das Klavier habe sie akzeptiert, sie seien Freunde geworden."[7] Ihre durch gegenseitigen Respekt bestimmte Beziehung scheint anfangs tatsächlich die Basis für größere Erfolge zu sein, da Maria Theresias bisherige Therapien auf blindem Gehorsam der Patientin beruhten, dem Arzt unbeschränkte Macht über die Patientin gaben und nur ihr Leiden zur Folge hatten[8].

---

5  Maximilian Bergengruen/Daniel Hilpert: Magnetismus/Mesmerismus. In: Christine Lubkoll/Harald Neumeyer (Hg.): *E. T. A. Hoffmann-Handbuch*. Stuttgart/Weimar 2015, S. 292–297, hier: S. 293.

6  Ebd., S. 295.

7  Walser 2010, S. 52.

8  „Was mit ihrem Kopf los sei? Warum sie kahl geschoren sei? […] Dr. von Störck. Mehr sagt sie nicht. Woher die vielen Narben stammten. Dr. von Störck hat meinen Kopf geschoren. […] Dr. von Störck, sagt sie, habe eine Heilung versucht. Er habe alles Mögliche versucht. […] Er habe diese himmlische Pulver in Wasser gelöst und ihr zu trinken gegeben. Danach sei sie umgekippt. Und habe sich alle zwei Stunden übergeben müssen. Sie habe sich mit Magenkrämpfen ins Bett gelegt und sei zwei Wochen nicht hochgekommen. Habe vor sich hingedämmert. Konnte nichts essen und bekam

## Die Musik als zentrales Motiv

Die Musik wird bereits im Titel erwähnt, der als Anspielung auf Mozarts Nachtmusik verstanden werden muss, sodass der Verdacht entsteht, es handelt sich
mehr oder weniger um ein Buch über Mozart oder um eines, das wenigstens
mit Mozart verbunden ist – der Titel bleibt in dieser Hinsicht aber leere Ver-
sprechung. Wolfgang Amadeus wird zwar im Roman einige Male erwähnt, in
einem Kapitel tritt er sogar auf, spielt aber keine relevante Rolle für die gesamte
Handlung, auch wenn er ebenfalls ein Anhänger des Mesmerismus war,[9] wovon
im Roman allerdings keine Rede ist. Selbst eine seiner bekanntesten Serenaden,
*Eine kleine Nachtmusik*, auf die der Titel verweist, wird im Roman kein einziges
Mal genannt oder von jemandem gespielt. Es ist auch nicht so, dass das Aben-
teuer der Musik, die Einführung in die musikalische Welt für einen der Protagonisten gerade in Mozarts Musik ihren Anfang gehabt hätte. Vielmehr ist die
Verbindung der Worte ‚Nacht‘ und ‚Musik‘ eine besonders treffende Metapher
für die blinde, aber außergewöhnlich begabte Patientin.

   In der deutschen Gegenwartsliteratur gibt es bekannte Romane, die auf Musik
als literarisches Motiv zurückgreifen, wie *Die Klavierspielerin* von Elfriede Jelinek[10], *Der Kontrabaß* von Patrick Süskind[11] oder *Schlafes Bruder* von Robert
Schneider[12]. Auch in Walsers Roman ist die Musik allgegenwärtig: Sie ist nicht
als Hauptthema, auch nicht als Hintergrund arrangiert, sondern fungiert vielmehr als ein Bindeglied zwischen den Ereignissen, als ein Leitmotiv, das wie-
derkehrt und stets neue Bedeutungen mit sich bringt. Bei Walser ist die Musik
zunächst der gemeinsame Nenner für den unkonventionellen Arzt und die miss-
trauische Patientin. Maria Theresia ist eine bekannte Klavierspielerin, Mesmer

---

keine Regel mehr. Dafür schreckliche eitergefüllte Beulen. Den ganzen Rücken hinab.
[…] Daraufhin habe Dr. Störck Blutegel eingesetzt. […] Sie erschauert. […] Sie habe
geglaubt, der Kopf zerspringe. Der ganze Schädel pochte und eiterte. […] Dr. Störck
habe etwas auf ihrem Kopf befestigt. […] Eine Maschine, sagt sie. Eine elektrische. […]
Aus dieser Zeit sei nichts geblieben als das Gefühl eines verbrennenden Schmerzes. Ein
Schmerzklumpen, der von ihren Augen aus durch den ganzen Körper rollt. […] Die
Funken brachten offenbar nichts, sagt sie, da habe er ihr Stöße versetzt. […] Alle seien
überzeugt gewesen, dass sie bald sehen werde. Doch das Gegenteil war der Fall. Die
Kopfschmerzen und der Druck auf die Augen wurden unerträglich." (ebd., S. 69–75).

9   Vgl. Andrew Steptoe: Mozart, Mesmer and 'Cosi Fan Tutte'. In: *Music & Letters* 67(3),
    1986, S. 248–255.
10  Elfriede Jelinek: *Die Klavierspielerin*. Reinbek bei Hamburg 1989.
11  Patrick Süskind: *Der Kontrabaß*. Zürich 1984.
12  Robert Schneider: *Schlafes Bruder*. Leipzig 1992.

ein Musikliebhaber. Die Musik wird für sie zu einer Ebene, auf der sie sich – trotz aller Schwierigkeiten und des anfänglichen Widerstands des Mädchens – verständigen können. Das Pianoforte, das bei Mesmer zu Hause steht, ist der Grund, wieso die junge Pianistin überhaupt einwilligt, im Hospital zu bleiben. Das Instrument wird so quasi zu einem Heilinstrument, zum unerlässlichen Element der Therapie.

Der therapeutische Aspekt der Musik knüpft dabei an eine lange Tradition in der deutschsprachigen Literatur an, die „für die Zeit der klassisch-romantischen Epoche als Leitmedialität und wichtigste Impulsgeberin für die ästhetische Reflexion gelten"[13] kann.

Auch über zweihundert Jahre später erklingt die Musik in der Literatur und hilft bei Walser dem erblindeten, verschlossenen Mädchen, mit ihren Problemen zurechtzukommen, beruhigt es und gibt ihm das Gefühl der Geborgenheit. Die Therapie wird auch von einem Musikerquartett unterstützt, das die medizinischen Treffen direkt begleitet, wie auch manchmal vom Doktor selbst, der dabei seine Glasharmonika spielt. Die heilende Wirkung der Musik zeigt sich auch für ihn, da er sich nach dem Musizieren ausgeruht und wie nach einem ausgiebigen Schlaf fühlt[14].

Drittens wird die Musik als die einzige Ausdrucksmöglichkeit für das erblindete, innerlich verkrampfte Mädchen dargestellt. Wenn die Pianistin aufgeregt ist, jagt sie „sich durch alle Tonarten, als müsse sie etwas hinter sich lassen, als rasten ihre Finger vor etwas davon."[15] Auf diese Weise kann sie negative Emotionen ausdrücken. Das Pianoforte ist geduldig und erträgt alles, was die Resi ihm anvertrauen möchte, weil es nicht schimpft und nicht beurteilt.

Viertens ist die Musik auch eine Triebkraft und das Ziel des unermüdlichen Strebens nach Vollkommenheit – sowohl nach der musikalischen, die auf dem Weg intensiver Übungen angestrebt wird, als auch der körperlichen und sinnlichen, indem sie dem Mädchen die Kraft gibt, den harten Heilungsprozess zu ertragen.

Aber – als fünfter Aspekt – wird auch keinesfalls das Selbstverständliche ausgelassen, nämlich die unterhaltende Funktion der Musik, von der sich sowohl die Kaiserin als auch die Menschenmengen angesprochen fühlen, die zu Paradis' Konzerten kommen. Dieser Aspekt verkörpert auch die Hauptmotivation der

---

13   Siegrid Nieberle: Stimme/Instrument/Instrumentalmusik. In: Christine Lubkoll/Harald Neumeyer (Hg.): *E. T. A. Hoffmann-Handbuch*. Stuttgart/Weimar 2015, S. 400–404, hier: S. 400.

14   Vgl. Walser 2010, S. 39.

15   Ebd., S. 52.

ehrgeizigen Eltern der begabten Pianistin, da sie wollen, dass ihre Tochter mit
ihrer Musik andere unterhält und somit ihre Familie sowohl berühmt als auch
reich macht.

## Merkmale des Stils

Auch an der Sprache des Romans lassen sich mehrere Besonderheiten feststellen: Der Stil der Autorin ist karg und oft distanziert. Die Handlung wird meistens
in der dritten Person dargestellt und Dialoge als transponierte Rede wiederge-
geben:

> Ob er sie auf der Geige begleiten wolle?
> Natürlich will er.
> Sie schlägt Kozeluch vor, ihren Lehrer. Eine Sinfonie. Schöner Geigenpart. Nicht ganz
> leicht.
> Ob sie Noten habe?
> Sie brauche keine Noten. Sie spiele nach Gehör.
> Wie studiere sie dann neue Stücke ein? Sie habe zwei Pianoforte zu Hause. Nebenein-
> ander im Salon. Kozeluch spiele auf dem einen. Sie auf dem anderen. Er spiele erst die
> gesamte Komposition. Sie höre zu. Dann spiele er Takt für Takt. Und sie spiele nach.
> Doch für ihn, Riedinger, werde sie Noten besorgen. Sie werde einen Boten an die Eltern
> schicken.
> Er freue sich darauf, sagt er. In einem Ton, dem sie alles glaubt.[16]

Dieser für den Roman typische Dialog repräsentiert den reduzierten Sprachstil
von Walser. Die Sätze sind sehr kurz, scheinbar einfach und ohne Verzierun-
gen. Eine solche formalästhetische Vorgehensweise ermöglicht es, die Perspektiven der Figuren möglichst authentisch darzustellen und paradoxerweise durch
Reduzierung der Ausdrucksmittel noch mehr auszudrücken.

Diese Feststellung führt zu einem weiteren Merkmal von Walsers Roman,
der suggestiven Analyse des Inneren durch das Äußere. Obwohl in dem Roman
scheinbar keine inneren Vorgänge der Protagonisten beschrieben oder gedeutet
werden und nur das Äußere geschildert wird – das Verhalten, das Aussehen, die
Sprache – wird das Innere ans Tageslicht gebracht, indem das Äußere als Zeichen für das Innere steht. Der Erzähler beschreibt das Äußerliche nicht als das
Oberflächliche, sondern als die Widerspiegelung des Innerlichen. Als „die kleine
Paradis" zum ersten Mal vor Mesmers Antlitz geführt wird, ist ihr Auftreten folgendermaßen beschrieben:

---

16  Ebd., S. 95–96.

Der erste Eindruck: Erschrecken, als er sie sieht. Und er hat schon viel gesehen. […]
Aber so etwas nie. Ihre Augen sind krampfhaft geschlossen. […] Sie ist bleich, mit
Wachs geschminktes Wachs. Verkleidete Verkleidung. Eine Puppe. […] Ihre Haarpracht
türmt sich vor ihm auf. Ein Haargebirge. Ein Pudergespenst. Eine alte Perücke, die sie
alle überragt.[17]

Als das Mädchen zur ersten Behandlung kommt, sind Mesmers Eindrücke ähnlich: „Sie sitzt aufrecht, die Hände vor der Brust gekreuzt wie etwas Geschlossenes, nein, etwas hinter sich selbst Verbarrikadiertes."[18] Ihre, auf den ersten Blick
sichtbare Verkrampfung, erkennt Mesmer sofort und „findet, ihre Stimme klingt
gedämpft, ein bisschen wie in Wolltuch gehüllt. […] Etwas Eingewickeltes. Von
ihren Eltern eingepackt. […] … notiert er. […] Dass er sie auspacken wird. […]
Er sieht es, hört es, schmeckt es sogar."[19]

Dieser für den gesamten Roman exemplarische Abschnitt stellt die innere
Verkrampfung und Verwicklung der Protagonistin als etwas hinter dem Schein
Verstecktes dar. Maria Theresias Phobien werden sehr bildhaft geschildert, sie
wird als ein hilfloses, in Angst – wie in ein enges Korsett – verschnürtes Wesen
beschrieben. Sie erstickt ebenso unter den schweren Schichten von Seide und
Samt, wie unter den ehrgeizigen Erwartungen der Eltern, was den geistigen
Zustand der jungen Paradis widerspiegelt. Durch das Äußere nicht das Oberflächliche, sondern das Wesentliche zu vermitteln, ist besonderes Kennzeichen
des Romans und gleichzeitig ein Verfahren, das ebenfalls bereits in der Romantik zu finden ist.[20]

Ebenso die Synästhesie[21], die in Sprache gekleidete Verschmelzung aller sinnlichen Eindrücke, ist bei Walser eine Art der Wahrnehmung, eine Anhäufung
von unterschiedlichen sinnlichen Eindrücken als eine Möglichkeit der Kom-
pensation des verlorenen Augenlichts. So wird die Welt aus der Perspektive der
Protagonistin gezeigt, mit allen Sinnen wahrgenommen und zwar nicht auf eine
verhinderte Art und Weise, sondern – im Gegenteil – auf eine somit zusätzlich
intensivierte: Dabei wird die Wahrnehmungsfunktion des Sehens von anderen

---

17  Ebd., S. 23.
18  Ebd., S. 55.
19  Ebd., S. 46.
20  Einen Überblick zum komplexen Verhältnis zwischen Physiognomie und Identität
    in E. T. A. Hoffmanns Werk liefert: Stephan Pabst: Physiognomik. In: Christine Lub-
    koll/Harald Neumeyer (Hg.): *E. T. A. Hoffmann-Handbuch*. Stuttgart/Weimar 2015,
    S. 302–304, insbesondere S. 303.
21  Vgl. Sabine Schneider: Aisthesis/Wahrnehmung. In: Christine Lubkoll/Harald Neu-
    meyer (Hg.): *E. T. A. Hoffmann-Handbuch*. Stuttgart/Weimar 2015, S. 327–333.

Sinnen übernommen, beispielsweise vom Geschmack: „Die Blütenblätter mit der Zunge abtrennt. Eins nach dem andern. [...] Bis sie am Gaumen kleben. [...] Um wenigstens etwas zu schmecken. Der Geschmack von Grün. Von Gelb. Von Rosarot."[22] Das fehlende Augenlicht wird auch durch den Tastsinn ersetzt: „Täuschten sich ihre Finger? Waren sie blind geworden für ihre blinden Augen?"[23] Vor allem aber kompensiert Maria Theresias schärfster Sinn, das Gehör, das behinderte Sehvermögen: „Das Flüstern baute eine neue Spannung auf. Und ihr fiel ein, wie sie manchmal draußen im Garten saß oder, wenn sie mit den Eltern Ausflüge machte, draußen in den Feldern, und glaubte, sie hörte die Blumen wachsen."[24]

Das Spiel mit den Sinnen betreibt nicht nur der Erzähler, sondern auch die Protagonistin. Oder besser gesagt: sie fällt dem Spiel ihrer Sinne zum Opfer. Es stellt sich nämlich heraus, dass das, was sie wollte (also wieder sehen zu können), gar nicht das gewesen ist, wovon es sich für sie gelohnt hätte, zu träumen. Während der Behandlung durch Mesmer gewinnt sie zwar ihr Augenlicht für kurze Zeit wieder, es ist aber alles andere als das, was sie sich vorgestellt und erhofft hatte. Das Sehen ist nicht etwas, wovon sie, wie ihre Freundinnen, geschwärmt hätte, im Gegenteil – Sehen tut ihr weh: „Licht gleich Schmerz. Sehen tut weh. So muss es sein. Wenn sie das gewusst hätte. Wäre sie bei ihren Eltern geblieben. Vielleicht. Vielleicht nicht. Nebenwirkungen des Sehens. Davon hat keiner gesprochen."[25] Darüber hinaus bedeuten ihre Fortschritte im Sehen Rückschritte in ihrem Klavierspiel. Ihr wichtigster Sinn, ihre sicherste und teuerste Ausdrucksweise, der Sinn für Musik, wird durch das Sehen beeinträchtigt. Ihr Spiel gerät dabei außer Kontrolle: „Ich kann jetzt nicht spielen. Etwas hat sich verschoben. In mir. Keine Ahnung, was. Etwas zwischen Fingern und Augen und Ohren. Eine Art Umordnung. Die Hände funktionieren. Die Ohren. Die Augen. Aber zusammen addiert sich nichts."[26] Das führt für Maria Theresia nicht nur – wie ihre Eltern fürchten – zum Verlust der Gnadenpension der Kaiserin, sondern auch ihrer Identität. Sie ist so verzweifelt, dass sie bereit ist, auf das Sehen zu verzichten, um nur wieder virtuos spielen zu können. Das Ziel, nach dem sie gestrebt hat, erweist sich aufgrund des unmenschlichen Leidens als wertlos und schließlich auch unerreichbar. Letztlich verliert sie ihr Augenlicht endgültig, obwohl sie anfangs noch voller Begeisterung war:

---

22  Walser 2010, S. 62.
23  Ebd., S. 82.
24  Ebd., S. 90.
25  Ebd., S. 109.
26  Ebd., S. 142.

Ob sie denn eigentlich sehen wolle? […] Natürlich wolle sie gern sehen. Unbedingt sogar. Nach allem, was sie von Freundinnen und Verwandten wisse, müsse Sehen die schönste Tätigkeit überhaupt sein. Schöner als Sprechen und Singen. Obwohl Singen schon mit zum Schönsten zähle. Und sie wolle Klavier spielen. Für die professionelle Laufbahn brauche man Augen. Wer nicht sehen kann, wird auch nicht gesehen. Wer nicht gesehen wird, wird auch nicht gehört. Wer nicht gehört wird, lebt nicht. […] Sie wolle wissen, wie sie aussehe. Wie Menschen aussehen. Und Tiere. […] Bedeutet ihr das mehr als gesehen zu werden?, fragt er.[27]

Als sich aber herausstellt, welche Nebenwirkungen das Sehen mit sich bringt, will sie doch aufgeben: „Sie sei zufrieden. Mit sich. Ihrem Leben. Sehen, wozu denn? Klavier spielen kann ich auch ohne."[28] Es hat sich also eine innere Umwandlung der Protagonistin vollzogen, vom ängstlichen Misstrauen, über große Hoffnung auf den Wiedergewinn des Augenlichts, bis hin zur Verzweiflung und Entmutigung. Ihr Leben soll im Dunkeln weitergehen. Weder die Gegenwart noch die Zukunft soll ihre Leiden und verlorenen Hoffnungen der Vergangenheit legitimieren. Es scheint also, Maria Theresias Heilungsprozess war von Anfang an zum Scheitern verurteilt, denn bei ihr war ausgerechnet jenes Organ defekt, das dem Magnetiseur und also seiner angeblich heilenden Kraft einen Zugang zum Patienten ermöglichte und somit Hoffnung auf eine Heilung erlaubte. Eines der zentralen und wichtigsten Sinne im Mesmerismus war nämlich das Sehen. Die Augen erfüllten im Mesmerismus eine doppelte Funktion:

Erstens stellen die Augen den zentralen Punkt für das Ausströmen der magnetischen Kraft dar, worüber die Magnetiseure Hoffmanns häufig als solche entlarvt werden konnten. […] Zweitens stellen die Augen beim Magnetisierten das wichtigste Rezeptionsorgan für das Empfangen der magnetischen Beeinflussung dar, weshalb der Magnetiseur seinen Patienten mit den Augen fixieren muss.[29]

Im Rückbezug auf die romantische Programmatik war der Fall somit bereits vor dem Antreten der Therapie hoffnungslos. An dieser Stelle erscheint das Dilemma „Sehen oder gesehen werden?" als beseitigt, denn die erblindete Pianistin hatte keine Wahl, auch wenn sowohl sie, als auch ihr Arzt etwas anderes geglaubt und viel unternommen haben, um darüber doch entscheiden zu können.

---

27  Ebd., S. 77.
28  Ebd., S. 119.
29  Bergengruen/Hilpert 2015, S. 295–296.

## Literaturverzeichnis

Bergengruen, Maximilian/Hilpert, Daniel: Magnetismus/Mesmerismus. In: Lubkoll, Christine/Neumeyer, Harald (Hg.): *E. T. A. Hoffmann-Handbuch*. Stuttgart/Weimar 2015, S. 292–297.

Bucheli, Roman: Mit Blindheit geschlagen. In: *Neue Zürcher Zeitung* 19.01.2010, S. 45.

Hartwig, Ina: Was fließt denn da? In: *Die Zeit* (4) 21.01.2010.

Jelinek, Elfriede: *Die Klavierspielerin*. Reinbek bei Hamburg 1989.

Kegel, Sandra: Der Doktor und das blinde Kind. In: *Frankfurter Allgemeine Zeitung* (7) 09.01.2010, S. Z5.

Nieberle, Siegrid: Stimme/Instrument/Instrumentalmusik. In: Lubkoll, Christine/Neumeyer, Harald (Hg.): *E. T. A. Hoffmann-Handbuch*. Stuttgart/Weimar 2015, S. 400–404.

Pabst, Stephan: Physiognomik. In: Lubkoll, Christine/Neumeyer, Harald (Hg.): *E. T. A. Hoffmann-Handbuch*. Stuttgart/Weimar 2015, S. 302–304.

Schneider, Robert: *Schlafes Bruder*. Leipzig 1992.

Schneider, Sabine: Aisthesis/Wahrnehmung. In: Lubkoll, Christine/Neumeyer, Harald (Hg.): *E. T. A. Hoffmann-Handbuch*. Stuttgart/Weimar 2015, S. 327–333.

Steptoe, Andrew: Mozart, Mesmer and 'Cosi Fan Tutte'. In: *Music & Letters* 67(3), 1986, S. 248–255.

von Sternburg, Judith: Die Ärmchen ausgestreckt in himmelweiter Geste. *Frankfurter Rundschau* 06.02.2010, retrieved 10.07.2017, from http://www.fr.de/kultur/literatur/alissa-walsers-roman-am-anfang-war-die-nacht-musik-die-aermchen-ausgestreckt-in-himmelweiter-geste-a-1054858.

Süskind, Patrick: *Der Kontrabaß*. Zürich 1984.

Walser, Alissa: *Am Anfang war die Nacht Musik*. München/Berlin 2010.

Svea Hundertmark

# Portrait eines Mörders – Die Darstellung Fritz Honkas in Heinz Strunks Roman *Der goldene Handschuh* (2016)

**Abstract:** Based on Simon Hansen's conclusion that Strunk's novel *Der goldene Handschuh* tries to approach the historical person Fritz Honka via the fictional character Fiete this article focuses on the question of how this approximation is achieved. Central aspects are the character's thoughts, dreams and (violent) phantasies, the comparison with the other characters and the examination of possible reasons for his transformation into a murderer.

## Einleitung

Mit *Der goldene Handschuh* ist Heinz Strunk der Sprung vom Komiker zum angesehenen Schriftsteller gelungen, was sich nicht zuletzt an der Nominierung des Romans für den Preis der Leipziger Buchmesse 2016 festmachen lässt.[1] In Strunks erstem nicht-autobiographisch geprägten Roman steht der Frauenmörder Fritz Honka im Zentrum der Handlung.

Der Roman schließt durch die Konzentration auf den Täter an die Tradition der Verbrechensliteratur an, in deren Zentrum der Versuch steht, die Motivation, die Konflikte und die Strafe des Verbrechers zu erklären.[2] Literaturhistorisch steht er durch seine neutrale Schilderung der auf realen Verbrechen basierenden Taten in einer Linie mit Texten wie Friedrich Schillers *Verbrecher aus verlorener Ehre*. Das Aufgreifen eines historischen Kriminalfalls lässt außerdem eine Einordnung als historischer Roman zu.

Heinz Strunk stellt in einem Interview klar, dass er keine Sympathie für Honka hegt und seine Taten nicht entschuldigen will.[3] Sein Roman könnte aber dennoch einen Versuch darstellen, einen Beitrag zu der Frage zu leisten, wie

---

1  Vgl. Felix Bayer: Heinz Strunk für Literaturpreis nominiert. *Spiegel Online* 04.02.2016, retrieved 25.09.2017, from http://www.spiegel.de/kultur/literatur/preis-der-leipziger-buchmesse-heinz-strunk-nominiert-a-1075599.html.

2  Vgl. e.g. Peter Nusser: *Der Kriminalroman*. Stuttgart/Weimar 2003, S. 1.

3  Vgl. Olaf Neumann: Für ihn gab es keine Hoffnung. *Frankfurter Neue Presse* 26.02.2016, retrieved 25.09.2017, from http://www.fnp.de/nachrichten/kultur/Fuer-ihn-gab-es-keine-Hoffnung;art679,1874954.

und warum ein Mensch zum Mörder wird.[4] Dass die Taten selbst nur wenig Raum einnehmen, während die Figur Honka im Fokus steht, unterstützt diese Annahme. Die Handlung ist von zwei Berichten eingerahmt, die die historischen Fakten aufgreifen. Im ersten wird zunächst im Stil eines Protokolls das Verhalten eines anderen Mörders beschrieben.[5] Im zweiten wird dann auf die Verhandlung und die Psyche Fritz Honkas eingegangen, indem unter anderem seine verminderte Schuldfähigkeit und die fehlende Auseinandersetzung mit seinen Taten thematisiert wird (vgl. *GH*, 249–252).

Ausgehend von der Feststellung Simon Hansens, dass Heinz Strunk sich in seinem Roman *Der goldene Handschuh* über die literarische Figur Fritz Honka an die reale Person annähert[6], wird untersucht, wie diese Annäherung erfolgt.[7] Hierbei liegt der Fokus auf den Verfahren, die im Roman genutzt werden, um über die Genese des Mörders zu reflektieren und einen diskursiven Beitrag zu der Frage zu leisten, wie ein Mensch zum Mörder wird. Zwei Aspekten kommt dabei eine zentrale Bedeutung zu: der Darstellung Honkas und der ihm gegenübergestellten Figuren, die ihn teilweise spiegeln und teilweise kontrastieren, sowie der Lebensgeschichte Fritz Honkas, die unter anderem durch Erinnerungen der literarischen Figur an von der historischen Realität abweichende Episoden[8] eingebunden ist.

---

4 Vgl. Simon Hansen: Vom Komiker zum Schriftsteller: Heinz Strunks ›Trilogie des Sexualtriebs‹ *Fleisch ist mein Gemüse* (2004), *Fleckenteufel* (2009) und *Der goldene Handschuh* (2016). In: Ewa Żebrowska/Magdalena Olpińska-Szkiełko/Magdalena Latkowska (Hg.): *Germanistische Forschung in Polen. Gegenstände und Methoden, Formen und Wirkungen*. Warschau 2017, S. 121–133, retrieved 25.09.2017, from http://www.sgp.edu.pl/media/2017.pdf. S. 131.
5 Vgl. Heinz Strunk: *Der goldene Handschuh*. Reinbek 2016, S. 8–11 [im Folgenden *GH*].
6 Vgl. Hansen 2017, S. 130.
7 Vgl. Ansgar Nünning: *Von historischer Fiktion zu historiographischer Metafiktion. Band 1. Theorie, Typologie und Poetik des historischen Romans*. Trier 1995, S. 52: „Die darin zum Ausdruck kommende Einsicht in die sinn- und kohärenzstiftende Funktion sprachlicher Repräsentationen verweist auf die in der modernen Geschichtstheorie weithin akzeptierte Einsicht, daß der Diskurs des Historikers nicht vergangenes Geschehen objektiv abbildet, sondern daß auch die Geschichtsschreibung narrative Konstrukte erzeugt."
8 Vgl. Hansen 2017, S. 130.

## Konstruktion eines Mörders – die Figur Fritz Honka

Durch die zahlreichen Beschreibungen nicht nur seines Aussehens, sondern vor allem seines Verhaltens und seiner Gedanken ergibt sich für die Romanfigur Fritz Honka das komplexe Portrait eines ambivalenten Charakters. Das ausführlich geschilderte Innenleben Fietes stellt die Figur deutlich differenzierter dar, als es die Boulevardzeitungen mit Fritz Honka taten.

In der Berichterstattung über die Morde und die daraus resultierende Darstellung Fritz Honkas war die *Bild* tonangebend. Das Medienecho und vor allem die teilweise erfundenen Meldungen der *Bild* wurden bereits kurze Zeit später im *Spiegel* kommentiert:

> „Bild" entdeckte „ekelhafte Hände" sowie „riesige Fingernägel, die zu breiten, langen Krallen nach vorn gewachsen sind". Diese Tatwerkzeuge schlugen mal „blindlings zu", mal sind sie „brutal unter ihren dünnen Rock" gefahren oder haben „an den Leichen rumgeschnippelt", wie der Verhaftete vor der Mordkommission gestanden haben soll.[9]

Andere Zeitungen passten sich hieran an. Vom *Hamburger Abendblatt* wurde Honka der Beiname „Blaubart von Mottenburg" verliehen, der auch noch Jahre später in Artikeln über die damaligen Geschehnisse verwendet wurde.[10] Während *Die Zeit* bereits zu Honkas Strafprozess Ende 1976 feststellte, dass die Berichterstattung differenzierter geworden sei[11], verwendete die *Hamburger Morgenpost* 1998 anlässlich seines Todes wiederum ähnliche Beschreibungen[12]. In drei aufeinanderfolgenden Artikeln über Honka aus dem Jahr 2010 verzichtete die *Bild* jedoch größtenteils auf Schilderungen dieser Art.[13]

---

9   Ohne Verfasser: VERBRECHEN: Fleisch dran. *Der Spiegel* (31), 28.07.1975, S. 29–31.

10  Vgl. Jan-Eric Lindner: Der Blaubart von Mottenburg. *Hamburger Abendblatt* 23.02.2006, retrieved 25.09.2017, from https://www.abendblatt.de/hamburg/article 108677387/Der-Blaubart-von-Mottenburg.html.

11  Vgl. Jost Nolte: Schuldunfähig wegen seelischer Abartigkeit? Betrifft: Honka, Fritz, wegen Mordes. *Die Zeit* (49), 1976, retrieved 25.09.2017, from http://www.zeit. de/1976/49/betrifft-honka-fritz-wegen-mordes.

12  Vgl. ohne Verfasser: Eine mörderische Karriere: Honka. *Hamburger Morgenpost* 22.10.1998, retrieved 25.09.2017, from http://www.mopo.de/19042648.

13  Vgl. Ulf Rosin: Fritz Honka war der Frauen-Schlächter von St. Pauli. *Bild* 27.12.2010, retrieved 25.09.2017, from http://www.bild.de/regional/hamburg/ hamburg/er-war-der-frauen-schlaechter-von-st-pauli-15218188.bild.html; vgl. Ulf Rosin: Seine Opfer suchte sich Honka auf dem Kiez. *Bild* 28.12.2010, retrieved 25.09.2017, from http://www.bild.de/regional/hamburg/kriminalfaelle/seine-opfer-suchte-er-sich-auf-kiez-hamburgs-groesste-mordfaelle-15224556.bild.html; vgl. Ulf Rosin: In Ochsenzoll fand Honka seine große Liebe. *Bild* 29.12.2010, retrieved 25.09.2017, from

In der Romanhandlung hingegen fällt der Name „Honka" nur selten (vgl. *GH*, 110–113), wodurch eine Distanz zwischen der Figur Fiete und der historischen Person Fritz Honka geschaffen wird. Auf diese Weise wird das von der Presse heraufbeschworene Bild des monströsen Mörders zunächst in den Hintergrund gesetzt, sodass ein anderer Blick auf den Täter möglich werden kann.

Bei der äußerlichen Beschreibung seiner Figur orientiert sich Strunk stark am Aussehen des historischen Fritz Honka. Eingeführt wird dieser als „der kleine, schiefe Mann mit dem eingedrückten Gesicht und den riesigen Händen" (*GH*, 15), der bis zu seiner Vorstellung als „Fiete" (*GH*, 18) nur „der Schiefe" (*GH*, 15–18) genannt wird. Ihn plagen sein Alkoholismus (vgl. e.g. *GH*, 17) und einige körperliche Leiden wie etwa Allergien, Rheuma und ein schwaches Immunsystem (vgl. *GH*, 74, 41, 107). Sein Äußeres und auch die fehlenden Zähne (vgl. e.g. *GH*, 52, 127) sind ihm unangenehm (vgl. e.g. *GH*, 18) und die Einschränkungen, die beides mit sich bringt, sind ihm durchaus bewusst: „Wählerisch darf Fiete nicht sein, zerprügelt, zerschunden und zermörsert wie er ist. Bei Frauen seines Alters ist er chancenlos, die bleiben unerreichbar, undurchschaubar, unberechenbar." (*GH*, 25). Die Folge ist eine große Unsicherheit in Bezug auf soziale Interaktionen.[14]

Dieser Unsicherheit stehen sowohl seine temporäre Eitelkeit, die sich nach dem Erhalt seiner Uniform entwickelt (vgl. *GH*, 112, 114), als auch das wiederholt aufkommende Überlegenheitsgefühl anderen gegenüber entgegen. So sieht er sich selbst in der Position, gleichermaßen über Bekannte innerhalb seines eigenen Milieus (vgl. *GH*, 108, 114–116, 142–143) als auch über Unbekannte außerhalb des Milieus, die seinen Vorstellungen von einem bürgerlichen Leben nicht entsprechen, zu urteilen:

> Da stimmt einiges nicht, denkt Fiete. Punkt eins: Bitterschokolade, welches Kind mag schon bittere Schokolade, und bei der Wärme schmilzt die, und es kommt todsicher zu einer Sauerei. Im Sommer im Freien nur Gummibärchen. Punkt zwei: Was haben die Kinder auf einer Hafenrundfahrt verloren? Erstens interessiert die das nicht, und zweitens verstehen die das nicht. (*GH*, 131).

---

http://www.bild.de/regional/hamburg/mord/hamburg-groesste-mordfaelle-ochsen-zoll-fand-liebe-grosse-15237040.bild.html.

14  So ist Fiete beispielsweise nicht in der Lage, Soldaten-Norberts Einladung zu einem Getränk abzulehnen, obwohl er dies gern tun würde (vgl. *GH*, 19), Frauen von sich aus anzusprechen (stattdessen lässt er ihnen ein Getränk bringen und wartet, bis diese zu ihm kommen, um sich zu bedanken) (vgl. *GH*, 26) oder sich beim Kauf von Kleidung beraten zu lassen (vgl. *GH*, 147).

Mit der Erfahrung, dass seine Erwartungen nicht erfüllt werden, geht eine große Enttäuschung einher (vgl. *GH*, 153–154). Das Beurteilen und Abwerten anderer lässt sich zusätzlich auf Fietes ausgeprägtes Hierarchie-Denken zurückführen, das sich bereits zu Beginn des Romans an seinen Überlegungen zu den Spitznamen, die im ›goldenen Handschuh‹ vergeben werden, zeigt: „Ein Spitzname, obwohl «Fiete» nur einer zweiter Klasse ist, bedeutet hier eine Auszeichnung und kommt einem Adelstitel gleich. Spitznamen erster Klasse: Ritzen-Schorsch. Glatzen-Dieter. Nasen-Ernie, Bulgaren-Harry, Doornkaat-Willy." (*GH*, 18–19). Der Erwerb von Ansehen ist neben der Befriedigung seines Geschlechtstriebs (vgl. e.g. *GH*, 41) die zentrale Motivation für Fietes Handeln. Erfährt er durch die Verleihung eines Spitznamens einen Aufstieg innerhalb seines Milieus, sieht er dieses nach Erhalt der Position als Wachmann als überwunden an (vgl. e.g. *GH*, 108, 143). Auch nach dem neuerlichen Abstieg infolge von Helgas Zurückweisung (vgl. *GH*, 189) ist er auf seinen potentiellen Ruhm fokussiert. Er hofft, aufgrund seiner Taten in einer anderen Hierarchie aufzusteigen (vgl. *GH*, 232–233, 246–247). Er möchte durch die Morde berühmt werden und vergleicht sich mit Jack the Ripper, Hitler und Stalin (vgl. *GH*, 46, 246).

So schnell er selbst urteilt, so schnell fühlt auch er sich zurückgesetzt, verurteilt und angegriffen. Fiete reagiert gereizt, als sein Bruder Gerdas guten Einfluss auf ihn und die Wohnung betont. Er fühlt sich durch die Vorstellung, Gerda, die er hierarchisch unter sich sieht (vgl. *GH*, 50), dankbar sein zu sollen, herabgewürdigt:

> Fiete kommt ins Grübeln. *So schlimm sah es hier aber auch nicht aus für einen, der sich nach harter Zittermaloche auch noch selbst um den Haushalt kümmern muss. Und was heißt hier eigentlich «zu lange alleine»? Er hat Gerda das Leben gerettet. Soll er jetzt etwa* ihr *dankbar sein? Bruder Siggi scheint da was in den falschen Hals gekriegt zu haben.* (*GH*, 77).

Abgesehen von seinem Äußeren, das er als unzulänglich wahrnimmt, bewertet Fiete sich selbst insgesamt sehr positiv. Er hält sich für sehr großzügig und einen guten Menschen (vgl. e.g. *GH*, 46, 72). Seine angenommene Gutmütigkeit rührt ihn oft so sehr, dass ihm die Tränen kommen, wodurch ein grotesk-komischer Effekt entsteht (vgl. *GH*, 33, 40, 45, 72). Denn häufig verkennt Fiete die Realität und denkt, er würde anderen etwas Gutes tun, wenn er tatsächlich etwas Negatives bewirkt. Ein Beispiel hierfür ist das auf Fehlinterpretationen beruhende Vorhaben, Helga aus ihrer Ehe retten zu wollen, was letztendlich dazu führt, dass sie aufgrund eines Übergriffs seinerseits kündigt.[15]

---

15  Vgl. *GH*, 162–165, 189. Dieses geringe sozial-emotionale Verständnis wird ebenfalls deutlich, als Fiete nicht in Erwägung zieht, dass die nach seinem Angriff nur noch mit

Eine Aussage Fietes fasst zusammen, was die Darstellung Honkas in Strunks Roman wohl am meisten von der Darstellung des historischen Honka in den damaligen Berichten unterscheidet: „Ich träum von eim Tag, der ein ganzes Leben wert ist." (*GH*, 16). Die zahlreichen Wünsche und Träume sowie eine ausgesprochen rege Phantasie prägen die Figur. Fiete möchte jemand anderes sein, der gut aussieht (vgl. e.g. *GH*, 48) und einer Frau „den Himmel auf Erden bereitet." (*GH*, 39). Um seine tatsächliche Lebenssituation zu ertragen, gibt er sich Vorstellungen von einem schöneren Leben hin, auch weil ihm bewusst ist, dass man ein Leben wie das seinige nur so ertragen kann (vgl. e.g. *GH*, 39–41). Gleichzeitig ist Fiete von den unterschiedlichsten Gewaltphantasien getrieben: Er unterwirft (vgl. e.g. *GH*, 42), vergewaltigt (vgl. e.g. *GH*, 49) und mordet (vgl. e.g. *GH*, 163, 190–191). Wie in vielen anderen Bereichen besteht die Figur auch in Bezug hierauf aus Widersprüchlichkeiten: „Mal ergötzt er sich an Wehrlosigkeit und Todesangst des Opfers, dann tut es ihm wieder leid, so geht das hin und her." (*GH*, 191). Im Gegensatz zu den Vorstellungen eines besseren Lebens, deren Erfüllung für ihn mit Helgas Ablehnung scheitert, setzt Fiete diese Phantasien in die Tat um. Zunächst begnügt er sich mit der Misshandlung einer Puppe (vgl. *GH*, 191), doch im weiteren Verlauf des Romans wird er mehreren Frauen gegenüber übergriffig (vgl. e.g. *GH*, 200–202) und tötet drei von ihnen (vgl. e.g. *GH*, 218–219, 236, 247–248).

Den ersten Mord und die Leiche, mit der er jahrelang zusammenwohnt, verdrängt Fiete unter anderem, indem er die griechischen Gastarbeiter, die im Haus leben, für den seltsamen Geruch in seiner Wohnung verantwortlich macht (vgl. *GH*, 71–72). Als er im zweiten Kapitel Hoffnung auf ein besseres Leben schöpft, ist er sicher, dass sich auch alles bezüglich der blauen Plastiksäcke in der Abseite irgendwie in Wohlgefallen auflösen wird (vgl. *GH*, 107–109). Im letzten Kapitel ahnt er jedoch, dass sich seine Situation zuspitzt: „Das wird nicht mehr lange gutgehen, denkt er, das geht nicht mehr lange gut." (*GH*, 191). Trotz seiner Vorahnungen, die ihm immer kommen, wenn er sein nächstes Opfer mitnimmt, versucht er nicht, sein Schicksal abzuwenden (vgl. *GH*, 215, 232–233). Stattdessen beschließt er, Rache zu nehmen für alles Schlechte, was ihm in seinem Leben geschehen ist (vgl. *GH*, 190). Ebenso gibt er den Frauen die Schuld daran, dass er sie ermordet hat, und weist somit die Verantwortung für seine Taten von sich (vgl. e.g. *GH*, 220).

---

Unterwäsche bekleidete und zu Tode geängstigte Inge vor ihm fliehen könnte (vgl. *GH*, 201–202), denn „[d]ie ist ja auch praktisch nackich, so geht doch kein Mensch auf die Straße." (*GH*, 202).

Der literarische Fritz Honka ist als bemitleidenswerte Figur konstruiert, für die das Leben viel Schlechtes und kaum Gutes bereitgehalten hat. Fiete wünscht sich ein besseres Leben, ist jedoch nicht fähig, diesem Ziel entsprechend zu handeln. In seiner Wahrnehmung tragen andere die Schuld für seine Misere, da er sowohl sein Glück als auch sein Leid von anderen abhängig macht.[16] Während er sich oft rührselig zeigt, beispielsweise wenn ihn seine eigene Großmütigkeit überwältigt, offenbaren sich in seinen Gewaltphantasien gegensätzliche Wesenszüge. Neben der Befriedigung seines Verlangens nach Sex und Alkohol treibt ihn vor allem der Wunsch nach Ansehen und Aufmerksamkeit an. Aufgrund seiner ausgeprägten Phantasien verkennt er oftmals die Realität und wird von dieser enttäuscht, was seine Frustration steigert. Fiete ist von einer durchgehenden Widersprüchlichkeit geprägt und innerlich zerrissen, wodurch ein deutlich komplexeres Bild des Täters gezeichnet wird, als es die damaligen Zeitungsberichte taten. In dieser Komplexität besteht ein wichtiger Teil der Reflexion über die Genese des Mörders: Man hat es in Strunks Roman nicht ausschließlich mit einem blutrünstigen Monster zu tun, sondern mit einem gänzlich psychologisierten Charakter, wie es der historische Fritz Honka, über dessen tatsächliches Wesen der Öffentlichkeit nur sehr wenig bekannt ist[17], ebenfalls gewesen sein könnte.

## Ähnlichkeiten und Kontraste – Vergleich mit anderen Figuren

Die anderen Figuren des Romans sind weniger detailliert und komplex ausgestaltet als der Protagonist, doch einige von ihnen weisen durchaus psychologische Tiefe auf. Sie erhöhen die Komplexität der erzählten Welt und tragen zur Etablierung eines innerdiegetischen Werte- und Normensystems bei. Darüber hinaus ermöglichen sie eine tiefergehende Charakterisierung Fietes, indem sie ihn kontrastieren oder spiegeln.

Eine Figur, in der Fiete vor allem gespiegelt wird, ist Wilhelm Heinrich von Dohren der Dritte (WH 3). Er ist durch eine Erbkrankheit äußerlich ebenfalls entstellt und hat ein starkes sexuelles Verlangen, was er aufgrund seines Aussehens jedoch nicht auf die erhoffte Weise befriedigen kann (vgl. *GH*, 38–39). Im Verlauf der Handlung verliebt er sich in Petra, die seine Liebe jedoch nicht erwidert (vgl. *GH*, 242–243). Diese Erfahrung leidvoller Liebe haben

---

16 Das zentrale Beispiel hierfür ist die ersehnte Beziehung zu Helga, an die er all seine Hoffnungen auf ein neues Leben knüpft und deren Nicht-zustande-Kommen er als Anlass zur Rache nimmt (vgl. *GH*, 163, 189–190).

17 Vgl. Hansen 2017, S. 131.

sowohl Fiete (vgl. e.g. *GH*, 15, 152, 189) als auch Karl von Lützow (vgl. *GH*, 67) gemacht. WH 3 ähnelt somit nicht nur dem Protagonisten, sondern auch seinem Onkel, der wiederum sowohl eine Spiegel- als auch eine Kontrastfigur zu Fiete ist.

Wie Fiete ist Karl Alkoholiker (vgl. *GH*, 66–72) mit starkem sexuellen Verlangen (vgl. *GH*, 68–69) und einer Vorliebe für Sexpraktiken, bei denen er seiner Partnerin gegenüber gewalttätig wird und ohne ihr Einverständnis handelt (vgl. *GH*, 121–126). Karl ist ebenfalls sehr von sich selbst überzeugt, allerdings aufgrund seines Adels, nicht wie Fiete aufgrund seines vermeintlich guten Charakters (vgl. *GH*, 56). Anders als Fiete möchte er nicht zum Bürgertum dazugehören, da es ihn langweilt und er die hier geltenden Beziehungsnormen für falsch hält (vgl. *GH*, 61, 67). Und während Fiete sich eine Beziehung zu einer schönen Frau wünscht (vgl. *GH*, 39), bevorzugt Karl lockere sexuelle Kontakte mit Frauen, die körperliche Makel aufweisen (vgl. *GH*, 57). Karl entscheidet sich somit bewusst für das, was für Fiete die einzige Wahl ist, wobei alle seine „Mätressen" Teil des Mittelstands sind (vgl. *GH*, 69, 118).

Der Reeder Wilhelm Heinrich von Dohren der Erste (WH 1) profitierte zur NS-Zeit stark von der Enteignung jüdischer Familien, weshalb er nach dem Krieg sozialer Ächtung, jedoch nur geringer juristischer Verfolgung, ausgesetzt war (vgl. *GH*, 35–36). Den daraus resultierenden, von außen erzwungenen Rücktritt aus seiner Firma hält er für ungerecht (vgl. *GH*, 36). Während Fiete sich mit Hitler vergleicht, war WH 1 bereits in den zwanziger Jahren einer von dessen Unterstützern (vgl. *GH*, 35). Er ist wie Fiete von Hass und Rache getrieben. Beiden ist ein hohes Maß an Disziplin wichtig, was sich bei WH 1 unter anderem an seinem Beharren auf Traditionen zeigt (vgl. *GH*, 34), wohingegen Fiete von Gerda beispielsweise Zurückhaltung und langsamen Genuss beim Trinken fordert (vgl. *GH*, 51). Analog zu Fietes Gewalt- und Ruhmesvorstellungen hegt WH 1 den Wunsch, durch einen großen, akribisch vorbereiteten Racheakt alle seine Feinde gleichzeitig bloßzustellen (vgl. *GH*, 202–203). Die Durchführung ist ihm jedoch nicht mehr möglich, da er zu lange abgewartet hat (vgl. *GH*, 208–210), während Fiete eine Loslösung von seiner Disziplin und seinen Idealen vollzieht und seine Phantasien in die Tat umsetzt (vgl. e.g. *GH*, 219).

Gerda Voss spiegelt Fiete, da sie dem gleichen Milieu entstammt und ebenfalls Alkoholikerin ist (vgl. *GH*, 26–27). Außerdem ist sie genauso wie Fiete eine ambivalente Figur: Einerseits hat sie Angst vor ihm (vgl. e.g. *GH*, 49, 52–53), andererseits sehnt sie sich nach seiner Gesellschaft und geht davon aus, dass er trotz allem nicht allzu schlecht sein kann (vgl. *GH*, 54, 83). Was sie jedoch deutlich von ihm unterscheidet, ist der Versuch, sich wie ein guter Mensch zu verhalten, denn anders als andere seiner weiblichen Bekanntschaften ist sie weder eine Diebin noch wird sie Fiete gegenüber ausfallend oder gewalttätig.[18] Winfried Schuldig kommt nur in dem der Erzählung vorangestellten Bericht vor. Er wird des Mordes an Gertraud Bräuer verdächtigt, weil diese Hauptzeugin in einem Mordprozess gegen ihn war (vgl. *GH*, 8). Sein ganzes Verhalten weist starke Parallelen zu Fiete auf, beispielsweise sein Alkoholismus, seine Gewalttätigkeit, die von ihm geforderten Sexpraktiken und der nur knapp abgewendete Mord an einer Frau (vgl. *GH*, 8–11). Der entscheidende Unterschied zwischen den beiden ist jedoch, dass Schuldig sich seiner Tat bewusst ist und diese bereut, während Fiete hierzu nicht fähig ist (vgl. *GH*, 10, 252).

Neben einem übermäßigen Alkoholkonsum[19] vereint die Figuren in Strunks Roman, dass kaum eine von ihnen ohne seelische Abgründe ist. Während die meisten sich dieser bewusst und ihretwegen sehr selbstkritisch sind (vgl. e.g. *GH*, 81, 117), scheinen Fiete seine eigenen besonders zu gefallen, beispielsweise wenn ihm der Gedanke an die Versklavung Gerdas wohlige Schauer bereitet (vgl. *GH*, 46). Somit unterscheiden sich auch die ihn spiegelnden Figuren in ihrer Gesamtkonstruktion deutlich von Fiete, da sie ihr Verhalten und ihre Gedanken in Beziehung zu einem Werte- und Normensystem setzen und Abweichungen von diesem verurteilen.

Hierbei referieren nicht alle Figuren auf die gleiche Art von Wertesystem. Während Siggi sich für seinen Wunsch, die Leben anderer Männer zu zerstören und diese in den Selbstmord zu treiben, auf der Ebene der Moral verurteilt und sich selbst als Ratte bezeichnet (vgl. *GH*, 81), bewertet Karl sein Verhalten auf juristischer Ebene. Er reflektiert dabei jedoch nicht darüber, dass er seiner Sexualpartnerin Frauke Gewalt antut, sondern er denkt lediglich an die möglichen juristischen Konsequenzen (vgl. *GH*, 124–125). Fiete legt zur Beurteilung fremden Verhaltens kein konventionalisiertes, sondern ein eigenes Wertesystem an (vgl. e.g. *GH*, 131). Sein eigenes Verhalten bzw. seine Taten reflektiert er jedoch nicht oder nur in verklärter Form, wobei das Ergebnis immer sein muss, dass er richtig gehandelt hat oder andere die Schuld an jeglichem falschen Handeln seinerseits tragen (vgl. *GH*, 46, 72, 189, 220).

An den Figuren Karl von Lützow, WH 1 und WH 3 wird deutlich, dass auch Mitglieder der Oberschicht Verhaltensweisen, Phantasien und Charakterzüge aufweisen, die denen Fietes sehr ähnlich sind. Auch können ihnen ebensolche

---

18   Dies trifft vor allem im Gegensatz zu Anna, Frieda und Ruth zu (vgl. *GH*, 217, 235–236, 247).

19   Vgl. zur Bedeutung von Alkohol in *Der goldene Handschuh* Hansen 2017, S. 126–129.

Schicksalsschläge widerfahren. Parallel dazu zeigen Figuren wie Gerda Voss und Winfried Schuldig, dass es auch in Fietes Milieu trotz aller Widrigkeiten diejenigen gibt, die Anstand besitzen oder ihre schlechten Taten zumindest bereuen. Der Roman stellt folglich klar, dass von den sogenannten Milieutaten Honkas (vgl. *GH*, 250) nicht auf alle Mitglieder eines Milieus geschlossen werden kann. Gleichzeitig zeigt er, dass auch in der vermeintlich besseren Gesellschaft diejenigen existieren, die Honka sehr ähnlich sind, deren Taten aber nicht entdeckt oder in gleichem Maße geahndet werden.

## Ursachenforschung – was jemanden zum Mörder macht

Mit den Morden Fritz Honkas greift Strunk einen realen Fall auf, auf dessen Grundlage der Roman die potentiellen Faktoren, die den Protagonisten zum Mörder werden lassen, thematisiert. Neben der Schilderung seiner prekären Lebenssituation werden an mehreren Stellen Episoden und Informationen aus Fietes Vergangenheit integriert, die deutlich machen, dass dieser schon vor seiner Zeit in Hamburg niemals ein unbeschwertes Leben führte.

Fietes Vergangenheit ist geprägt von Gewalterfahrungen, Ausbeutung und enttäuschten Hoffnungen. Bevor er nach Hamburg zieht, hat er bereits zwei Suizidversuche hinter sich (vgl. *GH*, 75, 159), er wurde überfallen und vergewaltigt (vgl. *GH*, 190) und überlebte einen Mordanschlag nur knapp (vgl. *GH*, 160). Die wenigen Lichtblicke in seinem Leben sind nur von kurzer Dauer (vgl. *GH*, 39–40) und auch in Hamburg verbessert sich seine Situation nicht. Er arbeitet zunächst auf einer Werft, wird dann jedoch bei einem Arbeitsunfall so schwer verletzt, dass er diese Arbeit nicht weiter ausüben kann (vgl. *GH*, 54–55, 97). In seiner Position als Nachtwächter schöpft er neue Hoffnung auf ein bürgerliches Leben (vgl. *GH*, 107–109, 127). Diese wird jedoch nicht erfüllt und seine Situation verschlimmert sich sogar noch (vgl. *GH*, 189, 193).

Strunks Roman stellt durch die Darstellung von Fietes Lebensumständen einen dezenten Zusammenhang zwischen der Vergangenheit und den Taten der Figur her. Diese angedeutete Kausalität kann nur für die literarische Figur etabliert werden, da ein großer Teil seiner im Roman beschriebenen Lebenssituation vollkommen fiktiv ist und auch die Episoden aus seiner Vergangenheit von der historischen Realität abweichen.[20] Die Motive der realen Person Fritz Honka lassen sich anhand des Romans nicht ergründen, aber er regt zur Reflexion über die möglichen Ursachen für die Wandlung eines Menschen

---

20  Vgl. Neumann 2017; vgl. Hansen 2017, S. 130–131.

zum Mörder an. Der Text gibt Hinweise, aber keine eindeutige Antwort darauf, warum gerade Fiete und nicht eine der anderen, ihm ähnlichen Figuren zum Mörder wird. Dass potentiell jede der Figuren die Anlagen dazu besitzt, verdeutlicht ein Gedanke von WH 3, der ihm bei seinem ersten Besuch im ›goldenen Handschuh‹ kommt: „Gott oh Gott. Gott oh Gott. Gott oh Gott, denkt WH 3, und: Wie viel davon steckt auch in mir, in jedem? Wie kann man das nur aushalten, länger als einen Tag oder zwei? Werde ich auch so, wenn ich nur lange genug hier sitze?" (*GH*, 176).

Sowohl seine traumatische Vergangenheit als auch die prekäre Lebenssituation können als Hintergrund für Fietes Entwicklung und somit auch seine Wandlung zum Mörder angesehen werden. Ursachen und Abwendbarkeit solcher Taten werden auch durch das dem Roman als Motto vorangestellte Zitat des Kindermörders Jürgen Bartsch hinterfragt. Dieser sucht nach Gründen dafür, dass es Menschen wie ihn geben muss. Er sieht sein Handeln zwar nicht in seiner Seele begründet, hält es aber dennoch für unabwendbar. Seine Situation schildert er als ausweglos, da er nicht aufhören kann, seinem Trieb nachzugeben (vgl. *GH*, 7).

## Fazit

Auf der Basis der historischen Person Fritz Honka entwirft Heinz Strunk die literarische Figur Fiete, die aufgrund ihres zerrissenen Charakters und ihrer Lebensumstände ein gewisses Maß an Mitleid erregt. Fiete ist eine ebenso komplexe wie widersprüchliche Figur, die mit dem Monster aus der Berichterstattung der 1970er Jahre nur noch wenig gemein hat. Diese Differenz ist notwendig, um unabhängig von der Darstellung Honkas durch die Presse den Täter aus einem anderen Blickwinkel betrachten zu können. Im Vergleich mit den anderen Akteuren des Romans zeigt sich, dass Fiete nicht die einzige Figur mit negativen Eigenschaften ist und dass sich diese auch nicht ausschließlich einem bestimmten Milieu zuordnen lassen. Vor allem die Gegenüberstellung mit der Oberschicht verdeutlicht, dass identische Anlagen bei den verschiedensten Charakteren vorkommen können.

Der Roman unterstreicht im Sinne des Bartsch-Zitates, dass niemand als Mörder geboren wird, sondern dass es Ursachen für diese Entwicklung gibt. Die Frage, warum es gerade Fiete ist, der zum Mörder wird, und nicht eine der ihm ähnelnden Figuren, wird vom Text nicht abschließend beantwortet. Im Gegensatz zu den anderen Charakteren, über deren Hintergründe teilweise nur wenig bekannt ist, wird für ihn jedoch eine Kausalität zwischen seinen Erlebnissen und seinen Taten angedeutet. Darüber hinaus geben Fietes Gewaltphantasien, sein

Wunsch nach Rache, aber auch sein divergierendes Werte- und Normensystem sowie der Umstand, dass er die entsprechenden Merkmale aller anderen Figuren in sich vereint, zwar Hinweise darauf, warum er beginnt zu töten, eine endgültige Erklärung für seine Genese zum Mörder stellen sie jedoch nicht dar.

## Literaturverzeichnis

Bayer, Felix: Heinz Strunk für Literaturpreis nominiert. *Spiegel Online* 04.02.2016, retrieved 25.09.2017, from http://www.spiegel.de/kultur/literatur/preis-der-leipziger-buchmesse-heinz-strunk-nominiert-a-1075599.html.

Hansen, Simon: Vom Komiker zum Schriftsteller: Heinz Strunks ›Trilogie des Sexualtriebs‹ *Fleisch ist mein Gemüse* (2004), *Fleckenteufel* (2009) und *Der goldene Handschuh* (2016). In: Żebrowska, Ewa/Olpińska-Szkiełko, Magdalena/Latkowska, Magdalena (Hg.): *Germanistische Forschung in Polen. Gegenstände und Methoden, Formen und Wirkungen.* Warschau 2017, S. 121–133, retrieved 25.09.2017, from http://www.sgp.edu.pl/media/2017.pdf.

Lindner, Jan-Eric: Der Blaubart von Mottenburg. *Hamburger Abendblatt* 23.02.2006, retrieved 25.09.2017, from https://www.abendblatt.de/hamburg/article108677387/Der-Blaubart-von-Mottenburg.html.

Neumann, Olaf: Für ihn gab es keine Hoffnung. *Frankfurter Neue Presse* 26.02.2016, retrieved 25.09.2017, from http://www.fnp.de/nachrichten/kultur/Fuer-ihn-gab-es-keine-Hoffnung;art679,1874954.

Nolte, Jost: Schuldunfähig wegen seelischer Abartigkeit? Betrifft: Honka, Fritz, wegen Mordes. *Die Zeit* (49), 1976, retrieved 25.09.2017, from http://www.zeit.de/1976/49/betrifft-honka-fritz-wegen-mordes.

Nünning, Ansgar: *Von historischer Fiktion zu historiographischer Metafiktion. Band 1. Theorie, Typologie und Poetik des historischen Romans.* Trier 1995.

Nusser, Peter: *Der Kriminalroman.* Stuttgart/Weimar 2003.

Rosin, Ulf: Fritz Honka war der Frauen-Schlächter von St. Pauli. *Bild* 27.12.2010, retrieved 25.09.2017, from http://www.bild.de/regional/hamburg/hamburg/er-war-der-frauen-schlaechter-von-st-pauli-15218188.bild.html.

Rosin, Ulf: Seine Opfer suchte sich Honka auf dem Kiez. *Bild* 28.12.2010, retrieved 25.09.2017, from http://www.bild.de/regional/hamburg/kriminalfaelle/seine-opfer-suchte-er-sich-auf-kiez-hamburgs-groesste-mordfaelle-15224556.bild.html.

Rosin, Ulf: In Ochsenzoll fand Honka seine große Liebe. *Bild* 29.12.2010, retrieved 25.09.2017, from http://www.bild.de/regional/hamburg/mord/hamburg-groesste-mordfaelle-ochsenzoll-fand-liebe-grosse-15237040.bild.html.

Strunk, Heinz: *Der goldene Handschuh.* Reinbek 2016.

ohne Verfasser: VERBRECHEN: Fleisch dran. *Der Spiegel* (31), 28.07.1975, S. 29–31.

ohne Verfasser: Eine mörderische Karriere: Honka. *Hamburger Morgenpost* 22.10.1998, retrieved 25.09.2017, from http://www.mopo.de/19042648.

Christoph Rauen

# Notieren/Konstruieren – Rainald Goetz in Michael Rutschkys *Mitgeschrieben* (2015)

**Abstract:** In *Mitgeschrieben. Die Sensationen des Gewöhnlichen* (2015), Michael Rutschky has edited the notes he took in the early 1980s, when living in Munich and working for Hans-Magnus Enzensberger's magazine *TransAtlantik*. One of the real-life characters appearing in this book is a young and aspiring Rainald Goetz just before his breakthrough at the Bachmannpreis in Klagenfurt 1983.

In Kulturwissenschaften und Publizistik interessiert man sich augenblicklich vermehrt für das intellektuelle Leben der 1970er und 80er Jahre. Dabei stehen zum einen Textsorten „irgendwo zwischen Literatur und Theorie"[1] im Mittelpunkt, zum anderen deren ‚Sitz im Leben'. Viel Aufmerksamkeit hat beispielsweise Philipp Felschs *Der lange Sommer der Theorie. Geschichte einer Revolte. 1960–1990* (2015) auf sich gezogen. Im Folgenden soll es um Michael Rutschkys *Mitgeschrieben. Die Sensationen des Gewöhnlichen* gehen, publiziert ebenfalls 2015 und auf Notizen des Autors aus den frühen 1980er Jahren beruhend, das manchen Berührungspunkt mit Felschs Geschichte des Merve-Verlages aufweist.

Rutschky (*1943)[2] wurde vor allem als Essayist und Verfasser des Bandes *Erfahrungshunger* (1980) bekannt, „in dem er die Seelenlage der siebziger Jahre zu charakterisieren versuchte"[3]. *Mitgeschrieben* deckt einen Teil der Folgezeit ab, in der Rutschky der Redaktion von *TransAtlantik* angehörte, ein dem *New Yorker* nacheiferndes Zeitschriftenprojekt, das „investigativen Journalismus wie Literatur und Lifestyle"[4] im Angebot hatte und von den 60er-Jahre-Ikonen

---

1   Philipp Felsch: „Ich nehme den Wildtopf Diana". Die Tagebücher des Essayisten Michael Rutschky bieten ein großartiges Sittenbild der westdeutschen Intelligenz in den frühen achtziger Jahren. *die tageszeitung* 01.09.2015, retrieved 03.06.2017, from http://www.taz.de/!5224228/.

2   PS nach Redaktionsschluss: Am 17. März 2018 ist Michael Rutschky nach längerer Krankheit in Berlin verstorben.

3   Eberhard Geisler: Auf der Suche nach einem Cordjackett. In seinen Alltagserinnerungen an die schiere Gegenwart verliert sich Michael Rutschky in Banalitäten. *Frankfurter Rundschau* 16.10.2015, retrieved 03.06.2017, from http://www.fr.de/kultur/literatur/michael-rutschky-mitgeschrieben-auf-der-suche-nach-einem-cordjackett-a-429952.

4   Felsch 2015.

Hans-Magnus Enzensberger und Gaston Salvatore geleitet wurde. Der Untertitel *Die Sensationen des Gewöhnlichen* verweist auf die Schweizer Zeitschrift
*Der Alltag*, für die Rutschky von 1985 bis 1997 als Herausgeber und Redakteur
tätig war.[5] Darüber hinaus referiert er auf den Gegensatz zwischen Banalität und
Bedeutsamkeit und sorgt für eine entsprechende Erwartungshaltung den Notizen gegenüber.

## Zur Tagebuchform

Dieser Gegensatz scheint konstitutiv zu sein für die Tagebuchform, an die *Mitgeschrieben* anschließt, nicht ohne sich in einigen Punkten davon abzuheben. So
gehört es zu den formalen Besonderheiten des Textes, dass Rutschky als erleben-
des Subjekt und Beobachter in der dritten Person adressiert wird, wobei unklar
ist, ob es sich dabei um ein Produkt nachträglicher Redaktion handelt oder ob
bereits die Originalaufzeichnungen diesen Zug aufweisen. Die Frage nach einer
späteren Auswahl und Bearbeitung der Notizen stellt sich auch angesichts der
Tatsache, dass die Segmentierung des Textes in einzelne Niederschriften und
kapitelartige Einheiten keiner Einteilung in Tage, sondern in Monate folgt.

Beide Punkte führen nicht nur zu einer Problematisierung der üblicherweise
mit dem Tagebuch in Verbindung gebrachten, mit dem zeitnahen Notieren
von Erlebtem zusammenhängenden Unmittelbarkeit,[6] sondern auch zu einer
Annäherung an eine analytische Schreibweise, die sowohl den Erlebenden bzw.
Schreibenden als auch dessen Umwelt objektiviert. Längere diskursive, essayis-
tische Passagen finden sich selten. Rutschky bringt seine Aufschreibepraxis in
einer Fußnote zu Beginn des Textes aus der Perspektive des Veröffentlichungs-
jahres 2015 mit der Psychoanalyse in Verbindung:

> Die Aufzeichnungen folgten einer Regel, die ich in Anna Freuds Londoner Zentrum
> für die Psychoanalyse von Kindern aufgeschnappt zu haben meinte, „to write a card".
> Hospitanten sollten, fiele ihnen eine Szene oder eine Einzelperson deutlich auf, diese
> Beobachtung niederschreiben.[7]

Die *Mitgeschrieben* zugrunde liegende Beobachtungsweise wird so in einen
medizinisch-wissenschaftlichen Kontext gestellt, sodass sich die Frage stellt, ob

---

5   Sonja Grebe: Michael Rutschky, *Mitgeschrieben*. 15.10.2015, retrieved 20.04.2017, from
    http://www.satt.org/literatur/15_10_rutschky.html.
6   Diesen Punkt hebt hervor: Renate Kellner: *Der Tagebuchroman als literarische Gattung.
    Thematologische, poetologische und narratologische Aspekte.* Berlin/Boston 2015, S. 15.
7   Michael Rutschky: *Mitgeschrieben. Die Sensationen des Gewöhnlichen.* Berlin 2015, S. 7
    [im Folgenden *M*].

und inwiefern damit diagnostische und/oder therapeutische Zielsetzungen verfolgt werden. Rutschky verweist ausdrücklich auf das Auswahlkriterium der Auffälligkeit, lässt jedoch offen, wie diese Kategorie konkret zu füllen wäre. Einen zweiten, mit der Textsorte zusammenhängenden Deutungsrahmen eröffnet der Klappentext, der von einem „Tagebuch aus der Zeit" spricht,

als Franz Josef Strauß Bayern regierte und Helmut Kohl westdeutscher Bundeskanzler wurde. […] Entstanden sind diese Notizen zwischen 1981 und 1984, gewissermaßen in der ,sozialistischen Spätantike', und sie erzählen gleich mehrere Romane. Nicht nur den von Michael Rutschky und seiner Frau Katharina, samt Begegnungen, Reisen, Beziehungskisten […].

*Mitgeschrieben* schließt an Traditionen der Diaristik, der literarisierten Alltagsbeobachtung und der Essayistik an, für die ein geringer Grad an narrativer Verdichtung, Verzicht auf prägnante dramaturgische Strukturen, eine scheinbar unhierarchische Reihung von Beobachtungen sowie weitgehender Verzicht auf einlässliche Interpretationen typisch sind. Dass Rutschky auf diese Schreibtraditionen setzt, lässt sich vielleicht als zeittypische Gegenreaktion auf die Theorieversessenheit der 1960er und 70er Jahre deuten, in Analogie zum Abschied von den großen Erzählungen, wie ihn seinerzeit Lyotard und andere verkündeten.[8] Neben dem Äußerlichen, mit bloßen Sinnen Wahrnehmbaren, konzentriert sich Rutschky auf seine tägliche Arbeit im Medien- und Kulturbetrieb, wobei er sich auffallend wenig für die jeweiligen Inhalte und gedanklichen Zusammenhänge interessiert, sondern in erster Linie für die praktischen und sozialen Aspekte, die mehr oder weniger verdeckten Machtverhältnisse, die persönlichen Empfindlichkeiten und nicht zuletzt den damit verbundenen Klatsch und Tratsch.

Auffallend mit Blick auf die Textsorte Tagebuch ist, dass nicht nur thematische Kontinuitäten den Gesamttext prägen, sondern auch fabelartige Strukturen, sodass immer wieder eine gewisse Nähe zu Genres wie Roman und Erzählung entsteht.[9] Im Folgenden sollen zwei damit verknüpfte Punkte beleuchtet werden,

---

8   Vgl. Ulrich Rüdenauer: Das Alltägliche in den Blickpunkt rücken. *Deutschlandfunk* 31.08.2015, retrieved 20.04.2017, from http://www.deutschlandfunk.de/michael-rutschky-das-alltaegliche-in-den-blickpunkt-ruecken.700.de.html?dram:article_id=329812: „Die großen Weltdeutungsinstrumente waren stumpf geworden, viele Protagonisten der Linken hatten sich in ideologischen Kämpfen aufgerieben, Kohl war an der Regierung, und statt Marx las man jetzt Luhmann. Man musste sich neue Nischen suchen, andere Blicke auf die Welt werfen, die nicht mehr so leicht zu fassen war."

9   Inga Hanna Ralle: Ich – Hier – Jetzt: Muster und Merkmale des Tagebuches. In: *Jahrbuch für internationale Germanistik* 49(1), 2017, S. 97–111, hier: S. 107. Vgl. Christiane Holm: Von den alltäglichsten Sachen zu Abfall für alle. Diaristische Praktiken und

in denen ein Interesse an der Poetizität von Tagebuch- und Journaleinträgen
zum Ausdruck kommt: Der erste betrifft den Umgang mit der Differenz von
Fiktionalität und Faktualität im Sinne von Erfundenheit und Belegbarkeit von
thematisierten Sachverhalten; der zweite die Frage nach der dramaturgischen
Verdichtung und Strukturierung des Geschehens und der Konstruktion von
Handlungsbögen auf der einen und der Kontingenz und lediglich chronologi-
schen Verknüpfung der Ereignisse auf der anderen Seite.

## Fiktionalisierungen

Als Beispiel für Rutschkys Technik, anhand beiläufiger, zufällig zustande gekom-
mener Beobachtungen Veränderungen von gesellschaftlicher und historischer
Tragweite einzufangen, mag eine leicht ins Groteske spielende Notiz dienen, die
wie in einem Schnappschuss die äußere Erscheinung eines vermeintlichen Vete-
ranen des Zweiten Weltkrieges festhält:

> R. kommt mit den Blicken nicht von ihm los, dem Mann im Speisewagen. Eben bestellt
> er sich noch ein Eis. Er trägt einen dunkelgrauen Anzug mit Nadelstreifen, einen dun-
> kelroten Schlips mit feinem Muster. Die dünnen Haarreste pflegt er sorgfältig über den
> kleinen Kopf zu kämmen./Aber das erweckt nicht die Aufmerksamkeit. Sondern dass
> die linke Gesichtshälfte eine Reihe schwerer Narben gründlich verunstaltet. Auch das
> linke Auge muss zerstört sein. Davor trägt der Mann ein dunkles Monokel, das er immer
> wieder neu einklemmen muss, ohne dass man dabei freilich die fürchterliche Augen-
> höhle zu sehen bekäme./Der Mann – er las die FAZ – war, denkt R., Offizier. Er trägt die
> schwere Gesichtsverletzung, denkt R., voller Stolz, als Auszeichnung, als Beweis seiner
> Tapferkeit, »das habe ich für Deutschland erlitten«./Bald wird seinesgleichen einfach
> verschwunden sein. (*M*, 373).

Der Schluss lässt erahnen, dass mit dem Tod solcher Zeitzeugen auch eine
bestimmte Haltung zur deutschen Geschichte enden wird, die trotz der Kriegs-
ursachen, der aggressiven Politik Nazi-Deutschlands und der Verbrechen der
Wehrmacht an der Vorstellung festhält, die Teilnahme an einem solchen Krieg
könne im Zeichen militärischen Heldentums stehen. Durchsetzen wird sich
stattdessen ein dem Militär grundsätzlich skeptisch gegenüberstehendes, u. a.
vom Pazifismus der Studentenbewegung mitbestimmtes Bewusstsein.

Bemerkenswert ist die zweimal wiederholte Formel ‚denkt R.‘ Sie markiert
einen Übergang von der Fixierung äußerer Eindrücke zu einer diese fort-
schreibenden, aber weder durch Wahrnehmung noch Recherche gedeckten

---

Unnützes Wissen um 1800, 1900, 2000. In: Jill Bühler/Antonia Eder (Hg.): *Das unnütze
Wissen in der Literatur*. Freiburg i. Br. 2015, S. 104–119.

Imagination. Dieses Verfahren lässt das Selbstzeugnis zwischen „historischer Quelle und literarischer Gattung sowie zwischen Fiktion und Fakt"[10] changieren. Phantasie wird in den Dienst von sozialer Intuition und Assoziationsfähigkeit gestellt, deren Ausgangspunkt aber das unmittelbar beobachtbare Faktum bleibt; hier beginnt dann ein nicht unschlüssiges, mehr oder weniger wahrscheinliches Weiterdenken der Wirklichkeit. Durch die Anzeige des Punktes, an dem die Einbildungskraft übernimmt, wird die Trennung zwischen Journal bzw. Tagebuch auf der einen und fiktionalen Gattungen wie dem Tagebuchroman auf der anderen Seite gewahrt. Ähnliche Techniken finden sich, nun freilich im Rahmen von traditionell als fiktional angesehenen Gattungen wie dem Roman, seit Mitte der 1990er Jahren in der Popliteratur, in Christian Krachts *Faserland* (1995)[11] etwa. Von solchen suggestiven Vignetten gibt es viele in *Mitgeschrieben*. So treffen sich Michael und seine Ehefrau, die Publizistin Katharina Rutschky, im Buch Kathrin genannt, nach der unerwarteten Aufkündigung der Bonner sozialliberalen Koalition mit ihrem Protegé Rainald Goetz, um sich in feucht-fröhlicher Runde die obligatorische Politikerrunde im TV anzusehen und dabei, darf man vermuten, ihrem Sarkasmus zu frönen. Als sich Kathrin nach dem wüsten Gelage erbrechen muss, wirkt das wie ein Kommentar zur desolaten Stimmung unter Linksintellektuellen in den frühen 1980er Jahren (vgl. *M*, 199). Dass nicht nur der Aufbruchsgeist vorangegangener Jahrzehnte in der ‚sozialistischen Spätantike' erlahmt ist, sondern das frühere Engagement und damit letztlich Lebenssinn infrage gestellt wird, zeigt auch eine von Rutschky zitierte Meldung über die Auflösung des Kommunistischen Bundes Westdeutschlands, der zufolge die hauptamtlichen Parteifunktionäre sich um das verbliebene Parteivermögen streiten. „Ehemalige Mitglieder des KBW beklagen, dass die Organisation

---

10  Ralle 2017, S. 98.

11  Christian Kracht: *Faserland*. München 1997, S. 14: „Sergio, das ist so einer, der immer rosa Ralph-Lauren-Hemden tragen muß und dazu eine alte Rolex, und wenn er nicht barfuß wäre, dann würde er Slipper tragen von Alden, das sehe ich sofort." Vgl. auch S. 90: „Dieser Rentner, den Karin auf Sylt fast überfahren hat, der mit dem Cordhütchen, der sah sicher früher auch nicht aus wie ein Nazi. Und der Taxifahrer, der mich zur Max-Bar bringt, der auch nicht. Dabei sieht man es ihm im Gesicht an, daß er einmal KZ-Aufseher gewesen ist oder so ein Frontschwein, der die Kameraden vors Kriegsgericht gebracht hat, wenn sie abends über die blöden Hitler Witze gemacht haben, oder daß er irgendein Beamter war, in einer hölzernen Schreibstube in Mährisch-Ostrau, der durch seine Unterschrift an einem Frühjahrsmorgen siebzehn Partisanen, ihre Frauen und Kinder liquidieren ließ."

sinnlos die Lebenszeit und die politische Energie ihrer Mitglieder verschwendet habe." (*M*, 151).

## Rudimente einer Dramaturgie

Der zweite Aspekt, unter dem *Mitgeschrieben* betrachtet werden soll, betrifft wie gesagt das Spannungsverhältnis, in dem literarische Techniken der thematischen, narrativen und dramaturgischen Verdichtung zum Authentizitätsanspruch der Gattungen Tagebuch und Journal stehen. Wenn der Klappentext ankündigt, das Buch enthalte „gleich mehrere Romane", so sind damit in diesem Sinne dynamische Personenkonstellationen, Handlungszusammenhänge und literarische Darstellungsformen gemeint. Ein thematischer roter Faden des Textes ist beispielsweise der Gesundheitszustand Rutschkys, die skrupulöse Beobachtung der eigenen Konsum-, vor allem Ess- und Trinkgewohnheiten. Er ist insofern final ausgerichtet, als der Berichtszeitraum mit einem Herzinfarkt des Autors endet. Im Folgenden soll die Aufmerksamkeit einem anderen Handlungskomplex gelten, den Ausführungen zu dem bereits erwähnten Rainald Goetz, dessen facettenreicher Beziehung zum Ehepaar Rutschky sowie seiner beruflichen wie persönlichen Entwicklung. Auch diese Ereigniskette kann von ihrem Ende und Höhepunkt her betrachtet werden, dem ebenfalls gegen Ende platzierten Auftritt des Autors beim Bachmann-Wettbewerb in Klagenfurt 1983, der ihn schlagartig zu einem der bekanntesten Jungautoren der deutschsprachigen Literatur machte. So wird erkennbar, dass der Text im Medium äußerst zahlreicher, zunächst lediglich kalendarisch geordneter Alltagsbeobachtungen eine Reihe von zusammengehörigen Episoden bildet, die über den Bezug zur Person Goetz verknüpft sind und sich zu einer Geschichte der Initiation und des Durchbruchs formen lassen.

Goetz, der zu Beginn der Aufzeichnungen auf seine Promotion als Mediziner hinarbeitet und sich bei *Süddeutscher Zeitung* und *Kursbuch* erste Meriten als Autor verdient hat, wird als up-and-coming Schriftsteller und eine Art intellektuelles Starlet präsentiert, umworben von Personen und Institutionen des Medienbetriebs, die vom sich abzeichnenden Erfolg zu profitieren hoffen, dem jungen Autor mit Rat und Tat beistehen wollen oder auch erotisch an ihm interessiert sind. Rutschky selbst tritt immer wieder als erfahrener und weltmännischer Mentor und Cicerone in Erscheinung, der sich teils so sehr mit dieser Rolle identifiziert, dass ihm Goetz als Empfänger von Einsichten und Beobachtungen bald unentbehrlich scheint. Eine London-Reise gibt Anlass zu dieser Überlegung:

Das Wunderbare der britischen Zivilisation, würde R. gern Goetz erklären, zeigt sich gleich überall. Nehmen wir beispielsweise die Verkehrsampeln. Selbstverständlich überqueren Fußgänger bei Rot die Straße, wenn sie sich überzeugt haben, dass keine Autos kommen. Schließlich sollen die Ampeln den Verkehr regeln, weiter nichts: Sie dienen weder dem Training noch der Überprüfung von Staatstreue. (*M*, 162).

Ein Ereignis, das schlaglichtartig die ambivalente Beziehung des Ehepaars Rutschky zu Goetz beleuchtet, ist Goetz' wohlwollende Rezension von Botho Strauß' Prosaband *Paare, Passanten* (1981), der übrigens mit seinen stilisierten Alltagsbeobachtungen und an der „Grenze vom soziologisch bilanzierenden Erzählen zur genuinen Belletristik"[12] anzusiedelnden Prosaminiaturen selbst ein Beispiel für jene Tradition darstellt, in die *Mitgeschrieben* einrückt. Daran entzündet sich ein Streit mit den Rutschkys, der neben intellektuellen Gegensätzen auch emotionale Abgründe erahnen lässt. Was Goetz an der Lektüre fasziniert, die „Normalität von Beziehungen und dass darin immer irgendwie der Schrecken, die Katastrophe droht" (*M*, 213), behagt den beiden ganz und gar nicht. Goetz scheint auf die von Strauß genährte Skepsis gegenüber Intimität anzusprechen; man versucht es „ihm auszureden, unermüdlich, scharfsinnig, mit immer neuen Argumenten" (*M*, 214), was natürlich das Gegenteil bewirkt. Offenbar beziehen sie den Argwohn auf sich und fragen nach: „»Fühlst du dich von mir bedroht?« – »Nein.«" (*M*, 213). Die beiden bearbeiten Goetz, bis der „[s]chließlich verstummt […]. Er zahlt und verlässt die Pizzeria. Sie überfällt sogleich die Reue; zu Hause, es ist 22.30 Uhr, versucht R. ihn telefonisch zu erreichen. Vergeblich." (*M*, 214). Spätestens hier wird klar, dass besonders Michael Rutschky sich in ein Abhängigkeitsverhältnis hineinmanövriert hat.

Mehrmals wird beschrieben, wie andere den auf seine Weise anziehend wirkenden Goetz umwerben, nicht nur Gaston Salvatore (vgl. *M*, 99). Rutschky verzeichnet tatsächliche und – erneut wird hier die Imagination zu Hilfe genommen – mutmaßliche Affären des Autors mit einer manchmal fast wahnhaften Sensibilität, die einen daran denken lässt, dass dabei Eifersucht eine Rolle spielen könnte: „Kathrin, Scheel und R. gehen die Treppe hinunter; Gabi Dürr und Goetz schauen ihnen nach, dann gehen sie zusammen in seine Wohnung zurück. In diesem Augenblick weiß R. genau, dass sie regelmäßig miteinander schlafen." (*M*, 78).

Insgesamt schwankt das von Goetz gezeichnete Bild zwischen jugendlicher, sexueller Attraktivität und einer gewissen kindlichen Unschuld, welche die

---

12  Ursula März: München war nicht nur Kir Royale. *Die Zeit* (38) 17.09.2015, retrieved 03.06.2017, from http://www.zeit.de/2015/38/chronik-michael-rutschky-mitgeschrieben.

Rutschkys eher in die Position von Eltern oder Erziehungsberechtigten rückt. Häufig verhält sich Goetz wie ein Kind, das nicht mit seinen Kräften zu haushalten versteht und sich bis zur Erschöpfung verausgabt, woraufhin dann alle Aktivitäten abrupt zum Erliegen kommen:

> Sie sprechen im Lesezirkel über Luhmann, in Goetz' Küche. Scheel redet, R. redet, Kathrin redet, manchmal Christine Scherrmann, während Gabi Dürr nur zuhört./Goetz sagt seit einer Weile gar nichts mehr. Er sitzt zusammengekrümmt auf dem Küchenstuhl, den Fuß im Schoß, die Arme auf die Oberschenkel gestützt, den Kopf gesenkt. Er schläft. (*M*, 247).

## Das Ende der Knechtschaft

Zugleich spielen im Verhältnis zwischen Michael Rutschky und Goetz der biologische Altersunterschied sowie generationell bedingte Differenzen des Kulturstils eine wichtige Rolle. So nimmt der Ältere staunend und halb ironisch, halb anerkennend Goetz' Sprachtalent, seinen Hang zur Jugendsprache und die damit verbundene Unverbrauchtheit des Weltzugangs zur Kenntnis: Die „Prägnanz, die ein Schweinekotelett annimmt, wenn Goetz es »Gerät« nennt." (*M*, 193).

Andere Stellen vermitteln den Eindruck, „die punkige Vitalität des jungen Goetz"[13] sei geeignet, den einigermaßen arrivierten, bereits unter manchem Zipperlein leidenden Rutschky einzuschüchtern und ihm sein fortgeschrittenes Alter vor Augen zu halten. Er geht zuweilen auf Abstand zu dem anarchischen Element, das den Jüngeren anzieht, beispielsweise die Sympathie für den zwischenzeitlich diskreditierten, nun wieder modischen Nietzsche, dessen ‚Superklugheit' und forcierte Originalität ihn Rutschky verdächtig machen. Goetz hingegen berauscht sich geradezu am Denk- und Schreibstil des großen Selberdenkers und Umkehrers von Gewissheiten, der sich nahtlos in die zeitgenössische Sensibilität der New Wave einfügt und Munition in zeitgenössischen, politisch-kulturellen Auseinandersetzungen liefert, etwa wenn es darum geht, sich von linksalternativen und ökologischen Strömungen abzugrenzen:

> Nein, sagt Goetz. (Er sei ja wohl der einzige hier, den Nietzsche anmache.) Scheel habe ganz Recht; es sei diese Möglichkeit, schlechterdings alle Geltungsansprüche abzuweisen nach Bedarf und Belieben – neulich, in einer Kneipe, habe er lauthals protestiert, als irgendwelche Sternensinger eintraten und Lieder für die Erhaltung des Waldes vortragen wollten, »ich bin für Beton, ich bin für Neon usw.«. (*M*, 104).

---

13  Grebe 2015.

An einer Stelle in *Abfall für alle*, seinem zunächst täglich im Netz veröffentlichten Tagebuch des Jahres 1999, rekonstruiert Goetz rückblickend den in diese Lebenszeit fallenden Durchbruch zu einer neuen Denkweise:

> Anfang der 80er Jahre, tschuldigung, entdeckte ich plötzlich, ich glaube bei der Lektüre von Sounds, dass irre interessante Denkeffekte für mich entstehen, wenn ich JEDES meiner spontanen Urteile einfach ins Gegenteil umdrehe, und dann gucke, wie sich das anfühlt. […] Das war gigantisch, das war ein neuer Kontinent, eine neue Zeit, das Ende der Knechtschaft, das Ende der Unmittelbarkeit.[14]

Es ist vor diesem Hintergrund nicht verwunderlich, dass Rutschky auf den juvenilen Elan, mit dem hier Konventionen auf den Kopf gestellt, entwertet und für unverbindlich und überholt erklärt werden, teils fasziniert, teils etwas befangen reagiert, wohl auch weil der kulturelle Wandel, den der Jüngere mitvorantreibt, zwangsläufig das eigene kulturelle Altern anzeigt und vorantreibt. Viel Aufmerksamkeit widmet er den ersten Anzeichen des körperlichen Verfalls, die er penibel und auf berühmte literarische Vorgänger anspielend (siehe etwa das „Thomas Mann'sche Motiv vom Gebissverfall"[15]) verzeichnet. Die von Goetz repräsentierte nachrückende Intellektuellenkohorte weist andere Interessensschwerpunkte auf, ist vor allem der Popkultur zugewandt und kann mit entsprechendem Spezialwissen aufwarten, das für die im Vergleich damit geradezu wie Bildungsbürger wirkenden Rutschkys nicht zur Verfügung steht. Diese nennen jedoch breite geschichtliche und wissenschaftliche Kenntnisse, Kunstsachverstand und eine gewisse Weltläufigkeit ihr eigen, wovon Goetz kaum einen Schimmer hat: Perfekte Voraussetzung für einen beidseitig profitablen intergenerationellen Austausch, der reibungslos zu verlaufen scheint, solange Goetz seine Angriffslust gegenüber Vertretern der 68er-Generation, zu der ja auch Rutschky und Frau zählen, in Zaum zu halten vermag. Ist das nicht der Fall und wendet sich Goetz zum Beispiel gegen Personen des Kulturbetriebes, die ähnlich alt wie seine Mentoren sind, dann kann das Aggressionen auslösen:

> Goetz kommt zu Besuch: Sie schauen den »Tatort« mit Götz George als Kommissar Schimanski an – Goetz hat keine Ahnung, wer Heinrich George und Berta Drews waren –, dann spielt er die Stücke von seinen Schallplatten vor, welche ihm am besten gefallen – Ideal, Palais Schaumburg, UK Subs –, und sie reden./Irgendwann erzählt er, dass er das neue Buch von Jochen Schimmang gelesen habe, und da geschieht Seltsames. Er bekundet nämlich den tiefsten Abscheu davor, das Buch sei doch einfach unmöglich, und in R. kommt – obwohl ihm das Buch ebenfalls missfiel – ein Wutanfall hoch./

---

14  Rainald Goetz: *Abfall für alle. Roman eines Jahres*. Frankfurt a. M. 1999, S. 704.

15  Grebe 2015.

Schwer zu sagen, was geschieht – R. hat auch schon wieder zu viel getrunken – jedenfalls hält R. nichts davon ab, Goetz niederzumachen, was in höhnischen Sprüchen über seine blondgefärbten Haarsträhnen kulminiert. Am liebsten hätte R. ihn wohl in Tränen ausbrechen sehen. (*M*, 88–89).

An dieser Stelle scheint nun gerade die sonst sympathische Unerfahrenheit und Unbedarftheit von Goetz ein verletzendes Verhalten zu provozieren. Rutschky hält das schwer zu Deutende des Geschehens fest, die Unklarheit in Bezug darauf, worin der eigentliche Auslöser für die Attacke und worin vor allem das Motiv des Attackierenden besteht; geht es um Wertschätzung, auf die Rutschky als Vertreter einer älteren, in mancher Hinsicht den Weg ebnenden Generation Anspruch zu haben meint? Dafür spräche, dass Goetz' Kritik an Schimmangs Buch in der Sache ja, wie Rutschky feststellt, gerade nicht der Grund für das ausfällige Verhalten sein kann, da Rutschky die Einwände teilt. Auch scheint es kein Zufall zu sein, dass Hohn und Spott sich an den blondierten Haaren festmachen, den Insignien der Punk-Mode, die mit dem Anspruch auftritt, mit dem bislang herrschenden Zeitstil aufzuräumen.

Derartige Konflikte bilden aber eher die Ausnahme. In der Regel nimmt Rutschky altersbedingte Unterschiede, wie sie sich auch bei Konsumprodukten und -gewohnheiten zeigen, eher überlegen-amüsiert zur Kenntnis, als drollige Eigenheiten. Von hier aus kann aber auch übergangslos zu psychopathologischen Beobachtungen gewechselt werden:

Bayreuth. Zum Mittagessen bestellt Goetz in dem Restaurant als Getränk »ein Spezi«. – »Was ist das eigentlich?«, fragt Kathrin. – »Das ist ein Gemisch aus Cola und Limonade«, sagt Goetz, »schmeckt pappig.« – »Das ist ja scheußlich«, sagt Kathrin. – »Sie können mal probieren«, sagt Goetz./Man sieht deutlich, wie mager er unter dem T-Shirt ist. Auf seinen nackten Oberarmen erkennt man zahllose feine Narben, die Schnittwunden, die er sich mit der Rasierklinge beizubringen pflegt. (*M*, 182).

Der Leidensdruck, unter dem der kurz vor dem Rigorosum stehende, eine Existenz als freier Schriftsteller anstrebende Goetz zu stehen scheint, führt offenbar zu selbstverletzendem Verhalten, das dann ja auch in *Subito*, Goetz' für Klagenfurt verfasster, dort vorgetragener und die Vortragssituation vorwegnehmender Text, als selbstzugefügter Schnitt mit dem Skalpell in die Stirn eine wichtige Rolle spielt. Beim Auftritt vor der Jury scheint sich dieser Druck zu entladen. Auf den genauen Ablauf wird in *Mitgeschrieben* nicht eingegangen, sehr wohl aber darauf, dass Goetz Katharina und Michael vorab nicht über die offenbar haarklein geplante Inszenierung informiert hatte. Auch hier bleibt letztlich unklar, welche Motive dafür zu veranschlagen wären und ob es sich vielleicht um einen Akt der Emanzipation handelt. Jedenfalls ist eine Vertrauenskrise die

Folge. Michael Rutschky empfindet das Verhalten des jungen Kollegen als Ausdruck fehlender Wertschätzung, zumal beide gerade über das Thema Literatur und Schreiben eng miteinander verbunden sind, so eng, dass Katharina zuweilen außen vor bleibt: „Während Kathrin ihre Besichtigung absolviert, ausgiebiger, reden sie in dem kühlen Kaffeeraum über das Schreiben, wie über etwas Intimes, das nur sie beide angeht." (*M*, 308).

Hinzu kommt, dass bei Goetz spätestens seit dem „Publicity stunt" in Klagenfurt die Zeichen auf Erfolg stehen, während Rutschky eher glücklos agiert und nach dem Ende seiner Anstellung bei *TransAtlantik* als freier Autor „doch nur in der Semiprominenz"[16] landet. Auch deswegen scheint Rutschky sich immer wieder gezwungen zu fühlen, dem aufstrebenden Talent gegenüber souverän und kontrolliert zu wirken, als überlegener Beobachter, der das Verhalten des anderen mit der Fotokamera festhält („R. fotografiert bloß, um Goetz zu demonstrieren, dass seine Hand für eine Dreißigstel ruhig genug ist", *M*, 308) oder eben schriftlich.

Als das Ehepaar Rutschky, nun schon recht sicher, dass die gemeinsame Zeit mit Goetz sich dem Ende zuneigt, eines Tages darüber spekuliert, warum der sie nicht in die Pläne für den Bachmann-Preis eingeweiht hatte, sucht es die Antwort schließlich bei etwaigen Ressentiments. Genauer gesagt wird Goetz unterstellt, er empfinde Schuldgefühle gegenüber Michael. Schließlich habe Michael, so Katharina ohne Details zu nennen, Goetz „die Möglichkeit geschenkt […], seinen Roman zu schreiben – das nimmt er dir eben furchtbar übel. […] »So ist es eben mit den Kindern: keine Dankbarkeit.« Sie lachen. »Ich werde ihn«, resümiert Kathrin lachend, »immer in liebender Erinnerung behalten.«" (*M*, 300–301). Die Stelle ist auch deswegen interessant, weil der Figur Goetz, der die Rutschkys ‚Liebe' in mehrfacher Gestalt entgegenbringen, gegen Ende der Aufzeichnungen, nachdem die große Krise überwunden scheint, wieder kindliche Züge zugeschrieben werden; das lässt Michael und Katharina eher wie Eltern erscheinen, die klugerweise Nachsicht walten lassen.

In die gleiche Richtung weist auch eine Notiz kurz vor Schluss, bevor Michael Rutschky völlig überraschend einen Herzinfarkt erleidet, wonach die verbleibenden Tagesnotizen vor allem den Klinikalltag festhalten. Noch einmal präsentiert uns Rutschky eine jener Szenen, in denen Goetz unerwachsen, schutzbedürftig und fast niedlich wirkt. Nachdem man sich offenbar in Sachen Klagenfurt

---

16 Felsch 2015.

ausgesöhnt hat, unternimmt man einen gemeinsamen Ausflug ins Münchner Umland. Und auf

der Rückfahrt, zwischen Innsbruck und München, schläft Goetz plötzlich ein, ohne weitere Erklärung oder Bemühung. So geschah es schon neulich, auf der Rückfahrt, nach dem Abendessen in Dachau.»In Wirklichkeit«, fasste Kathrin hinterher zusammen,»ist er eben noch ein Kind.« (*M*, 405).

Das wirkt dann abschließend versöhnlich, doch zugleich wird durch die scheinbar entschuldigende Zuschreibung des Status eines Kindes, das eben noch keine volle Verantwortung für sein Tun übernehmen kann, die vorhergehende, vielleicht als Akt der Abnabelung gedachte Provokation des „undankbaren" Zöglings bagatellisiert.

## Literaturverzeichnis

Felsch, Philipp: „Ich nehme den Wildtopf Diana". Die Tagebücher des Essayisten Michael Rutschky bieten ein großartiges Sittenbild der westdeutschen Intelligenz in den frühen achtziger Jahren. *die tageszeitung* 01.09.2015, retrieved 03.06.2017, from http://www.taz.de/!5224228/.

Geisler, Eberhard: Auf der Suche nach einem Cordjackett. In seinen Alltagserinnerungen an die schiere Gegenwart verliert sich Michael Rutschky in Banalitäten. *Frankfurter Rundschau* 16.10.2015, retrieved 03.06.2017, from http://www.fr.de/kultur/literatur/michael-rutschky-mitgeschrieben-auf-der-suche-nach-einem-cordjackett-a-429952.

Goetz, Rainald: *Abfall für alle. Roman eines Jahres*. Frankfurt a. M. 1999.

Grebe, Sonja: Michael Rutschky, *Mitgeschrieben*. 15.10.2015, retrieved 20.04.2017, from http://www.satt.org/literatur/15_10_rutschky.html.

Holm, Christiane: Von den alltäglichsten Sachen zu Abfall für alle. Diaristische Praktiken und Unnützes Wissen um 1800, 1900, 2000. In: Bühler, Jill/Eder, Antonia (Hg.): *Das unnütze Wissen in der Literatur*. Freiburg i. Br. 2015, S. 104–119.

Kellner, Renate: *Der Tagebuchroman als literarische Gattung. Thematologische, poetologische und narratologische Aspekte*. Berlin/Boston 2015.

Kracht, Christian: *Faserland*. München 1997.

März, Ursula: München war nicht nur Kir Royale. *Die Zeit* (38) 17.09.2015, retrieved 03.06.2017, from http://www.zeit.de/2015/38/chronik-michael-rutschky-mitgeschrieben.

Ralle, Inga Hanna: Ich – Hier – Jetzt: Muster und Merkmale des Tagebuches. In: *Jahrbuch für internationale Germanistik* 49(1), 2017, S. 97–111.

Rüdenauer, Ulrich: „Das Alltägliche in den Blickpunkt rücken". *Deutschlandfunk* 31.08.2015, retrieved 20.04.2017, from http://www.deutschlandfunk.de/michael-rutschky-das-alltaegliche-in-den-blickpunkt-ruecken.700.de.html?dram:article_id=329812.

Rutschky, Michael: *Mitgeschrieben. Die Sensationen des Gewöhnlichen.* Berlin 2015.

Ewa Płomińska-Krawiec

# Schmerzhafte Wurzeln. Über Rekonstruktion familiärer Vergangenheit am Beispiel des Romans *Gosias Kinder* (2014) von Iris May

**Abstract:** The paper deals with the question of forms and functions of personal memories in process of constructing the individual and collective memory, considered on example of the novel *Gosias Kinder* by Iris May. It focuses on an analysis of this text from the perspective of the role of national identity and stereotypes, as well as their transfer in the family memory.

Als der Sozialpsychologe Harald Welzer den anhaltenden Erfolg der Literatur über das private Erinnern nach 1989 konstatiert, nennt er einen wichtigen Grund dafür: „Diese Bücher kommen der gefühlten Geschichte entgegen. Sie zeigen an, dass eigenes Leid heute erinnerungswürdig ist."[1] Tatsächlich vervollständigt nicht nur das private Erinnern in Form von Sachbüchern, Generationenromanen oder Familiengeschichten unser Wissen, sondern sättigt auch als literarische Repräsentation privater Erfahrung das allgemein bekannte Geschichtswissen mit Emotionen und macht es dadurch auch für den Leser greifbarer. Darüber hinaus berücksichtigt die Wahl von Ereignissen, die im privaten Erinnern vermittelt werden, ganz andere Erfahrungen „als im offiziellen kulturellen Gedächtnis" verankert, z. B. aus dem Bereich der Alltagserfahrung, des privaten Gedächtnisses. Durch die gewählte Perspektive ‚von unten' entsteht „ein anderes Bild von Vergangenheit",[2] das sein Konkurrenzpotential behält, aber vor allem komplementär wirkt. Das Bedürfnis, hinter die Anonymität der öffentlichen Erinnerungskultur zu schauen, bestätigen mehrere literaturwissenschaftliche und sozialpsychologische Untersuchungen zum Familiengedächtnis in Bezug auf die literarische Verarbeitung der Erfahrung der NS-Zeit und des

---

1 Harald Welzer: Im Gedächtniswohnzimmer. *Die Zeit* (14) 25.03.2004, retrieved 29.04.2017, from http://www.zeit.de/2004/14/st-welzer.

2 Ebd. Bemerkenswert sind in diesem Kontext auch: Harald Welzer/Sabine Moller/Karoline Tschuggnall: »*Opa war kein Nazi*«. *Nationalsozialismus und Holocaust im Familiengedächtnis.* Frankfurt a. M. 2002. Und Harald Welzer (Hg.): *Der Krieg der Erinnerung: Holocaust, Kollaboration und Widerstand im europäischen Gedächtnis.* Frankfurt a. M. 2007. Sowie Aleida Assmann/Manfred Weinberg/Martin Windisch (Hg.): *Medien des Gedächtnisses.* Stuttgart/Weimar 1998.

Zweiten Weltkriegs.[3] Die Erforschung der eigenen Familiengeschichte gibt dann, wie Sabine Moller in ihrer Untersuchung zur NS-Vergangenheit im deutschen Familiengedächtnis anmerkt, nicht nur Auskunft über die wenig bekannten Lebensabschnitte nahestehender Vorfahren, sondern auch Antwort auf die Fragen, die man zu ihren Lebzeiten aus vielen Gründen nicht gestellt hatte. Sie ist den Enkeln auch deswegen wichtig, weil sie „mit den eigenen Erinnerungen an nahestehende Menschen und damit auch mit der eigenen Identität verknüpft sind". [4]

Solche Geschichten, die viele Familien mit sich ‚herumschleppen', Schicksale von Individuen im konkreten geschichtlichen Kontext, die in zahlreichen Familiengeschichten, Lebenserinnerungen oder Biographien erschlossen werden, stellen als Mikrohistorien ein Gegengewicht zu den großen Narrationen von Nationen und ihrer Geschichte dar. Das Bewusstsein eines Generationenwechsels verstärkt das Bedürfnis, dass nicht nur das Leben herausragender Persönlichkeiten, sondern auch das der durchschnittlichen Menschen als Zeugen der Geschichte erzählenswert ist. Die individuellen Schicksale in Familiengeschichten mit autobiographischem Hintergrund sind nicht mehr anonym, sie geben der Lebensgeschichte und dem privaten Leiden ein konkretes Gesicht und einen Namen. Zeitentfernte, über Generationen tradierte Erinnerungen verweisen auch auf traumatische Erlebnisse, die zu schmerzhaft sind, um ausgesprochen zu werden. Solche verschwiegenen, verdrängten oder jahrelang verharmlosten Geschichten finden erst in den Kinder- und Enkelgenerationen eine Sprache und Form, um in Worte gefasst zu werden. Privates Erinnern eröffnet einen Raum für Emotionen und Reflexionen, sowohl für die, die erst über das Medium des Buches ausgedrückt werden, als auch für die im Leser hervorgerufenen, die in ihm nach der abgeschlossenen Lektüre weiterarbeiten. So verstanden stellt der Text eine Art Spiegel dar, den wir laut Hans Georg Gadamer brauchen: „Weil wir uns im Andern – im Andern der Menschen, im Andern des Geschehens wiedererkennen".[5]

---

3    Astrid Erll: *Kollektives Gedächtnis und Erinnerungskulturen. Eine Einführung.* Stuttgart/Weimar 2005. Vgl. auch Sabine Moller: *Vielfache Vergangenheit. Öffentliche Erinnerungskulturen und Familienerinnerungen an die NS-Zeit in Ostdeutschland.* Tübingen 2003.

4    Sabine Moller: Familiengedächtnis und NS-Vergangenheit in Deutschland. *Bundeszentrale für politische Bildung (bpb)* 27.11.2014, retrieved 29.04.2017, from https://www.bpb.de/geschichte/zeitgeschichte/ die-wohnung/196963/familiengedaechtnis-und-ns-vergangenheit-in-deutschland.

5    Hans Georg Gadamer: Historik und Sprache. In: ders.: *Gesammelte Werke. Bd. 10: Hermeneutik im Rückblick.* Tübingen 1995, S. 324–330, hier: 329.

## Die Rekonstruktion familiärer Genealogie

Iris May, freie Lektorin und Journalistin, rekonstruiert im Roman *Gosias Kinder* ihre eigene deutsch-polnische „hybride" Genealogie[6]. Die im Titel erwähnte Gosia verweist auf ihre Urgroßmutter, die Berlinerin Magarete Leitloff (1891–1989), die 1909 in Berlin den jungen Dr. Kasimir May aus einer wohlhabenden und angesehenen polnischen Familie aus Posen kennenlernt. Sie zieht nach Posen, in seine Heimatstadt, um sich dort mit ihren Kindern eine glückliche Zukunft im Wohlstand aufzubauen. Die Handlung spielt sowohl in Berlin als auch in Posen und umfasst die Zeitspanne von 1909 bis ungefähr zur Wende 1989. Das letzterwähnte Datum ist das Jahr 1983, in dem Hela, die Tochter von Gosia und das jüngere von den beiden im Titel erwähnten Kindern, stirbt. Polnische Forscher und Kenner der deutsch-polnischen Beziehungsgeschichte wie der Literaturwissenschaftler Hubert Orłowski und der Historiker Tomasz Szarota lobten die Darstellung der polnischen Motive, Helden und Orte als wirklichkeitsnah, informativ, lebhaft und detailgetreu und postulierten die Übersetzung des Textes. Die ließ nur ein Jahr auf sich warten, so dass der polnische Leser den Roman bereits ein Jahr nach seinem Erscheinen in Deutschland in die Hände bekam.

Für ihre familiäre Erinnerung hat Iris May ein Genre gewählt, das Gattungsgrenzen übergreifend Elemente der fiktionalen (Familienroman, romanhafte Biographie) und nicht-fiktionalen Textsorte (Brief, Geschichtswissen) zusammenfügt. Solche formale Offenheit und Flexibilität findet die Autorin im Genre des historischen Romans, der bereits, wie Ansgar Nünning darlegt, im 17. und 18. Jahrhundert „zu einem einflußreichen Medium kultureller Sinngebung avancieren konnte".[7] Die „reintegrative Funktion des Romans als Interdiskurs"[8] ermöglicht diesem besonderen Genre der Wirklichkeitskonstruktion Fragestellungen verschiedener Diskurse (hier vor allem sozialpolitische Fragen) zu präsentieren und, so Nünning weiter, sein „dialogisches Verhältnis […] gegenüber der Historiographie [zu] bestimmen".[9] Im Rahmen der gewählten Romanform gibt die Verfasserin ihrer Urgroßmutter die Stimme, damit die 96-jährige Ich-Erzählerin die eigene Familiengeschichte in einer Retrospektive vermitteln kann. Die Realitätsnähe erzielt May in der wahrheitsgetreuen Wiedergabe des

---

6   Friederike Ursula Eigler: *Gedächtnis und Geschichte in Generationenromanen seit der Wende*. Berlin 2005, S. 33.

7   Ansgar Nünning: *Von historischer Fiktion zu historiographischer Metafiktion. Band 1. Theorie, Typologie und Poetik des historischen Romans*. Trier 1995, S. 83.

8   Ebd., S. 84. Nünning greift auf das Konzept von Jürgen Link zurück.

9   Ebd., S. 87.

Zeitkolorits und der geschichtlich-gesellschaftlichen Zusammenhänge an den
Handlungsorten Berlin und Posen/Poznań sowie bei der Darstellung des Lebens
der namhaften Familie May aus Poznań vor dem Ersten Weltkrieg, in der Zwi-
schenkriegszeit fast bis zur Wende.[10] Unter den geschichtlichen Ereignissen, die
den Kontext für das erzählte Schicksal bilden und einen besonderen Wert in
der familiären Erinnerung haben, findet man die Krise der Jahre 1920–1923 in
Deutschland, die Weltwirtschaftskrise von 1929 und Hitlers Machtergreifung
sowie die Olympischen Spiele in Berlin 1936, die Jahre des Ersten und Zweiten
Weltkrieges und den Warschauer Aufstand im Jahr 1944. Um den diachronen
Blick auf das ‚kurze' 20. Jahrhundert mit Details zu sättigen, wertet die Autorin
die Posener Tageszeitungen aus, forscht in Archiven in Warschau und Poznań
und nutzt geschichtliche Nachschlagewerke deutscher, englischer und polnischer Historiker.[11]

In solch einem breit angelegten geschichtlichen Kontext ist das Spannungsverhältnis zwischen Fiktionalität und Referentialität sowie zwischen dem Konstruieren und Rekonstruieren der privaten Erinnerung im Roman nicht zu
vermeiden.[12] Im Fall des Romans *Gosias Kinder* kann man mit Bezug auf die
ergänzte, umgeformte und vermittelte Erinnerung von einem „Post-Gedächtnis"
im Sinne Marianne Hirschs sprechen.[13] Die Autorin als Angehörige der vierten Generation, die „keine eigenen Erinnerungen mehr an Nationalsozialismus,
Weltkrieg und Holocaust ha[t]",[14] kann bei der Konstruktion der Hauptfigur,
Margarete Leitloff, nur im sehr begrenzten Maße auf das eigene Erinnerungs-
gut zurückgreifen. Sie hat ihre Urgroßmutter als Kind zwar noch kennengelert,
beruft sich aber an keiner Stelle auf eigene Erinnerungen. Iris May nennt auch
keine Zeitzeugen, deren Erinnerungen die Lücken füllen könnten. Einen Zugang
zum Familiengedächtnis ermöglichen Iris May zahlreiche Erinnerungsmedien.

---

10  Eigler 2005, S. 25
11  Eine Sekundärliteraturliste mit den Texten von Tomasz Szarota, Christoph Kleßmann
    oder Norman Davis befindet sich auf den letzten Seiten des Buches zusammen mit
    einer Liste von Anmerkungen, die im Text zerstreut, immer wieder auf eine Gestalt
    oder ein Ereignis aufmerksam machen.
12  Iris May stellt dem Roman eine Vorbemerkung voraus und setzt deutlich die Grenze
    zwischen Realität und Fiktion: „Der Text basiert auf realen Personen und Ereignissen.
    Charaktere, Handlung und Dialoge sind fiktiv" (Iris May: *Gosias Kinder – auf welcher
    Seite stehst du? Eine deutsch-polnische Familiengeschichte*. Berlin 2014, S. 6).
13  Marianne Hirsch: *The Generation of Postmemory: Writing and Visual Culture after the
    Holocaust*. New York 2012.
14  Eigler 2005, S. 32.

Eine wichtige Gruppe bilden neben Fotos der Familienangehörigen schriftliche Quellen wie Familienbriefe und Zeitungsausschnitte. Eine andere Gruppe, die die Autorin bei ihrer familiengeschichtlichen Erkundung auswertet, sind materielle Erinnerungsgegenstände wie Urkunden und Aktienpakete oder der Stammbaum der Familie May. Die Autorin stützt sich nicht nur bei der Niederschrift der Familiengeschichte darauf, sie wurden auch in den Roman integriert. Die Wendepunkte, besonders schwierige Entscheidungen, Erfahrungen der Ich-Erzählerin, wie die Nachricht des Militärs über den Tod ihres Mannes, manche Briefe von Gosia an ihre Kinder oder die Korrespondenz mit ihrer Schwiegermutter Helena May, werden mit Zitaten aus den Familienbriefen belegt und durch Kursivierung markiert. Einzelne Familienfotos, z. B. Gosia mit ihren Kindern oder ihr Sohn Roman May II. aus dem Jahre 1928, sieht der Leser auf dem Umschlag des Buches bzw. auf den ersten Seiten des Textes.[15] Im weiteren Verlauf des Romans verzichtet die Autorin auf solches Zusammenspiel von Fotografie und Text. Gerade bei einem größeren Generationsabstand ermöglicht die Fotografie als Medium die Vergangenheitsvermittlung nicht bloß als Abbildung des Inhalts, sondern eine „visuelle Komplementierung und Korrektur der sprach- und schriftgebundenen Erinnerungskultur"[16] – oder, wie es Jan Gerstner formuliert, die „visuelle Erweiterung"[17] des Gedächtnisses.

Iris May rekonstruiert im Roman *Gosias Kinder* die Perspektive ihrer Großmutter, indem sie diese zur Ich-Erzählerin ihrer eigenen Erfahrungen macht. Diese Erzählstrategie verdeutlicht, dass nicht nur die Wiedergabe der historischen Fakten im Mittelpunkt steht, sondern die Ausgestaltung des Lebens der Großmutter mittels literarischer Fiktion. Der interne Blick auf ein individuelles Frauenschicksal lässt Entscheidungen der Hauptfigur besser begründen und

---

15  Eine noch größere Fotografiensammlung der Familie sowie der Stadt Posen macht die Autorin den interessierten Lesern auf einer dem Buch gewidmeten Webseite (www.gosiaskinder.de) zugänglich. Außerdem findet man dort politische Landkarten und Informationen zur Geschichte Deutschlands und Polens im 20. Jahrhundert. Im Text werden zwei Fotos im Kontext von Selbstreflexionen der Ich-Erzählerin beschrieben, die nicht im Roman, aber im Internet zu sehen sind. Auf dem ersten ist ihr Mann an der Front umgeben von Kameraden und auf dem zweiten Gosia zusammen mit ihren Kindern abgebildet.

16  Jens Ruchatz: Fotografische Gedächtnisse. Ein Panorama medienwissenschaftlicher Fragestellungen. In: Astrid Erll/Hanne Birk (Hg.): *Medien des kollektiven Gedächtnisses. Konstruktivität, Historizität, Kulturspezifität.* Berlin/New York 2004, S. 83–105, hier: S. 104.

17  Jan Gerstner: *Das andere Gedächtnis: Fotografie in der Literatur des 20. Jahrhunderts.* Bielefeld 2013, S. 11.

bringt ihre Motivationen, Emotionen und die innere Zerrissenheit zum Ausdruck. Die komplizierte Vergangenheit der Hauptfigur ist wie eine Schublade in ihrem alten Sekretär, voll von vergilbten Fotos, verstaubten Dokumenten und wertlosen Aktienpaketen, materiellen Zeugen des glücklichen und sicheren Lebens, das nun abgeschlossen und vergessen ist, weil das Ordnen der Quellen eine Konfrontation mit schmerzhaften Schuldgefühlen bedeutet: „Die waren mir immer zu schwer, um sie runter zum Altpapier zu tragen. […] Ich habe irgendwann aufgehört zurückzuschauen. Wen interessieren denn die alten Geschichten noch? All das vergilbte Zeugs!"[18]

Zu diesem Ordnungs- und Erinnerungsprozess ist die Ich-Erzählerin erst im hohen Lebensalter mit dem gegenwärtigen Bewusstseinsstand bereit. Er wird in Gang gesetzt, als Margarete in dieser Schublade ein verstecktes Foto ihres Ehemannes, das sie nie an die Wand hängen wollte, in die Hand nimmt. Allein das Betrachten von Kasimirs Gestalt versetzt sie in die glückliche Jugendzeit des Jahres 1909. Mit dem Bild der betagten Margarete Leitloff, das in einer kurzen Einführung (im Text Prélude genannt), der erinnerten Lebensgeschichte vorausgestellt wird, schafft die Autorin einen Rahmen für die nachfolgenden retrospektiven Erinnerungen der Ich-Erzählerin. Die in der Narration betonte zeitliche Distanz zwischen dem erzählenden Ich und erlebendem Ich ermöglicht der Figur in Selbstreflexionen Fragen an das Ich zu stellen, um Beweggründe eigener Entscheidungen zu erörtern und zu erwägen. Die Binnengeschichte dagegen umfasst neben dem Schicksal von Margarete und Kasimir auch die auseinanderlaufenden Lebensgeschichten ihrer beiden Kinder Hela und Romek. Hervorgehoben wird die problematische, teilweise gestörte Kommunikation zwischen der Mutter und ihren Kindern. Am Ende der Geschichte, bevor die chronologisch geführte Erinnerungskette abschließt, erlaubt sich die Protagonistin, über die besonders schwierigen, leidvollen Momente ihres Lebens, ihr Verhältnis zu der Tochter, zu reflektieren.

Die Geschichte der Familie May, zu der Gosia durch ihre Heirat gehört, und ihre Darstellung vor dem Hintergrund der wichtigsten Ereignisse des ‚kurzen‘ 20. Jahrhunderts ist eines der zentralen Themen dieses Romans. Die Familie May war eine der einflussreichsten Familien in Poznań vor dem Ersten Weltkrieg: Ihr gehörten die größten chemischen Fabriken in Luboń und Starołęka, gegründet 1878 von Roman May, dem Vater von Kasimir May. Ab 1911 leitete die Fabrik Cyryl Ratajski, der Mann von Stanisława May und Posener Stadtpräsident in den Jahren 1922–1934. Die Firma, die als ein kleines Familienunternehmen anfing,

---

18  May 2014, S. 8.

wurde am Anfang der zwanziger Jahre in eine Aktiengesellschaft umgewandelt. In der Zeit zwischen den zwei großen Kriegen entwickelte sie sich sehr dynamisch, sie kaufte die Brauerei der Brüder Hugger, eines der größten deutschen Unternehmen in Posen vor dem Ersten Weltkrieg und die Superphosphatenwerke von Moritz Milch, dem Konkurrenten von Roman May. Mit der Weltwirtschaftskrise begann der langsame Untergang der Firma und 1934 musste sie ihre Produktion wesentlich begrenzen. Den Zweiten Weltkrieg überlebten nur wenige Mitglieder der Familie. Der historische Roman *Gosias Kinder* vermittelt und popularisiert das Wissen über das gesellschaftliche Leben in Berlin und im „Posener Biotop", wie es Hubert Orłowski auf dem Buchumschlag des Romans umschreibt. Nicht die trockenen politischen Tatsachen stehen im Vordergrund, sondern Sitten und Traditionen der Polen und ihr Alltag. Die Sprache der einzelnen Figuren spiegelt ihren Stand wider: Gosia und ihre Eltern sprechen Berliner Dialekt, die Polen dagegen ein gehobenes Polnisch. Mit Vorliebe zum Detail beschreibt die Autorin die bekannten, historischen Orte in der Stadt: die wichtigste Stadtarterie, die St. Martinstraße, das Kaiserschloss und das Hotel Bazar. Wenn die chronologisch geführte Handlung zu Beginn des Romans 1909 vordergründig in Posen, der Hauptstadt der Provinz unter der deutschen Herrschaft verortet ist, wird sie mit Gosias Übersiedeln nach Berlin am Anfang der zwanziger Jahre dorthin verlagert. Ins Zentrum rückt dann die politisch-gesellschaftliche Entwicklung Berlins und Deutschlands von den zwanziger Jahren bis zur Wende. Die räumliche Zerrissenheit der Familie zwischen diesen beiden Städten und Staaten spiegelt den inneren Bruch zwischen den deutschen und polnischen Verwandten wider.

## Stereotype und das deutsch-polnische Familiengedächtnis

Texte, die deutsch-polnische Beziehungen auch im familiären Kontext thematisieren, wie z. B. von Günter Grass, Sabine Janesch, Matthias Kneip und Brigida Helbig können Gefahr laufen, von Stereotypen belastet zu sein. Immer wenn die nationale oder kulturelle Identität der kleineren sozialen Gruppen z. B. Familien oder der größeren wie Nationen problematisiert werden, dienen die Stereotype zur Selbstdefinierung, Stabilisierung, zur stärkeren Integration innerhalb der Eigengruppe und dementsprechend der Abgrenzung von der Fremdgruppe.[19]

19　In Bezug auf die Stereotypenforschung in den deutsch-polnischen Beziehungen sind die Arbeiten von Hubert Orłowski: *Polnische Wirtschaft. Zum deutschen Polendiskurs der Neuzeit*. Wiesbaden 1996; Hans Henning Hahn (Hg.): *Nationale Wahrnehmungen und ihre Stereotypisierung: Beiträge zur historischen Stereotypenforschung*. Frankfurt

Solche pauschalisierenden Vorurteile, die man automatisch in den Wir-Gruppen wiederholt, klischeehafte Schwarz-Weiß-Bilder vom Anderen gewinnen zusätzlich an Bedeutung in den mehrethnischen Grenzregionen und zur Zeit von nationalen Konflikten, wenn es zur Radikalisierung der negativen Haltung den Fremdgruppen gegenüber kommt. Im Rahmen der deutsch-polnischen Familiengeschichten, sowohl der fiktiven als auch solcher mit autobiographischen Zügen, werden die Helden mit Fragen nach der Identität und mit Stereotypen konfrontiert, die im familiären Bewusstsein dieser kleinen Erinnerungsgemeinschaft verankert sind. Das Problem der eigenen Identität wird im Familienroman *Gosias Kinder* bereits im Untertitel in der Frage *Auf welcher Seite stehst du?* zugespitzt formuliert. In der Literatur, einem besonders sensiblen Medium, das die Mentalitätsbildungsprozesse widerspiegelt, findet man Stereotype „der langen Dauer" über Polen und Deutsche, die im deutsch-polnischen Verhältnis die Vorstellung vom Anderen/Fremden mitgestaltet haben.[20] Es ist z. B. der ‚edle Pole', elegant und galant den Damen gegenüber, gleichzeitig ein undisziplinierter Patriot, Dieb und streitsüchtiger Saufbold, der Anarchie stiftet und einem Deutschen gegenübergestellt wird, der als disziplinierter und kaisertreuer Bürger gezeichnet ist. Dementsprechend machte eine Vorstellung von einer Polin als Verführerin und einer Deutschen als ordentlicher Hausfrau in der Literatur Karriere.[21] Solche klischeehaften Feindbilder ließen kaum Raum für eine individuelle Charakterbildung.

In der Darstellung der Deutschen und Polen im Familienroman *Gosias Kinder* wird auf die stereotype Dichotomie ‚die modernen Deutschen' versus ‚die rückständigen Polen' verzichtet. In diesem Fall hat man es nicht mit einer schablonenhaften Geschichte zu tun, die auf gängige Stereotype, aus den literarischen oder kulturgeschichtlichen Texten bekannt, zurückgreift.[22] Weder Gosia noch

---

a. M. et al. 2007, sowie Studien von Andreas Lawaty, Jens Stüben, Reinhard Koselleck erwähnenswert.

20  Hubert Orłowski: Stereotype der «langen Dauer» und Prozesse der Nationsbildung. In: Andreas Lawaty/Hubert Orłowski (Hg.): *Deutsche und Polen: Geschichte, Kultur, Politik*. München 2003, S. 269–279.

21  Ein besonderes Beispiel solcher auf Stereotypen basierender Literatur stellen die Ostmarkenromane dar. Vgl. Maria Wojtczak: *Literatur der Ostmark: Posener Heimatliteratur* (1890–1918). Posen 1998. Weitere Beispiele vgl. Ewa Płomińska-Krawiec: *Stoffe und Motive der polnischen Geschichte in der deutschen Erzählliteratur des 19. Jahrhunderts*. Frankfurt a. M. et al. 2005.

22  Auf diese vorherrschende Dichotomie in historischer Perspektive in den literarischen oder kulturgeschichtlichen Texten, aber auch in der Pressekarikatur weisen die

Kasimir verkörpern das aus der literarischen Überlieferung gängige Bild eines polnischen Mannes und einer deutschen Frau. Schönheit ist hier nicht mehr das Attribut einer Polin, die einen soliden, biederen Deutschen seine Nation und Religion vergessen lässt, sondern eine lebensfrohe, bildhübsche und resolute Berlinerin, genauer gesagt eine Reinickendörferin, die sich von der feinen Gesellschaft nicht einschüchtern lässt und keine Vorurteile den Polen gegenüber hegt. Der Grund einer unvoreingenommenen Haltung ist vielleicht auch darin zu suchen, dass die junge Margarete in ihrem bisherigen Leben weder einen Polen getroffen hat noch ihr die politische Lage der in Posen lebenden Polen, dreihundert Kilometer von Berlin entfernt, bekannt ist. Ihr Vater arbeitet als Prokurist bei Borsig in der Metall- und Eisengießerei und ist froh seine schöne Tochter an Kasimir May, den jungen Doktor der Chemie und Repräsentanten der Chemischen Fabriken May in Posen, zu verheiraten. Der 29-jährige elegante und charmante Bräutigam, der Margarete und ihre Schwester in einem Berliner Café kennenlernt, könnte wegen seines Äußeren den stereotypen ‚edlen Polen‘ verkörpern:

> Alles an ihm war „comme il faut": Er trug immer diese schneeweißen Hemden mit den hohen, gestärkten Kragen. Die Haare waren nie unfrisiert. Nicht einmal verschwitzte Hände hatte er. Ich suchte nach etwas, das ihn verletzlich oder fehlerhaft erscheinen ließe. Er erschien mir wie ein Halbgott. Dabei kann niemand immer anständig und makellos sein, wie ich mir sagte.[23]

Doch der junge kaisertreue Pole sieht seine Karriere entweder im Familienunternehmen oder im deutschen Heer und denkt nicht daran, in die Fußstapfen seiner patriotischen Vorfahren zu treten. Für die beiden spielt ein Gefühl von gegenseitiger Faszination und nicht die Nationalität die vordergründige Rolle. Seine Ehe mit Margarete betrachtet Kasimir im Gegensatz zu seiner Familie nicht als Verrat an Polen.

Über Margarete, die zentrale Figur und Ich-Erzählerin des Romans, gelingt es der Autorin ein realitätsnahes Porträt eines durchschnittlichen jungen deutschen Mädchens zu etablieren, das sich nicht für Politik interessiert, dafür eine glückliche Familie gründen will. Sie sehnt sich nach Wohlstand, Glanz und Ansehen und wird wider ihren Willen in einen nationalen Identitätskonflikt hineingezogen. Das Ansehen, das die polnische Fabrikanten- und Philanthropenfamilie genießt, imponiert der jungen Margarete, erscheint ihr gleichzeitig aber etwas

---

Untersuchungen deutscher und polnischer Historiker oder Literaturwissenschaftler hin (siehe Anm. 16. Dort auch weiterführende Literatur).

23  May 2014, S. 17.

geheimnisvoll. Ihr gefällt die Traditionstreue, die Eleganz der Schwestern von
Kasimir und das Ansehen, das die Familie in der Stadt genießt, die modern
ausgestattete neue Wohnung mit der Elektrizität, die Margarete und Kasimir
beziehen, als sie 1906 kurz vor ihrer Hochzeit nach Poznań kommen. Solches
Vertrauen in die Stabilität und Sicherheit in der unsicheren Nachkriegszeit,
die gründliche Bildung, die Tradition, Reichtum und Position der Familie sind
Gründe dafür, dass Margarete auch die Zukunft ihrer Kinder gern mit Posen ver-
bindet, auch nach der Wiederherstellung des polnischen Staates im Jahre 1918.
In der Gestalt von Margarete hat man es mit der Figur einer Fremden und
Außenseiterin zu tun. Gleichzeitig ermöglicht es das Genre des historischen
Romans, die junge Heldin in einen zeitgemäßen Kontext zu stellen, der für die
Entwicklung ihres Schicksals eine entscheidende Rolle gespielt hat. Das 18-jäh-
rige Mädchen versucht in einer ihm unbekannten Provinz, umgeben von pat-
riotisch eingestellten Polen, Wurzeln zu schlagen. Sie wird von ihrem Geliebten
nicht darauf vorbereitet, was sie in Posen erwartet, welche Missverständnisse
und Konflikte ihr der deutschen Nationalität wegen bevorstehen. Margarete versteht weder die Verhältnisse in der Familie May noch die politisch-wirtschaftli-
che Situation der Polen unter Kaiser Friedrich Wilhelm II., die sich nach eigener
Staatlichkeit sehnen und im Konkurrenzkampf gegen die Deutschen von den
Maßnahmen der Germanisierungspolitik ständig beeinträchtigt sind. Erst langsam versucht sich Margarete in der neuen Topographie und Lebenssituation
zurechtzufinden. Die mondäne Stadtwohnung in Posen, der aufwendig einge-
deckte Tisch, die Manieren der Familie, ihre Landeswohnung in Strumiany, alles
verunsichert die junge Deutsche. Zum Glück spricht Margarete Französisch,
„den Geheimcode der feinen Gesellschaft"[24], und kann dadurch dem Gespräch
am Tisch folgen. Ihre Versuche, herzliche Kontakte mit den einzelnen Familien-
mitgliedern aufzubauen, zerbrechen an der Zurückhaltung und Überheblichkeit
der Polen, die im einfachen Mädchen ein Symbol des oppressiven preußisch-
deutschen Staates sehen. Nur mit einer von vier Schwestern Kasimirs, Stefa,
der Frau von Cyryl Ratajski, dem Posener Stadtpräsidenten, schließt Margarete
Freundschaft. Ihre Nationalität stört die May-Familie mehr als ihr Stand. Als
sich ihre Schwiegermutter Helena nicht überwinden kann, ihren deutschen
Namen laut auszusprechen, hat sie Margarete in Gosia übersetzt. Im Gegensatz
dazu hat sie sich an den öffentlich geäußerten Hass seitens der Polen wegen ihrer
Nationalität nach Ankunft in Posen nicht erinnert. Die Toleranz des polnischen
Priesters, für den „vor Gott alle Menschen gleich sind"[25], irritiert sie, da ihre

---

24  Ebd., S. 15.
25  Ebd., S. 40.

evangelische Konfession bei der Heirat im April 1911 kein Hindernis für die katholische Franziskuskirche darstellte. Erst gegen Ende des Ersten Weltkrieges trifft sie auf Abneigung, als sie zuerst eine Kirche und dann ihr beliebtes Café Hohenzollern am Wilhelmplatz verlassen muss. Margarete kann noch das Zischen der polnischen Gäste hören: „eine preußische Blutsaugerin. Wenn es nach mir ginge, hätte man euch alle schon längst aus Polen hinausgeworfen."[26]

Neben dem Zusammenstoß von zwei Nationalitäten und Ständen hat man es im Fall der Ehe von Margarete und Kasimir auch mit einem Zusammenstoß von zwei Familiengeschichten und Familienmodellen zu tun: einerseits mit Margaretes deutsch-bürgerlicher Aufsteigergeschichte und andererseits mit einer patriotischen großbürgerlichen Familiengeschichte der Mays, was zusätzlich die Integration erschwert und zu Konflikten beitragen muss. Die Polen pflegen ihr heroisches, patriotisches Familiengedächtnis und in diesem Sinne wird es, wie es Halbwachs in der Reflexion über das Familiengedächtnis meint, im „doppelten Sinne kollektiv"[27]. Das Familiengedächtnis durchdringt sich mit dem Gesellschaftsgedächtnis der Posener Polen, die sich nach der dritten Teilung 1795 über einhundertzwanzig Jahre in ihrer Mehrheit der Assimilation mit den unterdrückenden Teilungsmächten widersetzten und bewaffnet für die Wiederherstellung des polnischen Staates kämpften.[28] Wenn für Margarete Posen zu Beginn des 20. Jahrhunderts ein weißer Fleck, eine periphere, preußische Stadt ist, so setzt ihr Kasimir die Meinung seiner Mutter entgegen: „Für meine Mutter nicht. Für sie existiert Polen noch immer. Es ist nur von Preußen besetzt."[29] Lebhaft ist in der Familie die Erinnerung an den Vater von Kasimir, den mutigen Patrioten Roman May, der als 16-jähriger Bursche am Januaraufstand 1863 im russischen Teilungsgebiet kämpfen wollte, doch an der Grenze von preußischen Soldaten gefangen und aus der Schule relegiert wurde: „Er wurde vor ein preußisches Gericht gestellt und als Staatsfeind des Deutschen Reiches verurteilt."[30] Ebenso lebhaft ist die Erinnerung an den Großvater von Kasimir, den Posener Unternehmer und Philanthropen Anton Kratochwill, der den Klassenprimus

---

26  Ebd., S. 89.

27  Maurice Halbwachs: *Das Gedächtnis und seine sozialen Bedingungen*. Frankfurt a. M. 1985, S. 239. Bemerkenswert sind auch Überlegungen von Kristin Platt/Mihran Dabag (Hg.): *Generation und Gedächtnis. Erinnerungen und kollektive Identitäten*. Opladen 1985.

28  „Wir stellen unsere Familienerinnerungen in diejenigen Bezugsrahmen, unter denen unsere Gesellschaft ihre Vergangenheit wiederfindet" (Halbwachs 1985, S. 239).

29  May 2014, S. 31.

30  Ebd., S. 35.

Roman May bei der weiteren Ausbildung finanziell unterstützte. Statt nur noch ein Dachdeckermeister zu werden, begann er zu studieren, und Anton Kratochwill ermöglichte ihm 1887 die Gründung einer Chemiefabrik. Der ausgebildete Chemiker und begabte Unternehmer avancierte in kurzer Zeit zum Direktor und schließlich segnete der alte Kratochwill die Ehe Romans mit seiner Tochter Helena, Mutter von Kasimir. Nach dem verfrühten Tod ihres Mannes hat Helena sowohl zu Hause als auch in der Firma das Sagen. Sie „ist gewohnt, über alles und alle zu bestimmen" [31], gibt Kasimir zu, als er Gosia die Verhältnisse in der eigenen Familie erklärt. Seine Mutter ist auch am meisten um die Aufrechterhaltung des Familiengedächtnisses bemüht. Als sich die um den Tisch versammelte Familie nach der Mahlzeit, umgeben von den Bildern ihrer mutigen Vorfahren, an ihre patriotischen Taten erinnert, wirken die Erinnerungen integrierend. Sie schaffen ein Vorbild, dem man gewachsen sein will. In dieser Form als „Akte des gemeinsamen Sich-Erinnerns" [32], hilft auch in den polnischen wohlhabenden bürgerlich-adligen Familien die Tradition von Tischgesprächen bei der Herausbildung und Tradierung des kommunikativen Familiengedächtnisses. So beschreibt Margarete die Gestalt der Mutter Kasimirs:

> Wir saßen an einem langen, ovalen Tisch mit einer weißen Damast-Tischdecke. Am Kopf der Tafel thronte Helena. Ihre Erscheinung schüchterte mich ein. Sie war von Kopf bis Fuß in Schwarz gekleidet und hatte ein grobes Gesicht mit dunklen Augenbrauen, unter denen mich graublaue Augen mit Schlupflidern wachsam anblitzten. Mit kurzem Haar und im Anzug wäre sie sofort als Mann durchgegangen. [33]

Das Bewusstsein der eigenen Wurzeln und das Wissen über die eigene Familiengeschichte formen nicht nur die kulturelle Identität innerhalb der Familie, sie können im Notfall die Geschlossenheit des kleinen Kollektivs hervorheben und zum Instrument einer latenten Kontrolle werden. Obwohl die Mutter und mit ihr die ganze Familie Kasimirs Verzicht auf eine polnische Frau stillschweigend akzeptieren, empfinden alle seine Heirat mit Margarete eindeutig als Verrat an seiner Identität und am patriotischen Familiengedächtnis. „Mehr als eine förmliche Begrüßung hatte keine für mich übrig gehabt", bemerkt Gosia am Hochzeitstag, eine Woche nach ihrer Ankunft in Posen. [34] Diese Distanziertheit, die

---

31  Ebd., S. 30–31.
32  Auf die Rolle von Tischgesprächen im Familienkreis weist die Arbeit von Angela Keppler hin (vgl. Angela Keppler: *Tischgespräche. Über Formen kommunikativer Vergemeinschaftung am Beispiel der Konversation in Familien*. Frankfurt a. M. 1995, S. 156).
33  May 2014, S. 26.
34  Ebd., S. 42.

ihren Ursprung in der gespannten Situation der Polen in Posen unter der deutschen Herrschaft hat, ändert sich in den nächsten Jahren nur wenig. Kasimir, der männliche Nachfolger von Roman May, will sich dieses Erbes nicht annehmen, wagt es aber nicht, offen dagegen zu protestieren. Seine nächste Entscheidung wider den Willen der Familie, im deutschen Heer zu kämpfen und an den Fronten des Ersten Weltkrieges seinen Mut zu beweisen, kostet ihn das Leben. Noch einmal muss Gosia offene Feindschaft seitens der Familienangehörigen erleiden. Eine von vier Schwestern Kasimirs, Helena, die den deutschen Behörden die Schuld am Tod ihres Bräutigams zuschreibt, glaubt nicht, dass Kasimir im deutschen Heer kämpfen wollte. Ihr Argument, das dagegen spricht, ist seine Nationalität: „Ich glaube dir kein Wort. Mein Bruder wurde als Pole erzogen".[35] Nach Kasimirs Tod 1915 reißt ein wichtiger Faden, der Margarete mit der polnischen Familie verbindet.

## „Auf welcher Seite stehst du?" – die Familie als Erinnerungsgemeinschaft

Iris May zeigt, wie das auf Emotionen und Stereotypen beruhende Denken und Urteilen in nationalen Kategorien die zwischenmenschlichen und familiären Beziehungen beeinträchtigt. Ein heroisches exkludierendes Familiengedächtnis zu pflegen und auf die nächsten Generationen zu übertragen, schließt, wie der Roman *Gosias Kinder* zeigt, die Entstehung einer mehrethnischen Familie aus, die doch in Posen vor 1918 keine Ausnahme war. Helenas Leiden, d. h. die Trauer nach dem Verlust ihres geliebten Sohnes 1915 sowie vor 1914 die Pflege der polnischen nationalen Identität in der Familienerinnerung, schließen für immer die Möglichkeit aus, familiäre Nähe aufzubauen. Die Wiederherstellung des polnischen Staates 1918 hat an der negativen Einstellung der Mutter Kasimirs, der im Krieg gefallen ist, nichts geändert. Für Gosia ist es dagegen unvorstellbar, ihre eigene Identität zu verleugnen, und in Polen fühlt sie sich fremd und unerwünscht.[36] Die Einsamkeit und Distanz der ganzen Posener Familie sowie der immer stärkere nationale Antagonismus im öffentlichen Leben Posens zum Ende des Ersten Weltkrieges zwingen Gosia nur fünf Jahre nach der Hochzeit dazu, zum ersten Mal zurück nach Berlin zu fahren. Um ihre Kinder vor Not und Hunger in Berlin zu schützen und ihnen ein Leben zu sichern, das ihnen dank des Namens May zusteht, entscheidet sie sich, die Kinder in Poznań zu lassen. Sie verharmlost jedoch die Konsequenzen, die sich in den Worten Helenas

---

35  Ebd., S. 92.
36  Vgl. ebd., S. 95.

in einer entscheidenden Diskussion über die Zukunft der Kinder von Kasimir und Gosia verbergen:

Es ist mir einerlei, wo du hingehst […]. Du warst Kasimirs Wahl, nicht meine. Aber vergiss nie: Die Kinder gehören dir nicht. In ihnen fließt das Blut der Familie May, du hast sie nur ausgetragen. Und wenn du die Kinder jetzt mitnimmst, werde ich sie enterben! Vergiss nie, das ich insgesamt elf Enkel habe. Und ich werde dafür sorgen, dass das Lebenswerk meines Mannes niemand bekommt, der nicht einmal richtig polnisch spricht. […] Wenn du sie mitnimmst, werden sie es [Polnisch, E. P.-K.] verlernen. Außerdem – was kannst du deinen Kindern schon bieten?[37]

In den wohlbehüteten Verhältnissen bei ihrer polnischen Schwiegermutter Helena und Schwager Cyryl Ratajski, mit 11 Cousinen und Cousins, doch getrennt von der Mutter, überdauern Gosias Kinder, Romek und Hela, den Krieg und die bitteren Nachkriegsjahre. Gosia lebt in Berlin in einfachen Verhältnissen, dafür ohne ständige Kritik und Feindschaft. Der Briefkontakt wird dann nicht nur seitens der polnischen Familie, sondern auch seitens der polnischen Behörden der Kontrolle unterzogen. Als sie zu Weihnachten 1918 schreibt „Ich bin diese ganzen Scharmützel leid! Wen interessiert schon, was auf der Landkarte steht? Jeder weiß doch im Herzen zu welcher Nation er gehört. Findet ihr nicht auch?"[38], wird ihr der Brief von den polnischen Behörden mit dem Stempel „militärisch geprüft" zurückgeschickt. Sie erkennt bald, dass die mütterlichen Gefühle nicht immer den Vorrang haben, und beobachtet bei seltenen Besuchen in Poznań, wie ihre Kinder zu Polen großgezogen werden. Sie lernen nie die deutsche Kultur kennen und umgeben von der polnischen Familie verlernen sie die deutsche Sprache. „Auf welcher Seite stehst du?", die Frage aus dem Untertitel des Romans wiederholt sich leitmotivisch den ganzen Text hindurch. Diese Frage muss sich jede Generation der Familie in einem bestimmten geschichtlichen Kontext immer wieder stellen. Die Beschlüsse des Versailler Vertrags zwingen Margarete 1923 dazu, zwischen der polnischen und deutschen Staatsbürgerschaft für die in Polen lebenden Kinder zu optieren. Diese „absurde Wahl" bringt Margarete „qualvolle Tage des Abwägens".[39] Sie entscheidet sich aus praktischen Gründen für die deutsche, um nicht selbst die polnische Staatsbürgerschaft mit Begründung beantragen zu müssen. Margaretes Versuch, im Jahr 1924 eine gemeinsame Existenz in Berlin aufzubauen, misslingt. Die Kinder

---

37  Ebd., S. 94.
38  Ebd., S. 105.
39  Ebd., S. 124.

fühlen sich in Berlin, wie Margarete 1909 in Posen, wegen der Sprache und des rohen Umgangs in der Schule völlig fremd.

> Wie wir sind, wie wir handeln, hängt stark von der Geschichte ab, die wir mit uns herumschleppen, wer unser Großvater, unser Urgroßvater war, wie diese gelebt haben. Aber wie wir leben, auf welcher Seite des Tisches wir sitzen, ist auch ein Zufall.[40]

Diese Worte des polnischen Regisseurs Krzysztof Kieślowski, von Iris May als Motto für ihren historischen Familienroman gewählt, geben treffend die Situation der beiden Kinder von Gosia wieder, die zwischen zwei nationalen Identitäten und zwei daraus resultierenden Familiengedächtnissen aufwachsen. Hier entfaltet der Text die wichtige Funktion des privaten Erinnerns, wenn er am Beispiel des individuellen Schicksals zeigt, wie vieldimensional die menschliche Motivation sein kann und wie ‚große' Geschichte das individuelle Schicksal prägt. Man sieht, dass die Entschlüsse nicht immer aus kühler Überlegung folgen, ihre leidvolle Konsequenz muss man dann selbst tragen.

Die Zeit nach Hitlers Machtergreifung führt im Familienleben zur Kluft zwischen den beiden Geschwistern. 1934 kommt Romek unerwartet nach Berlin. Er sieht in der polnischen Familie keinen Platz mehr für sich. Der Grund für seine Entscheidung ist einerseits die Enttäuschung der Großmutter Helena wegen seines mangelnden schulischen Ehrgeizes, denn im Gegensatz zu seiner Schwester hat er kein Interesse an der Arbeit im Familienunternehmen, das inzwischen in ernste finanzielle Schwierigkeiten geraten ist. Romek erzielt unter dem Hitler-Regime Erfolge im Sport und arbeitet bei AEG-Telefunken, muss dabei jedoch die Nationalität seines Vaters und die Beziehungen zu der Familie in Polen verheimlichen. Zum gleichen Zeitpunkt wird aus Hela trotz ihrer deutschen Staatsbürgerschaft eine stolze Polin. Sie arbeitet als Buchhalterin in der Fabrik der Familie May und wird unmittelbare Zeugin vom Untergang des ganzen Unternehmens in den dreißiger Jahren. Es kommt zur lebenslangen Zerrissenheit zwischen den beiden Geschwistern, als Hela in einer ihr geschickten Zeitung ein Foto ihres Bruders sieht, der nach dem gewonnenen Eisschnelllauf den Hitlergruß macht. Enttäuscht schreibt sie: „Du hast mich und dein Land [Polen] verraten und verkauft. […] Nun hast du dich für die Seite entschieden, die dir Vorteile bringt."[41] Romek, der nie der NSDAP angehört hat, überlebt den Krieg nicht. Er wird einberufen und findet den Tod im September 1944 in der Nähe von Riga im sog. Kurland-Kessel. Während des Zweiten Weltkrieges kämpft Hela in der Widerstandsbewegung und ist Kurierin für die Armia Krajowa (Heimatarmee).

---

40  Ebd., S. 6.
41  Ebd., S. 164.

Ihr deutscher Pass und die Kenntnis der deutschen Sprache sind ihre beste Tarnung. Nach der Niederlage des Warschauer Aufstandes muss sie als Soldatin und Kriegsgefangene nach Bergen-Belsen marschieren. Sie kehrt nach dem Krieg nach Polen zurück, verschweigt aber ihr Engagement für die AK und passt sich der politischen Situation im kommunistischen Polen an. Dafür darf sie als Nachkomme der Familie May ein kleines Haus auf dem Fabrikgelände beziehen. Der nationale Stolz Helas, gleich wie bei ihrer Großmutter, Überheblichkeit und Trotz sowie ihre Angst, nicht geliebt zu werden, haben die engsten weiblichen Relationen zwischen Mutter und Tochter gestört. Helas Loyalitätsgefühl dem polnischen Teil der Familie gegenüber, die tiefe Verletzung und das tief verborgene und verdrängte Leid über die Ursachen der Verlassenheit stehen lebenslang dem offenen Gespräch der beiden im Wege. Die Worte des polnischen Regisseurs Krzysztof Kieślowski, die Iris May ihrer rekonstruierten Familiengeschichte als Motto voraitsstellt, umschreiben metaphorisch die Familienverhältnisse, die jedes Mal durch Wandlungen der ‚großen' Geschichte nur fester verknotet wurden.[42] Sie können auch wie eine Mahnung gelesen werden. Das Medium des Romans stellt die Möglichkeit offen, der lückenhaften privaten Erinnerung durch literarische Verarbeitung eine geschlossene Form zu geben und macht den Roman damit zu einem Dialograum über die Generationen hinaus. Einerseits wird damit die Erinnerung vor dem Vergessen gerettet, andererseits finden hier stellvertretend für die Hauptfigur Reflexionen oder auch Fragen ihren Platz, auch wenn es auf sie keine Antwort mehr gibt.

## Literaturverzeichnis

Assmann, Aleida/Weinberg, Manfred/Windisch, Martin (Hg.): *Medien des Gedächtnisses*. Stuttgart/Weimar 1998.

Eigler, Friederike Ursula: *Gedächtnis und Geschichte in Generationenromanen seit der Wende*. Berlin 2005.

Erll, Astrid: *Kollektives Gedächtnis und Erinnerungskulturen. Eine Einführung*. Stuttgart/Weimar 2005.

Gadamer, Hans Georg: Historik und Sprache. In: ders.: *Gesammelte Werke. Bd. 10: Hermeneutik im Rückblick*. Tübingen 1995, S. 324–330.

Gerstner, Jan: *Das andere Gedächtnis: Fotografie in der Literatur des 20. Jahrhunderts*. Bielefeld 2013.

---

42  Vgl. ebd., S. 40.

Hahn, Hans Henning (Hg.): *Nationale Wahrnehmungen und ihre Stereotypisierung: Beiträge zur historischen Stereotypenforschung.* Frankfurt a. M. et al. 2007.

Halbwachs, Maurice: *Das Gedächtnis und seine sozialen Bedingungen.* Frankfurt a. M. 1985.

Hirsch, Marianne: *The Generation of Postmemory: Writing and Visual Culture after the Holocaust.* New York 2012.

Keppler, Angela: *Tischgespräche. Über Formen kommunikativer Vergemeinschaftung am Beispiel der Konversation in Familien.* Frankfurt a. M. 1995.

May, Iris: *Gosias Kinder – auf welcher Seite stehst du? Eine deutsch-polnische Familiengeschichte.* Berlin 2014 (polnische Fassung: Dzieci Gosi. Po której jesteś stronie. Losy rodziny polsko-niemieckiej. Wydawnictwo Dobra Literatura: Słupsk 2015).

Moller, Sabine: *Vielfache Vergangenheit. Öffentliche Erinnerungskulturen und Familienerinnerungen an die NS-Zeit in Ostdeutschland.* Tübingen 2003.

Moller, Sabine: Familiengedächtnis und NS-Vergangenheit in Deutschland. *Bundeszentrale für politische Bildung (bpb)* 27.11.2014, retrieved 29.04.2017, from https://www.bpb.de/geschichte/zeitgeschichte/die-wohnung/196963/familiengedaechtnis-und-ns-vergangenheit-in-deutschland.

Nünning, Ansgar: *Von historischer Fiktion zu historiographischer Metafiktion. Band 1. Theorie, Typologie und Poetik des historischen Romans.* Trier 1995.

Orłowski, Hubert: *Polnische Wirtschaft. Zum deutschen Polendiskurs der Neuzeit.* Wiesbaden 1996.

Orłowski, Hubert: Stereotype der «langen Dauer» und Prozesse der Nationsbildung. In: Lawaty, Andreas/Orłowski, Hubert (Hg.): *Deutsche und Polen: Geschichte, Kultur, Politik.* München 2003, S. 269–279.

Platt, Kristin/Dabag, Mihran (Hg.): *Generation und Gedächtnis. Erinnerungen und kollektive Identitäten.* Opladen 1995.

Płomińska-Krawiec, Ewa: *Stoffe und Motive der polnischen Geschichte in der deutschen Erzählliteratur des 19. Jahrhunderts.* Frankfurt a. M. et al. 2005.

Ruchatz, Jens: Fotografische Gedächtnisse. Ein Panorama medienwissenschaftlicher Fragestellungen. In: Erll, Astrid/Birk, Hanne (Hg.): *Medien des kollektiven Gedächtnisses. Konstruktivität, Historizität, Kulturspezifität.* Berlin/New York 2004, S. 83–105.

Welzer, Harald (Hg.): *Das soziale Gedächtnis. Geschichte, Erinnerung, Tradierung.* Hamburg 2001.

Welzer, Harald (Hg.): *Der Krieg der Erinnerung: Holocaust, Kollaboration und Widerstand im europäischen Gedächtnis.* Frankfurt a. M. 2007.

Welzer, Harald: Im Gedächtniswohnzimmer. *Die Zeit* (14) 25.03.2004, retrieved 29.04.2017, from http://www.zeit.de/2004/14/st-welzer.

Welzer, Harald/Moller, Sabine/Tschuggnall, Karoline: *»Opa war kein Nazi«. Nationalsozialismus und Holocaust im Familiengedächtnis.* Frankfurt a. M. 2002.

Wojtczak, Maria: *Literatur der Ostmark: Posener Heimatliteratur (1890–1918).* Posen 1998.

Ewa Greser

# „Am Wassersaum der Zeit entlanglaufen" – Anne Webers biographisches Schreiben in *Ahnen. Ein Zeitreisetagebuch* (2015)

**Abstract:** The article discusses the biographical narrative of the German writer Anne Weber in her book *Ahnen*. Analysing the diaries of her great-grandfather Florens Christian Rang, the author is trying to get to know and understand her ancestor, and above all to find herself. She sets out on a distant journey through time, reflecting on the past and present, the sense of belonging to the nation and the family, and inheriting history. Therefore, she named her book after a literary genre „Zeitreisetagebuch", or time travel journal, which records the process of (auto)biographical reconstruction and the act of writing. Numerous questions and considerations made by the author in the text are the source of various levels of self-reflection and various aspects of biographical metafiction, which are discussed in the article.

„Anne Weber begibt sich auf eine Entdeckungsreise, die in die befremdende und faszinierende Welt ihres Urgroßvaters und damit in die Abgründe und Höhenflüge einer ganzen Epoche führt", informiert der Klappentext über Inhalt und Intention des Buches und deutet gleichzeitig auf Webers reflexive, aus dem zeitlichen Abstand resultierende Erzählweise hin: „›Ahnen‹ ist eine ebenso poetische wie reflektierte Zeitreise, die zugleich von den Sehnsüchten und dem Schmerz der Gegenwart erzählt".[1] Die Autorin versucht sich ihren Vorfahren väterlicherseits, vor allem ihrem Uropa, anzunähern, obwohl ihr völlig klar ist, dass es unmöglich ist, die zwischen ihnen „liegende Zeit einfach mit Hundertjahrestiefeln zu überspringen".[2] Webers Zeitreisetagebuch stellt eine besondere Kombination von Biographischem und Autobiographischem dar und kann deswegen sowohl als eine selbstreflexive Autobiographie als auch als eine Biographie ihres Urgroßvaters gelesen werden. Demzufolge könnte man *Ahnen* der Meta-Auto-/Biographie[3] zuordnen. Wenn man jedoch berücksichtigt, dass das

---

1  Anne Weber: *Ahnen. Ein Zeitreisetagebuch*. Frankfurt a. M. 2015.
2  Weber 2015, S. 38.
3  Vgl. Ansgar Nünning: Meta-Autobiographien: Gattungstypologische, narratologische und funktionsgeschichtliche Überlegungen zur Poetik und zum Wissen innovativer Autobiographien. In: Uwe Baumann/Karl August Neuhausen

Leben des Vorfahren hier nicht im Zentrum steht, sondern vielmehr die Probleme der Biographin bei der Erforschung seiner Lebensgeschichte artikuliert werden, lässt sich Webers Text als eine fiktionale Metabiographie[4] einstufen. Die hier dominierende Fremdcharakterisierung, die die Selbstdarstellung jedoch nicht ausschließt, ergibt sich aus einer „werkimmanente[n], werkstrukturelle[n] Überlagerung und Verschränkung von Autobiographischem und Biographischem".[5] Die Überlegungen der Ich-Erzählerin und die zahlreichen von ihr aufgeworfenen Fragen erlauben es ebenfalls, die Selbstbezüglichkeit und somit das zentrale Merkmal der „Meta-Autobiographien"[6] zu erkennen, die, ähnlich wie fiktionale Metabiographien, sich sowohl „mit den Problemen der sprachlichen Repräsentation von Lebensläufen" als „auch mit herkömmlichen Vorstellungen von Identität, Selbst, Erinnerung, Erzählung, Referenz, Fiktion vs. Nicht-Fiktion und Repräsentation [auseinandersetzen]".[7] In Webers Text lassen sich verschiedene Dimensionen der Selbstreflexivität identifizieren und unterscheiden, die sich auf unterschiedliche Aspekte des (auto-)biographischen Schreibens beziehen, worauf im Folgenden detaillierter eingegangen wird.

In *Ahnen* thematisiert Anne Weber den Prozess der biographischen Rekonstruktion und den des eigenen Schreibens. Sie begibt sich auf einen langen Weg in die Vergangenheit, der „über eine Fülle von Papieren, Plätzen und Begegnungen

---

(Hg.): *Autobiographie: Eine interdisziplinäre Gattung zwischen klassischer Tradition und (post-)moderner Variation*. Göttingen 2013, S. 27–82, hier: S. 36.

4    Vgl. Ansgar Nünning: Von der fiktionalen Biographie zur biographischen Metafiktion. Prolegomena zu einer Theorie, Typologie und Funktionsgeschichte eines hybriden Genres. In: Christian von Zimmermann (Hg.): *Fakten und Fiktionen: Strategien fiktionalbiographischer Dichterdarstellungen in Roman, Drama und Film seit 1970. Beiträge des Bad Homburger Kolloquiums 21.–23. Juni 1999.* Tübingen 2000, S. 15–36, hier: S. 24.

5    Im Zusammenhang damit wird auf unterschiedliche Beobachtungspositionen verwiesen, die sich in autobiographischen Texten einnehmen lassen und die man als „Selbst- und Fremdbeobachtung" bezeichnen könnte. Demzufolge wird die „Selbstdarstellung durch Fremdcharakterisierung in der Art von episodisch eingelegten, biographischen Porträts, etwa des Vaters, der Mutter, der Freunde" als eine der einfachsten Formen der Selbststilisierung betont (Günter Oesterle: Die Grablegung des Selbst im Andern und die Rettung des Selbst im Anonymen. Zum Wechselverhältnis von Biographie und Autobiographie in der zweiten Hälfte des 19. Jahrhunderts am Beispiel von Friedrich Theodor Vischers *Auch Einer*. In: Reinhold Grimm/Jost Hermand (Hg.): *Vom Anderen und vom Selbst. Beiträge zu Fragen der Biographie und Autobiographie.* Königstein/Taunus 1982, S. 45–70, hier: S. 45).

6    Vgl. Nünning 2013.

7    Ebd., S. 38.

führen"[8] soll. Deswegen hat die Autorin ihr Werk als ein Zeitreisetagebuch eingestuft. Sie betrachtet *Ahnen* als „das Journal einer Entdeckungsreise"[9] und nicht als ein Tagebuch im üblichen Sinne, obwohl den Text die chronologisch aneinandergereihten, den Schreibprozess dokumentierenden Aufzeichnungen ausmachen. In selbstreflexiver Weise setzt sie sich mit dem Problem der Gattungskonventionen auseinander und versucht die Eigenart des Textes zu erläutern: „Nicht nur von Menschen und Ereignissen, von Bewegungen der Gedanken und des Gemüts, sondern vom Dickicht der Zeit soll dieses Buch erzählen".[10] Weber definiert einigermaßen den Kreis der potenziellen Leserschaft: „Für Ungeduldige wird sich das Buch nicht eignen"[11] und bemerkt im weiteren Verlauf folgendes: „Es gibt […] Bücher […], die dem Lesenden das Davoneilen erschweren, die ihn festhalten. Ein solches Buch ist dieses".[12] Sie erklärt ebenfalls ihre Erzählweise:

> Es fahren mir tausend Dinge durch den Kopf, […] und mir ist, als müsste ich […] ein vom Auge mit einem Mal zu erfassendes Bild fertigen. Ich kann aber nicht anders, als dem unumstößlichen Gesetz des Buches […] zu folgen, das da lautet: eines nach dem anderen. Das Buch ist der Überbringer des inneren Bildes. Das innere Bild kann nie alles auf einmal zeigen, kann keine Gleichzeitigkeit herstellen.[13]

Mit derartigen Überlegungen lenkt sie „die Aufmerksamkeit von dem […] erzählten Leben auf [ihr] Material bzw. Archiv sowie auf [ihre] […] prozesshaften Versuche der auto-/biographischen Rekonstruktion".[14] Die konkrete Schreibsituation der auf das Leben ihres Urgroßvaters blickenden Schriftstellerin und deren Schwierigkeiten bei der Rekonstruktion der Fakten aus seinem Leben werden mehrmals hervorgehoben. Als problematisch entpuppt sich insbesondere die Entzifferung der Handschriften des Urgroßvaters, die der Autorin einen Blick in seine Welt und seine Zeit erlauben könnten. Sie beschreibt detailliert, was für eine mühsame Arbeit sie zu bewältigen hat:

> Wie vor chinesischen Bildzeichen sitze ich anfangs vor diesen Handschriften. […] Ich bin achtundvierzig und muss noch einmal lesen lernen. Tage- und wochenlang betrachte ich die fahrigen, nach rechts geneigten Linien, diese unbegreifliche Flucht der Buchstaben nach vorne, ihre ausgeworfenen Lassoschleifen. Ich starre auf ein Wort,

---

8   Weber 2015, S. 21.
9   Ebd.
10  Ebd.
11  Ebd., S. 11.
12  Ebd., S. 207–208.
13  Ebd., S. 37.
14  Nünning 2013, S. 43.

dann auf ein zweites, ein drittes, ohne schlauer zu werden, und Wut ergreift mich auf diesen Urgroßvater, auf die Entfernung, auf die alles verwandelnde Zeit.[15] Durch solche metanarrativen Reflexionen wird gleichzeitig auf die Unzugänglichkeit des Quellenmaterials hingewiesen: „Es ist ein Rätselraten, ein Suchen von Sternbildern am Vergangenheitshimmel, das Fixieren einer Zeichnung, von der man weiß, dass sie etwas darstellt, aber was?"[16] Schließlich werden „die Kontingenz und Konstrukthaftigkeit jeder Version einer Lebensgeschichte"[17] ebenfalls betont:

> Dank des Entzifferungsvorgangs wird aus dem Bild der Zeitreise ein Geschehen. Deutlich spüre ich die dichte, zähe Masse, die mich von dem hundert Jahre Älteren trennt. Das Entziffern der Schrift ist das Entziffern eines Menschen. Durch die Dunkelheit taste ich mich zu dem Vorfahren hin.[18]

In *Ahnen* nennt Anne Weber ihren Urgroßvater Sanderling, nach einem kleinen Watvogel aus der Familie der Strandläufer, den sie öfters an französischen Küsten dabei beobachtet haben soll, wie er am Wassersaum entlang lief.[19] Obwohl viele Bezeichnungen auf ihn passen würden, wie der Suchende, der Haltlose, der Stürmische oder der Wahnsinnige, wählt sie das Pseudonym ‚Sanderling', das sie nicht als Deckname, sondern eher als ein Passwort versteht[20], mit dem sie sich auf die Entdeckungsreise in die Vergangenheit begibt. Dieses Vorgehen kann als Ausdruck der Skepsis gegenüber der ganzheitlichen Erkennbarkeit und Verstehbarkeit des Anderen im Prozess der biographischen Rekonstruktion begriffen werden.[21] Daher könnte man ‚Sanderling' als eine Metapher für den literarischen Darstellungsversuch dieses Lebens verstehen: „Das Leben eines Einzelnen ist reicher, widersprüchlicher, schwankender als das der Gemeinschaft. [...]

---

15  Weber 2015, S. 42–43.

16  Ebd., S. 43.

17  Nünning 2013, S. 44.

18  Weber 2015, S. 44.

19  Vgl. ebd., S. 7.

20  Vgl. ebd.

21  „Die Unüberbrückbarkeit der Kluft zwischen der geschichtlichen Wirklichkeit und den Modellen der Biographie" wird von Nünning im Zusammenhang mit den Paradoxien der Historiographie und Biographie sowie mit den „innovativen literarischen Darstellungstechniken" besprochen. Dabei wird auf ein wesentliches gemeinsames Kennzeichen der historiographischen Metafiktion und der fiktionalen Metabiographie verwiesen, das darin besteht, dass „die Probleme der Rekonstruktion der Vergangenheit vom Standpunkt des Hier und Jetzt, der retrospektiven Sinnstiftung" ins Zentrum gerückt werden (vgl. Nünning 2000, S. 24–29).

Sanderling ist den Strömungen ausgesetzt [...]; wie der Vogel, dessen Namen er trägt, läuft er immer nahe am Wassersaum seiner Zeit".[22] Wenn man jedoch berücksichtigt, dass Anne Weber als eine für den Klang der Worte empfindliche Schriftstellerin gilt, kann man dieses erzählerische Manöver auch anders verstehen. Denn aus dem Wort ‚Sanderling' hört man ‚Sonderling' heraus, den ein durchaus verschlungener Lebensweg auszeichnet. Anne Webers Urgroßvater hieß mit vollem Namen Florens Christian Rang. Er wurde im Jahre 1864 in Kassel geboren und war ein protestantischer Theologe. Er arbeitete zunächst als Jurist, nach dem Theologiestudium wurde er Pfarrer. Einige Zeit lebte er in Polen, jedoch, wie die Autorin erklärt, ist er „nicht in Polen einmarschiert. Die Gegend um Poznań, in der er lebte, war schon 1815 Preußen zugeschlagen worden".[23] Florens Christian Rang war als Regierungsassessor in der preußischen Provinz Posen tätig. Dem Adressbuch der Stadt Posen aus dem Jahr 1894 ist zu entnehmen, dass Dr. Christian Rang in der Bergstraße 10 wohnte. Eine andere Spur seiner Existenz in der Stadt findet man in der damaligen Presse. Im *Posener Tageblatt* vom 11. Juni 1895 erschien in der Spalte „Mitteilungen" folgende Meldung: „Heute am Sonntage der heiligen Dreieinigkeit in der Frühe schenkte uns Gottes Güte in glücklicher Geburt ein gesundes Söhnchen. Posen, 9. Juni 1865. Regierungs-Assessor Dr. Christian Rang und Frau Emma geb. Kressner".[24] Nachdem Florens Christian Rang die Stelle im preußischen Staatsdienst verließ, war er einige Jahre im Pfarrdienst der evangelischen Kirche in zwei Dörfern in der Umgebung von Posen tätig. Diesen Beruf gab er letztendlich auf und engagierte sich in der Politik. Er korrespondierte mit den jüdischen Religionsphilosophen Franz Rosenzweig und Martin Buber sowie mit den Schriftstellern Theodor Däubler und Hugo von Hofmannsthal. Er war zudem mit Walter Benjamin befreundet, der ihn als den „*tiefsten Kritiker des Deutschtums nach Nietzsche*"[25] bezeichnete. Auf dem Totenbett soll Christian Rang darum gebeten haben, Walter Benjamin möge sich um seinen Nachlass kümmern[26], woraus schließlich nichts wurde. Er hat viele Schriften hinterlassen, zahlreiche literaturkritische Texte, zum Beispiel über Kleist und Cervantes, außerdem Abhandlungen über die Ursprünge des Karnevals und über das Christentum. Er hat auch Tagebücher geführt, die über Jahre von seinem Enkel Adalbert Rang, Anne Webers Vater, aufbewahrt und letztendlich im Jahre 2008

---

22  Weber 2015, S. 223.
23  Ebd., S. 6.
24  *Posener Tageblatt* 34(267) 11.06.1895, o. S.
25  Weber 2015, S. 162 [Hervorhebung im Original].
26  Ebd., S. 58.

ans Walter-Benjamin-Archiv in Berlin übergeben wurden.[27] Erst dann sind diese Schriften in die Hände seiner Urenkelin geraten. Sie begreift sich als seine letzte Chance, denn sonst würde sich kein Mensch mehr für ihn interessieren.[28] Sie versucht „ihn zu lesen (und) zu *verstehen*"[29], ohne ständig weder „mein Urgroß-vater" noch „Florens Christian" zu schreiben, wie sie es in ihrer Familie väter-licherseits öfters gehört habe. Sie reflektiert den Vornamen Florens und den Nachnamen Rang, um schließlich zu bemerken, dass dieser zu stark auf eine Position in der Gesellschaft hindeutet, eine Hierarchie voraussetzt, die Webers Weltanschauung eher widerspricht:

> Mir scheint, jemand, der Rang heißt, müsse sich anders fühlen als einer, der Müller, Weber oder Schubert heißt. Ob wohl einer mit Namen Rang auf die Idee käme, es könnte vielleicht der letzte, der hinterste Rang gemeint sein? Aber natürlich verraten diese Überlegungen nichts, außer meiner eigenen Voreingenommenheit.[30]

Den Eintritt in die Welt des Urgroßvaters versucht sie sich deshalb mit dem Pass-wort Sanderling zu verschaffen.

In Anne Webers Zeitreisetagebuch steht jedoch nicht die erzählte Lebensge-schichte im Mittelpunkt, wie bereits oben erwähnt, sondern vielmehr geht es um den Vorgang der (auto-)biographischen Rekonstruktion, um den Akt des

---

27  Im Zusammenhang mit der Eröffnung des Archivs wurden u. a. folgende Kommentar-worte geschrieben: „Es ist unwahrscheinlich, dass aus den Aschen von Rangs Werk nachträglich eine Jahrhundertfigur ersteht. Die gedruckten Schriften über Shakes-peare, Heinrich von Kleist, Don Quijote und Deutschlands Reparationszahlungen an Versailles geben dazu keinen Anlass, und die Manuskripte versprechen, soweit die Literaturwissenschaft sie schon gesichtet hat, eher Pathetischeres, Esoterischeres und Wirreres, als man es derzeit kennt. Für die Zwecke der intellektuellen Klimaforschung ist dieser Nachlass aber von größter Bedeutung. Im Vergleich mit Zeitgenossen wie Stefan George, der uns auf fast gefährliche Weise wieder nahe gerückt ist, und dem eine Generation älteren, von Rang rezipierten, doch erst heute gründlicher erforschten antisemitischen Kulturphilosophen Paul de Lagarde, lohnt es sich, den Blick auch auf diesen Exzentriker zu richten" (Gregor Dotzauer: Der Mann ohne Mitte. *Der Tages-spiegel* 30.11.2008, retrieved 29.05.2017, from http://www.tagesspiegel.de/kultur/der-mann-ohne-mitte/1384692.html).

28  Vgl. Weber 2015, S. 29. Schon Anne Webers Vater, der emeritierte Pädagogikprofessor Adalbert Rang, wollte seinen Großvater vor dem Vergessen bewahren und schrieb einen ihm gewidmeten Beitrag, der 1959 in der *Neuen Rundschau* veröffentlicht wurde. In derselben Ausgabe erschien auch der Briefwechsel zwischen Hugo von Hofmanns-thal und Florens Christian Rang (vgl. dazu Dotzauer 2008).

29  Weber 2015, S. 44 [Hervorhebung im Original].

30  Ebd., S. 10.

Erzählens und um die Unzulänglichkeit der Sprache, was in zahlreichen metanarrativen Reflexionen zum Ausdruck kommt. Nicht zufällig bezeichnet die
Autorin den Weg in die Vergangenheit als den „mit Worten gepflasterte[n] […],
auf dem sich dieses Buch vor- und rückwärts bewegen wird".[31] Demzufolge wird
von ihr das Potenzial der Sprache hinsichtlich der Erkundung der Vergangenheit
reflektiert. Sie sieht „die Worte davonschwimmen. Keines von ihnen ist mehr
einzuholen; kein Satz kann mehr so verstanden werden, wie er gemeint war,
und *nur so*"[32], weil die Bedeutung der Worte, die in der individuellen Erfahrung angeeignet und gebraucht werden, nicht konstant ist. Es wird deswegen
betont, dass es trotz des zugänglichen Schriftmaterials schwer nachzuvollziehen
ist, was eine Person im späten 19. Jahrhundert gefühlt und gedacht hat. Daher
fokussiert die Autorin die Bedeutung der Worte, jongliert mit Gedankensplit-
tern, um den Sinn zu erfassen: „Jeder Schritt trifft daneben, oder er trifft nur
noch den Rand der wegtreibenden Bedeutungsscholle. Und nicht nur die abstrakten Begriffe sind davongeschwommen. […] Mit wackeligen Beinen bewegen
wir uns fort".[33] Weber schreibt daher assoziativ – wo Worte ähnlich klingen, stellt
sie Zusammenhänge her. Ihre oberste Devise, die ihr garantiert, sich der rätsel-
haften Vergangenheit zu nähern, lautet: „Nichts ist gefährlicher als das sichere
Gefühl etwas verstanden zu haben".[34] So entzieht sich ihr aber die Ahnenzeit
immer wieder und sie kann Sanderling nicht wirklich fassen. Sie kann sich ihm
aufgrund seiner Notizen und Texte lediglich annähern, seinen Gedankenweg
nachgehen und aus gewonnenen Bruchstücken eine Art Phantombild dieses
Menschen schaffen.[35] Deswegen hat sie sich für einen doppeldeutigen Titel ihres
Buches entschieden, der zusammen mit dem das Genre bezeichnenden Untertitel als paratextuelles Signal auf die reflexive Dimension des autobiographischen
Schreibens hindeutet.[36] Ahnen sind genealogisch wesentlich weiter entfernt
als das, was man Familie oder Verwandte nennt. Sie entziehen sich dem eigenen Blickpunkt, deswegen kann man lediglich etwas von ihnen erahnen. Der
Urgroßvater bleibt daher gewissermaßen eine abstrakte Person, denn er ist nur
durch handschriftliche Dokumente und seine Personalakte zu ermitteln[37]: „In

---

31  Ebd., S. 11.
32  Ebd., S. 28 [Hervorhebung im Original].
33  Ebd., S. 26.
34  Ebd., S. 115.
35  Vgl. ebd., S. 96.
36  Vgl. Nünning 2013, S. 45.
37  Vgl. André Maurois: Die Biographie als Kunstwerk. In: Bernhard Fetz/Wilhelm Hem-
    ecker (Hg.): *Theorie der Biographie. Grundlagentexte und Kommentar.* Berlin/New York
    2011, S. 83–97, hier: S. 93.

der Akte spiegelt sich der Mensch. [...] Ich blicke in diesen seltsamen, papiernen Spiegel eines Menschen, den ich nun vor mir liegen habe, und versuche, etwas darin zu erkennen".[38] Obwohl die Autorin Spuren verfolgt, die ihr Urgroßvater in den Archiven hinterlassen hat, ist für sie die Frage der „Biographiewürdigkeit"[39] irrelevant. Denn er ist zwar das Objekt der autobiographischen Erzählung, der Schwerpunkt jedoch liegt auf der „rekonstruierende[n] Tätigkeit des Autobiographen als [...] forschendem und schreibendem Subjekt".[40]

In *Ahnen* findet man ebenfalls eine solche Ausprägung von Selbstreflexivität, die in Überlegungen über Leben und Lebensgeschichten besteht. Anne Weber stellt sich die Zeit, die zwischen ihr und ihrem Urgroßvater liegt, als einen Weg vor: „Wir sind zwei Wanderer, die auf derselben Strecke unterwegs sind, ohne einander je zu begegnen. Der Weg, der sich zwischen uns hinzieht [...], verbindet uns und trennt uns zugleich voneinander".[41] Wenn sie sich diesen Weg ausmalt, sieht sie „ein unüberwindbar scheinendes Gebirge, [...] ein gewaltiges Massiv, ein Riesengebirge; angehäuft aus Toten".[42] Es ist die Familienvergangenheit, die sich ihr immer wieder in den Weg stellt. Anne Weber kann das Dazwischenliegende nicht überspringen, sie muss noch anderen Vorfahren begegnen, darunter ihrem Großvater, der ein überzeugter Nazi war. Sie schreibt von dem Rätsel, das ihr aufgegeben ist: „Wie hat es geschehen können, dass aus dem Sohn [...] eines Mannes [...], der von Juden umgeben war und in ihnen seine, des Christen, älteren Brüder sah, ein Nazi wurde?"[43] Der Sohn von Sanderling war auf Karriere und Erfolg fixiert.[44] Zuerst war er in der SA und dann beim Sicherheitsdienst der SS, für den er Schriften bewertete, darunter von Ernst Jünger. Nach dem Krieg ließ er sich einen Persilschein von Martin Buber ausstellen, mit dem sein Vater eine Freundschaft pflegte. Nun versucht Anne Weber im Erzählvorgang zu erforschen, welche Bedeutung es für sie haben kann, solch einen Großvater im Rücken zu haben. Dabei wird ihr klar, dass das verbindende Stichwort für Urgroßvater und Großvater ‚Polen' lautet – und es heißt auch ‚Auschwitz', denn es gibt einen Tagebucheintrag von Sanderling, der die Autorin beunruhigt und verwirrt, wenn nicht sogar verfolgt. Als ihr Urgroßvater als

---

38  Weber 2015, S. 93.
39  Hannes Schweiger: Biographiewürdigkeit. In: Christian Klein (Hg.): *Handbuch Biographie. Methoden, Traditionen, Theorien.* Stuttgart/Weimar 2009, S. 32–36.
40  Nünning 2013, S. 49.
41  Weber 2015, S. 19.
42  Ebd., S. 37–38.
43  Ebd., S. 113.
44  Ebd., S. 89–104.

junger Pastor zum ersten Mal eine „Irren- und Idiotenanstalt" in der Umgebung von Posen besuchte und mit geistig Schwerkranken konfrontiert wurde, fragte er entsetzt: „*Warum vergiften Sie diese Menschen nicht?*"[45] Sie überlegt, ob das nicht ein böses Omen und Sanderling, wenn auch nur indirekt, mitschuldig an den späteren Nazi-Verbrechen gewesen sei. Hat der Großvater in die Tat umgesetzt, was der Urgroßvater erdachte, fragt sich die Enkelin, denn „im September 1939 fielen die Deutschen in Polen ein. Am 11. November waren alle Patienten der Anstalt Owińska tot".[46] Reflektierend konstatiert sie: „Geschichte ist etwas Angeborenes".[47] Zwangsläufig sucht sie im Quellenmaterial nach Indizien, die auf das Kommende hinweisen würden. Bei Sanderlings Besuch in der psychiatrischen Klinik glaubt sie ein solches Anzeichen gefunden zu haben. Durch ihre weitschweifigen Überlegungen darüber, verschafft sie sich jedoch Klarheit, dass in diesem Fall von historischer Kausalität nicht die Rede sein kann, dass die Geschichtslinien anders verlaufen:

> Ich erkenne diese Generationenverkettung nicht an. […] Ich komme zu dem Schluss […], dass es die Gesinnungskurve von Massen nicht gibt, und dass es in Wirklichkeit nur Einzelne gibt mit ihren einzelnen Gesinnungen oder Gesinnungslosigkeiten, und in diesen Einzelnen, in den meisten von ihnen, die leisen oder dröhnenden Stimmen ihres Gewissens.[48]

Die Autorin jubelt innerlich, wenn sie eindeutig feststellen kann, dass ihr Urgroßvater nicht zu denjenigen gehörte, die die Germanisierung im preußischen Polen vorangetrieben haben. Folgende Zeilen in seinen Tagebuchaufzeichnungen aus dem Jahr 1891 erlauben der Autorin, das zu behaupten:

> Anlässlich des Erlasses des neuen Kultusministers Grafen Zedlitz, dass den Lehrern in den polnischen Landesteilen der Privatunterricht in der polnischen Sprache freigegeben wird, möchte ich das von Anfang an in mir lebendig gewesene und hochgehaltene Glaubensbekenntnis niederlegen, dass die Regierung kein Recht hat, einem Volke seine Sprache zu nehmen, und ich möchte sagen, die Struktur seiner Herzfasern zu ändern.[49]

Eine solche emotionale Beziehung der Biographin zu ihrem Objekt, die sie als eine neutrale Verfasserin einer wiederzugebenden Lebensgeschichte ausschließt,

---

45  Ebd., S. 68 [Hervorhebung im Original].
46  Ebd., S. 228.
47  Ebd., S. 171.
48  Ebd., S. 256.
49  Ebd., S. 222–223 [Hervorhebung im Original].

erlaubt Webers Buch auch als eine Art autobiographisches Projekt zu verstehen.[50] Den das Leben der Autorin betreffenden Passagen in *Ahnen* ist hauptsächlich ihre Identitätssuche als Deutsche und als Mitglied der Familie Rang zu entnehmen. Die Lebensgeschichte ihrer Vorfahren vermischt sich mit ihrer Biographie und tritt in eine Wechselwirkung.[51] Ihre Mutmaßungen über Sanderling verweisen immer wieder auf die Erzählerin selbst: „Ob er wohl Max Scheler gelesen hat? Ich jedenfalls habe ein mitten im Ersten Weltkrieg erschienenes Buch Max Schelers über *Die Ursachen des Deutschenhasses* gelesen".[52] Webers Text bestätigt, dass biographisches Schreiben „ein wiederholtes Hineindenken in die andere Person, ein wiederholtes Sichhineinversetzen" und „kein geradlinig fortschreitender Prozess, [sondern] ein Wechselspiel zwischen Abrücken und Annähern"[53] ist. An diesem Spiel von Distanz und Annäherung wird auch der Leser beteiligt und „im insistierenden Befragen, im perspektivischen Umkreisen der Figur, ja im direkten Identifikationsvorgang soll sich ein Verständnis für das Vergangene und dessen Menschen erschließen".[54] Weber begibt sich auf eine Spurensuche nach der Familie Rang, von der sie, als ein uneheliches Kind, nie anerkannt wurde.[55] Der Großvater hat sie nie sehen wollen. Als sie ihren betagten Vater besuchte, um etwas über den Urgroßvater zu erfahren, machte er ihr folgenden Vorwurf: „Du willst dich in die Familie einschreiben. […] Du warst aus dieser Familie ausgeschlossen, das ist dein Problem und wird es dein Leben lang bleiben".[56] Sie selber sieht sich schon seit langer Zeit als eines der Schattengewächse

---

50  Vgl. Manfred Mittermayer: Die Autobiographie im Kontext der 'Life-Writing'-Genres. In: Bernhard Fetz (Hg.): *Die Biographie – Zur Grundlegung ihrer Theorie*. Berlin 2009, S. 69–101, hier: S. 77.

51  Vgl. Helmut Scheuer: *Biographie. Studien zur Funktion und zum Wandel einer literarischen Gattung vom 18. Jahrhundert bis zur Gegenwart*. Stuttgart 1979, S. 43.

52  Weber 2015, S. 163.

53  Scheuer 1979, S. 240.

54  Helmut Scheuer: Biographie. In: Dieter Borchmeyer/Viktor Žmegač (Hg.): *Moderne Literatur in Grundbegriffen*. Tübingen 1994, S. 48–54, hier: S. 52.

55  Anne Weber bekennt ganz offen, dass sie ein uneheliches Kind ist und von der Familie Rang nie anerkannt wurde. In *Ahnen* drückt sie diese Tatsache wie folgt aus: „Ich erzähle [meinem Urgroßvater] nicht, wie meine Mutter sich sieben Monate lang den Bauch abschnürte, in dem ich eingerollt lag und trotzdem immer größer wurde, wie sie schließlich ihren Bauch und dessen Inhalt den eigenen Eltern, in deren Haus sie wohnte, nicht mehr verbergen konnte, wie ihr Vater, mein Großvater, nicht mehr mit ihr redete, wie ich ein Dorn auch im Auge meines anderen Großvaters, *seines* Sohnes, war, der sein Leben lang nichts von mir wissen wollte." (Weber 2015, S. 55 [Hervorhebung im Original]).

56  Ebd., S. 151.

ihrer deutschen Familie.[57] Dass sie seit vielen Jahren im Ausland lebt, ist nicht ohne Bedeutung.[58] In Frankreich ist sie immer die Deutsche und die deutsche Geschichte ist ebenfalls immer da. Sie schreibt vom Bewusstsein „des in Deutschland Getanen, dieser besonderen, tödlichen Art des *made in Germany*"[59] das auch in ihr lebt. „In Wahrheit bin ich immer froh, nicht als Deutsche aufzufallen"[60], gibt sie schließlich zu. *Ahnen* schildert, durch viele Überlegungen und Gespräche, die die Autorin mit Polen, Juden und Franzosen geführt hat, ihre persönliche Suche nach dem Deutsch-Sein heute: „Gehöre ich denn wirklich dazu? Noch immer? Obwohl ich dem Land so lange ferngeblieben bin?"[61] Solches Reflektieren kann auf eine Identitätssuche hinweisen, die die Autorin zum Verfassen der Familiengeschichte anregte und die gattungsspezifisch bedingt ist, da nicht selten „der Biograph einer fremden Person [glaubt], gerade über den Anderen auch den Weg zum Selbst zu finden".[62] Anne Webers biografisches Erzählen scheint von innen motiviert zu sein. Ihr Urgroßvater hat irgendwann angefangen, sie innerlich in Anspruch zu nehmen[63], deswegen macht sie diesen schwierigen Annäherungsversuch. Zwischen den beiden gibt es die Zeit, „eine fensterlose Wand. Sie verhindert jedes *Hineinversetzen*".[64] Weber forscht nach und reflektiert, indem sie die eigene Familiengeschichte in Scheibchen zerlegt. Sie kann „*verstehen*, aber […] nicht *nachfühlen*".[65] Um zu Sanderling zu gelangen, muss Anne Weber durch das deutsche Riesengebirge hindurch, so bezeichnet sie die deutsche Nazi-Vergangenheit. Indem man der eigenen Familiengeschichte auf der Spur ist, bestimmte Ereignisse zu begreifen versucht, stellt sich eine Verbindung zur allgemeinen Geschichte her, sowohl zum Politischen als auch zum

---

57 Vgl. ebd., S. 156.
58 Im Jahre 1983 zog Anne Weber nach Paris um, wo sie die französische Sprache und Literatur an der Sorbonne studierte. Sie lebt als Übersetzerin und Autorin in Frankreich. Ihr Werk wurde mit zahlreichen bedeutenden Preisen ausgezeichnet. Sie übersetzt ins Deutsche und ins Französische. *Ahnen* ist ihr neuntes Buch in deutscher Sprache (vgl. dazu Alexander Cammann: Die Frische des Sonnenaufgangs. *Die Zeit* (11) 26.03.2015, retrieved 10.07.2017, from http://www.zeit.de/2015/11/anne-weber-ahnen-paris).
59 Weber 2015, S. 170–171 [Hervorhebung im Original].
60 Ebd., S. 215.
61 Ebd., S. 251.
62 Helmut Scheuer: Biographie. Überlegungen zu einer Gattungsbeschreibung. In: Grimm/Hermand 1982, S. 9–29, hier: S. 25.
63 Weber 2015, S. 7.
64 Ebd., S. 54 [Hervorhebung im Original].
65 Ebd. [Hervorhebung im Original].

Sozialen.[66] Die Suche nach der eigenen Herkunft ist gleichzeitig die Suche nach der Zugehörigkeit, die man, um sie zu spüren, erst erleben muss.[67] Auch deshalb versucht Weber sich der Vergangenheit anzunähern und sie für sich spürbar zu machen. Der Annäherungsversuch muss aber misslingen, denn der Strom der Zeit duldet kein Zurück und was bleibt, ist bloß ein Vorwärtstasten in die Vergangenheit. In dieser Hinsicht scheinen ihre Überlegungen, die Form der Reiseerzählung, die sie gewählt hat, zu begründen. Alles bleibt in Bewegung, genauso wie das Wasser die Spuren des Sanderlings stets wieder löscht. Die Erzählerin versucht somit die Frage nach der Beziehung von Vergangenheit und Gegenwart zu beantworten. Bei ihrem Aufenthalt in Polen kann sie sich überzeugen, dass in jenen Polen, denen sie begegnet, die Vergangenheit sehr lebendig weiterlebt, auch in dem Bild der Deutschen, das sie haben, wobei Anne Weber nie auf Ressentiments den Deutschen gegenüber gestoßen ist. Sie möchte wissen, ob sich das Vergangene im Gegenwärtigen fortsetzt. Sogar in einem der letzten Abschnitte ihres Zeitreisetagebuches, in denen sie ihren Besuch auf einem Posener Friedhof zu Allerheiligen beschreibt, stellt sie folgende Frage: „Sind die Lebenden für alle Zukunft ein Spiegel der Toten?"[68] Im Reflexionsvorgang entdeckt sie, dass ihre Vorstellung von Vergangenheit mit der von Gustav Landauer, einem Bekannten ihres Urgroßvaters, beinahe vollständig übereinstimmt. Er hat die Vergangenheit zweifach begriffen: Als etwas Abgeschlossenes, Unzugängliches, was nicht mehr Wirklichkeit ist, und als einen Weg, der vor einem liegt, wenn man anfängt, sich mit der Vergangenheit zu beschäftigen. Nach Landauer soll es unser Weg sein, denn wir „verstehen von dem Gewesenen nur, was uns heute etwas angeht; wir verstehen das Gewesene nur so, wie wir sind".[69] Diese Auffassung von Geschichte hilft der Autorin den Weg zu den Vorfahren als ihren Weg zu begreifen: „Das Vergangene erschaffe ich".[70] Etwas, was sich einst ereignet hat, versucht sie aus ihrer heutigen Sicht zu beschreiben und zu verstehen.

---

66  Vgl. Guntram Vesper: Über sich selber schreiben. In: Herbert Heckmann (Hg.): *Literatur aus dem Leben. Autobiographische Tendenzen in der deutschsprachigen Gegenwartsdichtung. Beobachtungen, Erfahrungen, Belege.* München/Wien 1984, S. 70–72, hier: S. 71.

67  „Eine Zugehörigkeit muss man erleben, nicht definieren. Auch die Zugehörigkeit zu einem Geschichtlichen hat man nicht zuerst als Erkenntnis parat, sondern als Empfindung, als Gefühl" (Martin Walser: Über ein Geschichtsgefühl. In: Martin Walser: *Die Verwaltung des Nichts. Aufsätze.* Reinbek bei Hamburg 2004, S. 253–262, hier: S. 253).

68  Weber 2015, S. 266.

69  Ebd., S. 126.

70  Ebd., S. 165.

Sie lässt dabei den Urgroßvater reden, indem sie kürzere und längere Passagen aus seinen Schriften in ihre Ausführungen einfügt, so dass er sich selbst verständlich machen kann. Durch ihre erzählerische Teilnahme begegnet sie ihm und durch Schreiben und Reflektieren begegnet sie sich selbst. Dabei versucht sie sich der Sprache anzuvertrauen, da sie Erzähltes und Erzählendes zugleich ist und somit das Medium des Vergegenwärtigungsversuchs.

Der Vergangenheit könne man bekanntlich nicht davonlaufen, schreibt Anne Weber in den Anfangszeilen ihres Zeitreisetagebuches, das zugleich ein Beweis für ihre Behauptung ist. Es war nicht die Motivation der Autorin, das Porträt eines Vorfahren zu schaffen. Ihr Schreiben dient dem Sich-selbst-Finden und soll eine Orientierung mitten im Strom des Lebens sein. Denn „ohne die Vorfahren wäre man im Ozeane der Zeit, wie ein Schiffbrüchiger auf einer winzigen und unbewohnten Insel, ganz allein".[71] Im Schreibprozess ist die Autorin bemüht, ihre Familiengeschichte kontinuierlich zu verfolgen. Daraus entsteht ein Gesamtbild, das aus dem Momentanen heraustritt. Denn aus verstreuten Fakten und Elementen ihres Lebens und dessen ihrer Ahnen, fügt sie eine Geschichte ihrer Reise in die Vergangenheit zusammen. Dabei steht nicht das gewöhnliche Nacherzählen im Vordergrund, sondern die „Projektion des Innenlebens in die Außenwelt"[72], was das Gegenwärtige und das Vergangene im Bewusstsein der Schreibenden gegenseitig einwirken lässt. Die Vergangenheit wird von ihr konstruiert, indem bestimmte vom Urgroßvater erlebte Tatsachen bewertet werden. Das hilft ihr dabei herauszufinden, was hinter diesen Bildern steckt. Denn alle Gesichter und Eindrücke aus der Vergangenheit, in denen die Autorin sich wieder zu erkennen meint, helfen ihr bei der Selbsterkenntnis. Ihre Persönlichkeit spiegelt sich daher in Personen, Ereignissen und Reflexionen, die den Inhalt des Textes bilden, also auch im Erzählprozess und im Aufbau der von ihnen konstruierten Familiengeschichte.[73] Somit kann man Anne Webers *Ahnen* als einen Selbstentwurf betrachten, in dem durch zahlreiche Metareflexionen hauptsächlich die performative Qualität der narrativen Konstruktion zum Ausdruck kommt und der erst im Prozess des (auto-)biographischen Erzählens seine Gestalt gewinnt.

---

71  Erich Kästner: *Als ich ein kleiner Junge war.* München 2006, S. 17.

72  Georges Gusdorf: Voraussetzungen und Grenzen der Autobiographie. In: Günter Niggl (Hg.): *Die Autobiographie. Zu Form und Geschichte einer literarischen Gattung.* Darmstadt 1989, S. 121–147, hier: S. 141.

73  Vgl. Elisabeth W. Bruss: Die Autobiographie als literarischer Akt. In: Niggl 1989, S. 258–279, hier: S. 275–276.

## Literaturverzeichnis

Bruss, Elisabeth W.: Die Autobiographie als literarischer Akt. In: Niggl, Günter (Hg.): *Die Autobiographie. Zu Form und Geschichte einer literarischen Gattung.* Darmstadt 1989, S. 258–279.

Cammann, Alexander: Die Frische des Sonnenaufgangs. *Die Zeit* (11) 26.03.2015, retrieved 10.07.2017, from http://www.zeit.de/2015/11/anne-weber-ahnen-paris.

Dotzauer, Gregor: Der Mann ohne Mitte. *Der Tagesspiegel* 30.11.2008, retrieved 29.05.2017, from http://www.tagesspiegel.de/kultur/der-mann-ohne-mitte/1384692.html.

Gusdorf, Georges: Voraussetzungen und Grenzen der Autobiographie. In: Niggl, Günter (Hg.): *Die Autobiographie. Zu Form und Geschichte einer literarischen Gattung.* Darmstadt 1989, S. 121–147.

Kästner, Erich: *Als ich ein kleiner Junge war.* München 2006.

Maurois, André: Die Biographie als Kunstwerk. In: Fetz, Bernhard/Hemecker, Wilhelm (Hg.): *Theorie der Biographie. Grundlagentexte und Kommentar.* Berlin/New York 2011, S. 83–97.

Mittermayer, Manfred: Die Autobiographie im Kontext der 'Life-Writing'-Genres. In: Fetz, Bernhard (Hg.): *Die Biographie – Zur Grundlegung ihrer Theorie.* Berlin 2009, S. 69–101.

Nünning, Ansgar: Von der fiktionalen Biographie zur biographischen Metafiktion. Prolegomena zu einer Theorie, Typologie und Funktionsgeschichte eines hybriden Genres. In: von Zimmermann, Christian (Hg.): *Fakten und Fiktionen: Strategien fiktionalbiographischer Dichterdarstellungen in Roman, Drama und Film seit 1970. Beiträge des Bad Homburger Kolloquiums 21.–23. Juni 1999.* Tübingen 2000, S. 15–36.

Nünning, Ansgar: Meta-Autobiographien: Gattungstypologische, narratologische und funktionsgeschichtliche Überlegungen zur Poetik und zum Wissen innovativer Autobiographien. In: Baumann, Uwe/Neuhausen, Karl August (Hg.): *Autobiographie: Eine interdisziplinäre Gattung zwischen klassischer Tradition und (post-)moderner Variation.* Göttingen 2013, S. 27–82.

Oesterle, Günter: Die Grablegung des Selbst im Andern und die Rettung des Selbst im Anonymen. Zum Wechselverhältnis von Biographie und Autobiographie in der zweiten Hälfte des 19. Jahrhunderts am Beispiel von Friedrich Theodor Vischers *Auch Einer.* In: Grimm, Reinhold/Hermand, Jost (Hg.): *Vom Anderen und vom Selbst. Beiträge zu Fragen der Biographie und Autobiographie.* Königstein/Taunus 1982, S. 45–70.

Scheuer, Helmut: *Biographie. Studien zur Funktion und zum Wandel einer literarischen Gattung vom 18. Jahrhundert bis zur Gegenwart.* Stuttgart/Weimar 1979.

Scheuer, Helmut: Biographie. Überlegungen zu einer Gattungsbeschreibung. In: Grimm, Reinhold/Hermand, Jost (Hg.): *Vom Anderen und vom Selbst. Beiträge zu Fragen der Biographie und Autobiographie.* Königstein/Taunus 1982, S. 9–29.

Scheuer, Helmut: Biographie. In: Borchmeyer, Dieter/Žmegač, Viktor (Hg.): *Moderne Literatur in Grundbegriffen.* Tübingen 1994, S. 48–54.

Schweiger, Hannes: Biographiewürdigkeit. In: Klein, Christian (Hg.): *Handbuch Biographie. Methoden, Traditionen, Theorien.* Stuttgart/Weimar 2009, S. 32–36.

Vesper, Guntram: Über sich selber schreiben. In: Heckmann, Herbert (Hg.): *Literatur aus dem Leben. Autobiographische Tendenzen in der deutschsprachigen Gegenwartsdichtung. Beobachtungen, Erfahrungen, Belege.* München/Wien 1984, S. 70–72.

Walser, Martin: Über ein Geschichtsgefühl. In: ders.: *Die Verwaltung des Nichts. Aufsätze.* Reinbek bei Hamburg 2004, S. 253–262.

Weber, Anne: *Ahnen. Ein Zeitreisetagebuch.* Frankfurt a. M. 2015.

Maike Schmidt

# „Aus dem Fremdsein allein entsteht kein guter Text." Ästhetische Verfahren der aktuellen Migrationsliteratur

**Abstract:** Taking the novels *Vielleicht Esther* by Katja Petrowskaja and *Nachts ist es leise in Teheran* by Shida Bazyar as examples, the article shows that since 2000 migration literature has been characterized by an opening of content and form. At the same time it is linked to current literary trends which are also relevant outside migration literature: speech reflection, multiperspectivity and the „new realism".

## Einleitung

Migration ist derzeit allgegenwärtig: Bilder von Flüchtlingen, Vertriebenen und Asylsuchenden erscheinen täglich in den Medien. Dass sich auch die literarische Aufarbeitung dieses Themas auf dem aktuellen Buchmarkt beobachten lässt, verwundert daher nicht.[1] Angeheizt wird die Debatte um die gegenwärtige Migrationsliteratur[2] durch einen im Jahr 2014 in der Wochenzeitung *Die Zeit*

---

1 Die derzeitigen Migrationsdebatten greifen beispielsweise – um nur eine kleine Auswahl zu nennen – folgende Romane auf: Dorothee Elminger: *Schlafgänger*. Köln 2014; Jenny Erpenbeck: *Gehen, ging, gegangen*. München 2015; Olga Grjasnowa: *Gott ist nicht schüchtern*. Berlin 2017; Abbas Khider: *Ohrfeige*. München 2016; Maxi Obexer: *Wenn gefährliche Hunde lachen*. Wien 2011; Senthuran Varatharajah: *Vor der Zunahme der Zeichen*. Frankfurt a. M. 2016.

2 Ohne genauer auf die in der Forschungsliteratur einen breiten Raum einnehmende Diskussion über die Merkmale und alternativen Bezeichnungen dieses Genres (interkulturelle Literatur, Literatur der Fremde, Welt- oder Migrantenliteratur) näher eingehen zu wollen, lassen sich einige übergeordnete Gemeinsamkeiten feststellen. Mit Almut Todorow soll hier Folgendes gelten: „[D]as Gemeinsame der Migrationsliteratur [liegt] weder in einer bestimmten nationalen Herkunft noch in übereinstimmenden Ursachen der Zuwanderung nach Deutschland, sondern in den gemeinsamen Erfahrungen der ‚Wanderung', des Sprachwechsels und Heimatverlustes, der Fremdheit und der Begründung einer Existenz in Deutschland." (Almut Todorow: Im Schatten der Aufmerksamkeit – „Migrationsliteratur". In: Aleida Assmann/Michael C. Frank (Hg.): *Vergessene Texte*. Konstanz 2004, S. 235–256, hier: S. 236). Eine Einengung dieser Definition soll aber dadurch stattfinden, dass im Sinne einer Literatur der Migration nicht die Erfahrungen der Autoren im Mittelpunkt stehen, sondern die der Protagonisten. In den in diesem Beitrag als Migrationsliteratur bezeichneten Romanen

erschienenen Artikel von Maxim Biller, in dem er die Autoren mit Migrationshintergrund dazu aufruft, sich nicht „der herrschenden Ästhetik und Themenwahl an[zu]passen". Stattdessen fordert er eine Erzählweise,

> die voller Leben und Widersprüche ist – und die nicht die tausend anderen leblosen, unehrlichen, indirekten, in tyrannischer Deutschunterricht-Tradition erstarrten Geschichten imitiert, die in diesem Land seit Jahrzehnten gedruckt und rezensiert, aber nicht gelesen werden. Je mehr solche wilden, ehrlichen, bis ins Mark ethnischen und authentischen Texte geschrieben und veröffentlicht werden würden, desto größer wäre das Publikum, das sie verstehen, lieben und sich mit ihnen beschäftigen würde.[3]

Damit reduziert Biller die Autoren allerdings klischeehaft auf biografische Themen und ist dafür von verschiedenen Seiten kritisiert worden, beispielsweise von Saša Stanišić, dessen Werk *Vor dem Fest* Biller in seinem Artikel aufgrund der fehlenden Bezüge zum migrantischen Alltag in Deutschland angegriffen hatte:

> Ein Autor ist kein Hofnarr seiner Biografie [...]. Denn das Schöne an unserem Beruf ist, dass wir mit Recherchen und Sprache jede Welt betreten, beschreiben und erschaffen können und dürfen, egal aus welcher Welt wir selbst zufällig stammen. [...] Aus dem Fremdsein allein entsteht kein guter Text.[4]

Stanišić macht hier bereits deutlich, dass es in der Migrationsliteratur nicht nur um die histoire, sondern auch um den discours geht, also um die ästhetische Schreibweise der Migrationsliteratur. Diesen Aspekt hat die Forschung jedoch

---

nehmen die Ich-Erzähler Fremdheitserfahrungen, kulturelle Konflikte und Prozesse der Identitätsbildung aus einer nichtdeutschen Perspektive, aber in deutscher Sprache in den Blick. Zur Diskussion um Begriff und Definition von ›Migrationsliteratur‹ vgl. Helmut Schmitz: Einleitung: Von der nationalen zur internationalen Literatur. In: ders. (Hg.): *Von der nationalen zur internationalen Literatur. Transkulturelle deutschsprachige Literatur und Kultur im Zeitalter globaler Migration.* Amsterdam 2009, S. 7–15; Heidi Rösch: Migrationsliteratur als neue Weltliteratur? In: *Sprachkunst* 35(1), 2004, S. 89–104; Aglaia Blioumi: ‚Migrationsliteratur‘, ‚interkulturelle Literatur‘ und ‚Generationen von Schriftstellern‘. Ein Problemaufriß über umstrittene Begriffe. In: *Weimarer Beiträge* 46(4), 2000, S. 595–601; Karl Esselborn: Von der Gastarbeiterliteratur zur Literatur der Interkulturalität. Zum Wandel des Blicks auf die Literatur kultureller Minderheiten in Deutschland. In: *Jahrbuch Deutsch als Fremdsprache* 23, 1997, S. 47–75.

3  Maxim Biller: Letzte Ausfahrt Uckermark. Warum ist die deutsche Gegenwartsliteratur so unglaublich langweilig? [...] Was hier fehlt, sind lebendige literarische Stimmen von Migranten [...]. In: *Die Zeit* (9) 20.02.2014.

4  Saša Stanišić im Gespräch mit Volker Weidermann. Volker Weidermann: Planet Deutschland. Autoren nichtdeutscher Herkunft schreiben die besten Bücher der deutschen Gegenwartsliteratur. [...]. In: *Der Spiegel* (22) 23.05.2015, S. 100–104, hier: S. 103–104.

.

lange vernachlässigt. Erst für die 1990er Jahre findet eine Würdigung der Poetizität der Migrationsromane statt, die zuvor aufgrund der häufig einfachen Sprache und des linearen Handlungsverlaufs als trivial galten:

> Das Neue, das sich in den neunziger Jahren abspielte, besteht darin, daß diese Literatur [die Migrationsliteratur] inzwischen als selbständige Stimme mit eigener ästhetischer Ausprägung wahrgenommen wird, die den Chor der Gegenwartsautoren um eine wesentliche neue Nuance des Ausdrucks bereichert.[5]

Diese Tendenz hat sich in den vergangenen Jahrzehnten durchgesetzt, wie am Beispiel der „Literatur der Post-Integration"[6] gezeigt werden soll. Diese Migrationsliteratur seit 2000 zeichnet sich allgemein durch eine Öffnung von Inhalt und Form aus sowie durch das Bewusstsein, Teil der deutschen Literatur zu sein.[7] Als kennzeichnend für diese Werke haben sich auf der Ebene der histoire die Vergewisserung der eigenen Individualität, Hybridität und der Verzicht auf Schilderungen eines Clash of Cultures und dem damit einhergehenden Integrations- bzw. Assimilationsdruck erwiesen.[8]

Von diesen Beobachtungen ausgehend fragt der vorliegende Beitrag mit Blick auf die Migrationsliteratur des frühen 21. Jahrhunderts nach den ästhetischen Schreibweisen der Romane und deren Einordnung in die Gegenwartsliteratur, um abschließend ihre Bedeutung für den so genannten ,neuen Realismus' zu diskutieren. Im Mittelpunkt stehen dabei erstens die Sprachreflexion als ein traditionelles ästhetisches Mittel der Migrationsliteratur, zweitens die Multiperspektivität und drittens das Spannungsverhältnis zwischen Realitätsreferenzen und Fiktion, das sich als kennzeichnend für die Literatur des frühen 21. Jahrhunderts erwiesen hat.[9] Diese ästhetischen Merkmale gilt es exemplarisch an *Vielleicht Esther* (2014) von Katja Petrowskaja aufzuzeigen, an einem Roman also, der

---

5    Wilfried Barner: Die Erzählprosa der neunziger Jahre. In: ders. (Hg.): *Geschichte der deutschen Literatur von 1945 bis zur Gegenwart*. 2. Aufl. München 2006, S. 964–1007, hier: S. 998.

6    Andreas Schumann: „Sind sie zu fremd, bist Du zu deutsch". Migrantenliteratur in Deutschland seit 1960. 2005. Folie 37 von 41, retrieved 15.08.2016, from http://www. jungeforschung.de/migranten/.

7    Vgl. Hansgeorg Schmidt-Bergmann: Von der „Gastarbeiterliteratur" zu einer „neuen deutschen Literatur". Migration und Integration in der deutschsprachigen Gegenwartsliteratur. In: *Bitburger Gespräche Jahrbuch* 53(1), 2010, S. 99–107, hier: S. 107.

8    Vgl. Schumann 2005, Folie 38 von 41.

9    Vgl. beispielsweise die Beiträge des Sammelbandes: Søren R. Fauth/Rolf Parr (Hg.): *Neue Realismen in der Gegenwartsliteratur*. Paderborn 2016.

bezeichnenderweise im Feuilleton nicht nur als Migrations-,[10] sondern auch als Familienroman[11] gelesen worden ist, sowie an Shida Bazyars *Nachts ist es leise in Teheran* (2016), der die Migrationsgeschichte einer iranischen Familie über mehrere Generationen beschreibt. Die These des vorliegenden Beitrags lautet, dass sowohl die moralisch und ethisch relevanten Themen als auch die ästhetischen Schreibweisen zu einer neuen Qualität der Migrationsliteratur seit 2000 führen.

## Sprachreflexion

In der Migrationsliteratur hat bereits in der ersten Phase der so genannten Gastarbeiterliteratur der 1950er und 60er Jahre eine Sprachreflexion stattgefunden, vor allem in Bezug auf die Wahl der Literatursprache Deutsch.[12] Sie findet dabei auf mehreren Ebenen statt: zum einen auf einer außerliterarischen Ebene, wenn sich die Autoren über das Schreiben in ihrer Zweitsprache äußern, zum anderen auf einer innerliterarischen Ebene, wenn die Erzähler oder Protagonisten die Eigenheiten der deutschen Sprache thematisieren.

In den älteren Texten bis Mitte der 1990er Jahre steht vor allem ein Vergleich der Ausdrucksmöglichkeiten von Muttersprache und Wahlsprache Deutsch im Vordergrund, etwa in Bezug auf das metaphorische Sprechen, um so die Sprache für Verfremdungen zu funktionalisieren. Emine Sevgi Özdamar gelingt dies beispielsweise in ihrem Erzählband *Mutterzunge* (1990)[13] – wie schon der Titel impliziert – durch die Übertragung von türkischen Wörtern und Idiomen ins Deutsche, was zu einer poetischen Hybrid-Sprache führt. Darüber hinaus wird in den Werken dieser Phase durch die Konstruktion von kommunikativen Störungen eine eigene migrantische Identität inszeniert.[14]

10  Vgl. beispielsweise das Interview von Jens Mühling mit Katja Petrowskaja im *Tagesspiegel*, retrieved 12.12.2016, from http://www.tagesspiegel.de/kultur/ukraine-die-schriftstellerin-katja-petrowskaja-lieber-ganz-fremd-als-halb/9590042.html.

11  Vgl. beispielsweise die Rezension von Sebastian Hammelehle: Familiengeschichte Vielleicht Esther. Nächster Halt Holocaust. *Spiegel Online* 11.03.2014, retrieved 13.12.2016, from http://www.spiegel.de/kultur/literatur/katja-petrowskaja-vielleicht-esther-a-957065.html.

12  Beispielsweise in den Werken von Gianni Bertagnoli, Franco Biondi, Carmine Chielino oder Marco di Mauro.

13  Emine Sevgi Özdamar: *Mutterzunge*. Erzählungen. Berlin 1990.

14  Vgl. Andreas Schumann: Sprachspiel und Individualität. Neue Tendenzen einer Literatur der Migration. In: Thomas Anz/Heinrich Kaulen (Hg.): *Literatur als Spiel. Evolutionsbiologische, ästhetische und pädagogische Konzepte*. Berlin 2009, S. 499–508, hier: S. 499.

Eine weitere Etappe der Sprachreflexion in der Migrationsliteratur markieren Feridun Zaimoglu und Zé do Rock durch die Entwicklung eigener Kunstsprachen, die sich als kennzeichnend für die Migrationsliteratur seit Mitte der 1990er Jahre, der Phase der Kulturvermittlung, erweisen: Während Zaimoglu mit seinen halbfiktiven Interviews *Kanak Sprak – 24 Mißtöne vom Rande der Gesellschaft*[15] (1995) eine migrantenspezifische Jugendsprache entwickelt, weist Zé do Rock in seinem in einem vereinfachten ‚Ultradoitsh' geschriebenen Roman *fom winde ferfeelt*[16] (1995) sprachkritisch auf Besonderheiten der deutschen Sprache hin.

Bei anderen Autoren dieser Phase steht die ästhetische Setzung von Sprache von einer distanzierteren und damit reflektierteren Perspektive im Zentrum sowohl der poetologischen Überlegungen als auch der Romane. In den Tübinger Poetik-Vorlesungen von Yoko Tawada heißt es entsprechend:

> Je länger ich mich mit der deutschen Sprache beschäftige, desto mehr Schwierigkeiten fallen mir ins Auge. Aber daran habe ich mich schon gewöhnt. Die Schwierigkeiten werfen Licht auf den Sprachkörper und machen ihn auf diese Weise sichtbar. Dagegen bleibt man meistens blind in einer Sache, die man beherrscht.[17]

Wie schon Andreas Schumann festgestellt hat, verschiebt sich die Funktion des Sprachspiels mit Tawada und do Rock von der Konstruktion einer Gruppenidentität in Richtung eines ‚individual turn'.[18] Diese Tendenz setzt sich in der Migrationsliteratur zu Beginn des neuen Jahrtausends fort, indem der Aspekt der Sprachreflexion, insbesondere die Reflexion der eigenen Kunst durch das Medium der Sprache, in den Fokus gelangt: Die Sprachwahl dient damit nicht mehr ausschließlich der Bewusstmachung kultureller Unterschiede oder der Entwicklung hybrider Identitäten, sondern der Präsentation der Konstruiertheit respektive der Künstlichkeit des Textes. Nicht mehr nur die kommunikative, sondern auch die ästhetische Funktion der Werke rückt damit in den Mittelpunkt.

In *Vielleicht Esther* kommt diese Form der Sprachreflexion über mehrere Strategien zum Einsatz. Die Verwendung von Redewendungen wird beispielsweise auf der Ebene der Diegese thematisiert:

> Sie [die Babuschkas der Erzählerin] hatten nicht alle Tassen im Schrank, obwohl man auf Russisch nicht alle Tassen sagt, sondern Hast du nicht alle zu Hause? Ich hatte Angst

---

15  Feridun Zaimoglu: *Kanak Sprak – 24 Mißtöne vom Rande der Gesellschaft.* Hamburg 1995.
16  Zé do Rock: *Fom Winde ferfeelt. Ain Buch fon Zé do Rock.* Berlin 1995.
17  Yoko Tawada: *Verwandlungen. Tübinger Poetik-Vorlesungen.* Tübingen 1998, S. 25.
18  Vgl. Schumann 2009, S. 506.

vor dieser Frage, obwohl meine Babuschkas fast immer zu Hause waren, zu meinem Schutz wahrscheinlich, trotzdem hatte mich dieses Nicht alle zu Hause oder einfach dieses *alle* alarmiert, als ob die anderen etwas über uns gewusst hätten, was mir nicht erzählt wurde, als ob sie gewusst hätten, wer oder was eigentlich fehlt.[19]

Während in diesem Beispiel noch Redewendungen der russischen Muttersprache der aus Kiew stammenden Erzählerin und der deutschen Fremdsprache hinterfragt werden, bleibt es im weiteren Erzählverlauf nicht bei diesem einfachen Sprachvergleich: neben Russisch und Deutsch führen beispielsweise auch jiddische[20] und englische[21] Formulierungen zur Reflexion über die spezifischen Potentiale der verschiedenen Sprachcodes.

Die Motivation der Erzählerin, ausgerechnet die deutsche Sprache zu erlernen, „die Sprache des Feindes"[22], die „Gabe und Gift"[23] repräsentiert, greift der Text an mehreren Stellen auf. Zum Ersten gelingt es ihr so bei ihrem Streifzug durch die Familiengeschichte sowohl die jüdisch-russische als auch die deutsche Perspektive einzunehmen. Die Sprachwechsel werden dabei in einer Traumszene von der Erzählerin reflektiert und funktionalisiert. Sie finden statt, „um beide seiten zu bewohnen, ich und nicht ich zugleich zu erleben".[24] Über den Sprachwechsel bildet sich eine hybride Identität, die es ermöglicht, die Familiengeschichte aus verschiedenen Perspektiven zu betrachten, um eine Distanz zu den historischen Ereignissen aufzubauen.[25] Zum Zweiten bewahrt die deutsche

19  Katja Petrowskaja: *Vielleicht Esther*. Geschichten. Berlin 2014, S. 21.
20  Vgl. ebd., S. 36.
21  Vgl. ebd., S. 41.
22  Ebd., S. 80.
23  Ebd.
24  Ebd., S. 117–118.
25  Ähnlich äußert sich die Autorin in einem Interview mit Ulrike Timm: „Und irgendwann habe ich auch Funktionen der Sprache verstanden. Also wenn ich meine Geschichte auf Russisch schreibe, es ist klar, wo man eine Geschichte platziert, das ist irgendwelche Geschichte wieder aus diesem Raum, wieder zum Thema, sozusagen meine Opferrolle ist in russischer Sprache impliziert. Wenn ich aber dasselbe auf Deutsch schreibe, ist es nicht ganz klar, wer ich bin, und es ist eine gewisse Entfremdung. Also Deutsch, das ist eine gewisse Entfremdung für mich, es bedeutet automatisch, dass die Geschichte meiner Familie ist nicht nur meine Geschichte." (Ulrike Timm: „Es gibt keine Grenze zwischen den Literaturen." Bachmann-Preisträgerin Petrowskaja über ihre Geschichte und ihre Liebe zur deutschen Sprache. *DeutschlandradioKultur* 08.07.2013, retrieved 19.12.2016, from http://www.deutschlandradiokultur.de/es-gibt-keine-grenze-zwischen-literaturen.954.de.html?dram:article_id=252300).

Sprache die Erzählerin vor der rhetorischen Routine,[26] die der Verwendung der Muttersprache eigen ist, und zum Dritten findet eine motivische Verknüpfung von Sprachwahl und erzählter Familiengeschichte statt:

> Ich begab mich ins Deutsche, als würde der Kampf gegen die Stummheit weitergehen, denn Deutsch, *nemeckij*, ist im Russischen die Sprache der Stummen, die Deutschen sind für uns die Stummen, *nemoj nemec*, der Deutsche kann doch gar nicht sprechen. Dieses Deutsch war mir eine Wünschelrute auf der Suche nach den Meinen, die jahrhundertelang taubstummen Kindern das Sprechen beigebracht hatten, als müsste ich das stumme Deutsch lernen, um sprechen zu können, und dieser Wunsch war mir unerklärlich.[27]

Die Erzählerin wählt also ausgerechnet die Sprache der Stummen als Literatursprache („ich wollte auf Deutsch schreiben, auf Teufel komm raus Deutsch"[28]), was einerseits den größtmöglichen Gegensatz zur russischen Muttersprache zum Ausdruck bringt. Die Erzählerin stilisiert das Schreiben in der deutschen Sprache so zum ästhetisch-geistigen Kraftakt, während sich andererseits motivisch die Familiengeschichte in der Sprachwahl spiegelt. Der Wechsel des Sprachcodes ist damit mehrfach funktionalisiert und wird selbst zum Zeichen.

Mittels der Sprachreflexion bringt die gegenwärtige Migrationsliteratur eine größere Distanz zur Sprache zum Ausdruck, die auch beim Leser zum Nachdenken über die artifiziell verwendeten Sprachcodes führt.[29] Die Position des Fremden erweist sich damit als eine ästhetische Konstruktion, um Metaphern und Symbole der erlernten Literatursprache zu hinterfragen, wie auch *Nachts ist es leise in Teheran* zeigt:

> Während Walter mich umarmt und ich mich so schnell wie möglich wieder den Kleinen und der Tür zuwende, frage ich mich, was *abwesend* bedeutet, ein Wort, das ich von den

---

26  „Mein Deutsch blieb in der Spannung der Unerreichbarkeit und bewahrte mich vor der Routine." (Petrowskaja 2014, S. 78).

27  Ebd., S. 79.

28  Ebd.

29  Eine ähnliche Beobachtung stellt Moritz Schramm in Bezug auf die Romane von Abbas Khider an (vgl. Moritz Schramm: Ironischer Realismus. Selbstdifferenz und Wirklichkeitsnähe bei Abbas Khider. In: Fauth/Parr 2016, S. 71–84, hier: S. 76–79). Schramm spricht von einem ironischen Realismus, „bei dem die Distanz zu den Dingen und zum Selbst die Voraussetzung für eine kritische Auseinandersetzung mit der Wirklichkeit ist." (Schramm 2016, S. 76). Dies deckt sich weitgehend mit der unten angeführten These, dass sich die Oszillation zwischen Realitäts- und Verfremdungseffekten als kennzeichnend für die nachpostmoderne Literatur des ‚neuen Realismus' erweist.

Behörden kenne, wenn sie Urlaub machen, dann sind die abwesend, und wieso wirke
ich auf andere abwesend?[30]

Diese Funktion nimmt die Sprachreflexion allerdings bereits in den älteren Texten der Migrationsliteratur ein. Als neu an den Werken der Gegenwart erweist
sich einerseits die Aufhebung der binären Kategorien zugunsten einer Sprachdurchmischung, die von der Globalisierung einerseits und der literarischen
Bildung der Protagonisten bzw. Erzähler andererseits gekennzeichnet ist. Andererseits vereinen Romane wie *Nachts ist es leise in Teheran* über einen durch das
multiperspektivische Verfahren (siehe unten) angelegten diachronen Vergleich
verschiedene Strategien der Sprachreflexion: Am Beispiel der Eltern Nahid und
Beshan wird demonstriert, wie Migration bei der ersten Generation zur Sprach-
losigkeit in der „kalten" und „uninteressanten" Sprache führen kann,[31] während
die Tochter Laleh die Erfahrung des doppelten Fremdseins sowohl in Deutschland als auch im Iran sammelt. In der Schule wird sie beispielsweise bei einem
politischen Rollenspiel automatisch als Vertreterin des Iran ausgewählt: „Ich
schaue Maja an und denke, klar, dass sie sich die USA ausgesucht hat, das hätte
ich auch gemacht, aber mich hat niemand gefragt, weil alle gesagt haben, Laleh
soll Iran nehmen, weil alle denken, das wäre Logik."[32] Im Iran hingegen fällt sie
ebenfalls als Fremde auf: „Sage es mit kindlicher Stimme, die kindlicher wird,
wenn sie Persisch spricht, weil ich inzwischen weiß, dass ich einen Akzent habe,
dass man mir anhört, dass da was nicht stimmt mit mir und meinen Worten."[33]
Die bereits in Deutschland geborene Tochter Tara hingegen symbolisiert eine
Generation, die ihre Identität in der globalisierten Welt gefunden hat. Damit gibt
der Roman metafiktional einen Überblick über die zentralen Themen in den verschiedenen Phasen der Migrationsliteratur seit den 1950er/60er Jahren von der
Betonung der Sprachdifferenz über die Thematisierung der Heimatlosigkeit bis
hin zur Loslösung von der Nationalitätenfrage in einer globalisierten Welt. Die
aufgeführten Beispiele der aktuellen Migrationsliteratur machen deutlich, dass
es sich bei der Wahl von Sprache, Stil und Metaphern um eine bewusste Setzung
von Sprache handelt, die die Literarizität ausstellt.

Diese Formen der Sprachreflexion sind aber keineswegs nur für die aktuelle
Migrationsliteratur kennzeichnend, sondern erweisen sich als eine allgemeine

---

30  Shida Bazyar: *Nachts ist es leise in Teheran*. Roman. Köln 2016, S. 91.
31  Ebd., S. 73, S. 100. „Jetzt kennen wir Ulla und Walter seit einem Jahr, und immer noch
    schweigt Beshad, weil er später mit mir reden und mir widersprechen wird, als wäre
    ich Walter, als wäre ich Walters Ansicht." (ebd., S. 79).
32  Ebd., S. 123.
33  Ebd., S. 164.

Tendenz in der Gegenwartsliteratur, wenn etwa der demente Erzähler in Alban Nikolai Herbsts Roman *Traumschiff* Formulierungen hinterfragt und so ebenfalls die Position eines distanzierten Beobachters der deutschen Sprache einnimmt.[34] Durch die Überführung feststehender sprachlicher Konventionen in unerwartete Kontexte findet eine Umdeutung des Sprachmaterials statt, die der Selbstvergewisserung der verwendeten Formulierungen dient.

Die Künstlichkeit der Romane kommt nicht nur durch die Sprachreflexion, sondern auch durch die multiperspektivische Erzählweise zum Ausdruck.

## Multiperspektivität

Als charakteristisch für die Migrationsliteratur früherer Phasen erweist sich ein Ich-Erzähler, der seine Zuhörer bzw. Leser mit seiner Vergangenheit konfrontiert: Über Erinnerungen und Vergleiche kommen kulturelle Unterschiede oder Schwierigkeiten bei der Integration in die deutsche Gesellschaft zur Sprache. Die autodiegetische Erzählweise unterstreicht die Authentizität des Erzählten. In der Migrationsliteratur des 21. Jahrhunderts wird diese Zuverlässigkeit des Erzählten durch ein multiperspektivisches Erzählverfahren infrage gestellt.[35]

In *Nachts ist es leise in Teheran* dient die multiperspektivische Erzählweise dazu, die unterschiedlichen Migrationserfahrungen der verschiedenen Generationen am Beispiel einer Familie, das heißt jeweils aus männlicher und weiblicher Sicht sowie über einen Zeitraum von mindestens 40 Jahren, in Monologen zur Sprache zu bringen. Indem das Leben der ersten, zweiten und dritten Generation parallel konstruiert wird, findet gleichsam eine Überschau auf die Themen der Migrationsliteratur von den 1970er Jahren bis heute statt: Der Roman greift sowohl die Differenzen in der Aneignung von Sprache als auch der Ausbildung

---

34  „Wahrscheinlich sind es Möwen. Sie kapriolen nicht nur ihre Flugkunst, kann man das sagen: ‚Sie kapriolen ihre Flugkunst‘?, sondern sie umsegeln sich immer auch selbst, jedes Paar einander." (Alban Nikolai Herbst: *Traumschiff*. Hamburg 2015, S. 33).

35  Für die transkulturelle Lyrik seit den 1990er Jahren stellt bereits Andreas Blödorn den Wechsel von Positionen und Perspektiven als zentrales Kennzeichen fest (vgl. Andreas Blödorn: Nie da sein, wo man ist. ‚Unterwegs-Sein‘ in der transkulturellen Gegenwartslyrik. In: Heinz Ludwig Arnold (Hg.): *Literatur und Migration*. Text + Kritik Sonderband. München 2006, S. 134–147, hier: S. 144–145). Für Familien- bzw. Gesellschaftsromane außerhalb der Migrationsliteratur vgl. Alexandra Tischel: Polyperspektivismus und Pluralität. Die Perspektivenvielfalt der Gegenwartsliteratur anhand von Romanen Arno Geigers, Anna Katharina Hahns, Eva Menasses und Eugen Ruges. In: Fauth/Parr 2016, S. 53–69).

von Identitäten auf: vom Clash of Cultures mit dem Gefühl einer doppelten
Fremdheit über eine migrantische, hybride Identität hin zum ‚individual turn'.[36]
Die Alteritätserfahrungen der jeweiligen Erzähler werfen dabei einen kriti-
schen Blick auf die Gesellschaft, wenn es aus der Perspektive der jüngsten Tochter heißt, dass die „verdammte Welt" noch nicht so weit sei, dass der Name ihrer
Nichte, Parastou, „in einer Brandenburger Tanke keine Aufmerksamkeit auf sich
ziehen würde."[37] Dieser Aspekt ist vor allem deshalb zentral, weil in diesem letzten Teil, dem Epilog, eine konkrete Jahresangabe fehlt. Anders als die Erzählstränge der Jahre 1979 und 2009, die jeweils auf zentrale historische Ereignisse
zurückgehen, kann die am Ende geglückte Revolution im Iran noch nicht mit
einer Jahreszahl versehen, sondern muss in eine unbestimmte Zukunft verlegt
werden. Dass es sich hierbei jedoch nicht um eine utopische Weltvorstellung
handelt, demonstriert das letztgenannte Zitat ebenso wie die „Gerüchte über die
dritte Generation NSU".[38]

In *Vielleicht Esther* dominiert zwar der Bericht der Ich-Erzählerin, doch ist
der Roman immer wieder durchbrochen von intertextuellen bzw. intermedialen
Rekursen auf Fotos, Zeitungsartikel, Auszügen aus Gerichtsakten, Erzählungen
von Verwandten, Briefe, Zeichnungen oder andere Stimmen, die einen weiteren
Blick auf das Erzählte ermöglichen. Die wechselnde Perspektive kommt nicht
explizit zur Sprache, sondern wird implizit durch den Montagecharakter und
die spezifischen Gattungsreferenzen erschlossen.[39] Diese multimodale[40] und
multiperspektivische Erzählweise reflektiert der metafiktionale Roman, wenn es

---

36  Vgl. Schumann 2009.
37  Bazyar 2016, S. 274.
38  Ebd., S. 274.
39  Vgl. dazu Klaudia Seidel: „A matrix for the susurration of texts". Die Ausgestaltung
    der Multiperspektivität in hybriden Genres. Peter Ackroyd, Antonia S. Byatt und John
    Fowles. In: Ansgar Nünning/Vera Nünning (Hg.): *Multiperspektivisches Erzählen.
    Zur Theorie und Geschichte der Perspektivenstruktur im englischen Roman des 18. bis
    20. Jahrhunderts*. Trier 2000, S. 283–304.
40  „‚Multimodal' heißen diese [seit den 1990er Jahren gehäuft auftretenden] Romane
    also, weil sie sich außer der Schriftsprache zahlreicher anderer semiotischer Modi bis
    hin zur Integration ganzer generischer Formen wie (faksimilierter) handgeschriebener
    Briefe, eines Zeitungsartikels oder einer (typographisch nachgebildeten) SMS-Nach-
    richt zur Darstellung der fiktionalen Welt bedienen." (Wolfgang Hallet: Die Re-Semio-
    tisierung von Herkunftsräumen im multimodalen Migrationsroman. In: Maximilian
    Benz/Katrin Dennerlein (Hg.): *Literarische Räume der Herkunft. Fallstudien zu einer
    historischen Narratologie*. Berlin 2016, S. 337–355, hier: S. 337).

heißt: „Was mir blieb: Erinnerungsfetzen, zweifelhafte Notizen und Dokumente in fernen Archiven."[41] Ebenso wie sich das thematische Feld der Migrationsliteratur dadurch vergrößert, dass nicht mehr die eigene Geschichte, sondern die der Familie im Vordergrund steht, gehen die Romane durch das multiperspektivische Erzählverfahren ästhetisch über die traditionelle Form des autodiegetischen Erzählens von Migrationsliteratur hinaus. Die Multiperspektivität stellt den Leser vor die Frage nach der Authentizität des Erzählten, die eine autodiegetische Erzählung normalerweise verbürgen soll. Indem die Ich-Erzählerin in *Vielleicht Esther* die Konstruktionsweise ihrer Erzählung offenlegt, gerät der Aspekt der Glaubwürdigkeit des Erzählten in den Blick: Die Geschichte hätte nämlich auch anders lauten können:

> Und dann sagte ich, Mama, stell dir vor, ich habe das Haus gefunden, Ulica Ciepła 14, nein, nur das Foto, und meine Mutter sagte, ja, unglaublich, wirklich wunderbar, aber es tut mir leid, ich habe ganz vergessen, dass das Haus, das du gesucht hast, die Nummer 16 war und nicht 14. Entschuldige, Katenka, wir haben überall Nummer 14 geschrieben, aber das Waisenhaus und die Schule und die Wohnung waren in Nummer 16.[42]

Nicht die Authentizität der erzählten Familiengeschichte, die Wirklichkeitsnähe steht also im Mittelpunkt des Romans, sondern vielmehr die Möglichkeiten der Re-Konstruktion der Vergangenheit über das Erinnern und Erzählen aus unterschiedlichen Perspektiven. Eine auktoriale Sicht ist dabei nicht möglich, da die Erinnerung jeweils nur eine subjektive Version präsentiert. Auch *Nachts ist es leise in Teheran* reflektiert das multiperspektivische Erzählen, wenn es über den Vater Beshad heißt, dass er nicht einmal seine eigene Argumentation gelten lasse, „weil man ja immer noch mehrere Perspektiven, mehrere Wahrheiten benennen muss."[43]

Für die zentrale Rolle der Re-Konstruktion, dem dezidiert ausgestellten erneuten Nachvollziehen von Geschichte über Multiperspektivität, spricht, dass die Erzählerin nicht den Versuch unternimmt, die Familiengeschichte chronologisch wiederzugeben, sondern nichtlinear zwischen Vergangenheit, Gegenwart und Zukunft springt und die Lebensgeschichten der Verwandten unsystematisch präsentiert – geordnet lediglich nach Informationen, die die Ich-Erzählerin zufällig an unterschiedlichen Orten und über verschiedene Kanäle in Erfahrung bringen kann. Der Leser ist somit stets gefordert, den Sprüngen zwischen den

---

41  Petrowskaja 2014, S. 30.
42  Ebd., S. 113.
43  Bazyar 2016, S. 169.

einzelnen Positionen des Stammbaums zu folgen. Die fehlende Chronologie und Linearität findet dabei auch Eingang in den Roman, wenn es im ersten Drittel des zweiten Kapitels selbstreflexiv heißt: „Ich ließ den Lehrer, Schimon, nicht aus den Augen, wie er, zurück von einer Geldsammelreise, eilig durch das Städtchen mit den altersschiefen Häusern schritt, […] und hier könnte die Geschichte einer Familie, eines Clans anfangen und vielleicht sogar diese Geschichte."[44] Und auch der Titel des Romans verweist auf die labile Konstruktion der Überlieferung, wenn sich bei der Recherche nach ihrer Urgroßmutter nicht einmal deren Name zweifelsfrei klären lässt.[45]

Die darauffolgende immer wieder von anderen Episoden unterbrochene Geschichte von der Deportation der Juden aus der Stadt Kiew zur Schlucht Babij Jar und der Erschießung der Urgroßmutter ‚Vielleicht Esther' durch deutsche Soldaten gerät bereits durch diese Einleitung ins Zweifelhafte. Über die Erschießung heißt es: „Ich beobachte diese Szene wie Gott aus dem Fenster des gegenüberliegenden Hauses. Vielleicht schreibt man so Romane. Oder auch Märchen."[46] Dem historischen Fakt der Massenvernichtung der Juden in der Schlucht Babij Jar stellt die Erzählerin unter Nennung aller Zweifel und Unsicherheiten das Moment des (fiktiven) Einzelschicksals entgegen, sodass der Roman die Möglichkeiten von Literaturproduktion reflektiert. Das Ende dieser Episode macht ebenfalls stärker auf die Konstruiertheit von Geschichte aufmerksam, als dass Authentizität erzeugt wird:

> Als Vielleicht Esther einsam gegen die Zeit ging, gab es in unserer Geschichte eine ganze Menge unsichtbarer Zeugen: […] Mein Großvater Semjon suchte lange nach jemandem, der etwas über Babuschka wusste. Es war der Hausmeister des nicht mehr existierenden Hauses, der ihm alles erzählte. Es scheint mir, dass an diesem 29. September 1941 jemand am Fenster gestanden hat. Vielleicht.[47]

Am Beispiel eines kleinen Details gelingt es, die Aufmerksamkeit des Lesers auf das Unsichere der Geschichte, auf die fiktionalisierte Familiengeschichte und den Status von Fiktionalität von Geschichte und Geschichten zu lenken, was dem Bemühen um Faktualitätsillusion durch die in den Text integrierten Daten, Dokumente und Fotografien entgegenläuft. Damit reflektiert und problematisiert der Roman, ähnlich wie es bei der historiographischen Metafiktion[48] der

---

44 Petrowskaja 2014, S. 55–56.
45 Vgl. ebd., S. 209.
46 Ebd., S. 221.
47 Ebd., S. 222–223.
48 Linda Hutcheon spricht bei Romanen von historiographischer Metafiktion, „which are both intensely self-reflexive and yet paradoxically also lay claim to historical events

Fall ist, die Bedingungen des ästhetischen Schreibens: Die umfassende Reflexion über Fiktion sowie das Herausstellen der eigenen Fiktionalität treten gegenüber der Darstellung der Familiengeschichte in den Vordergrund.

Eine ähnliche Poetisierungsstrategie lässt sich in der Episode erkennen, die die Flucht des Vaters aus Kiew schildert, die nur gelingt, weil er an Stelle eines Fikus auf der Ladefläche eines Lastwagens Platz findet. Im Dialog zwischen Tochter und Vater gesteht dieser jedoch: „Was für ein Fikus? Ich erinnere mich nicht daran. Vielleicht habe ich das vergessen." Für die Ich-Erzählerin stellt sich dadurch die zentrale Frage nach der Faktualität bzw. Fiktivität der Pflanze. Der Vater antwortet darauf, dass es manchmal „gerade die Prise Dichtung [sei], welche die Erinnerung wahrheitsgetreu" mache, sodass die Ich-Erzählerin mit dem Resümee schließt: „So wurde mein fiktiver Fikus als literarischer Gegenstand rehabilitiert."[49] Am Ende kommt es also nicht ausschließlich auf die Wahrheit an, solange eine literarische Funktion zu erkennen ist.

Der Roman *Vielleicht Esther* legt damit seine ästhetische Strategie offen, über Erinnerungslücken die Artifizialität des Erzählten in den Vordergrund zu stellen. Die Multiperspektivität bringt zum Ausdruck, dass es die *eine* Familiengeschichte nicht geben kann, sondern dass es sich bei dem Erzählen von Familiengeschichten bereits um Literatur handelt: Nicht Geschichte, sondern Geschichten, wie es im Untertitel des Textes heißt, werden erzählt. Es geht in *Vielleicht Esther* also nicht um die Wahrheit des Erzählten, um Zuverlässigkeit, sondern um die Möglichkeiten des Erzählens und des Wissenserwerbs.

Für *Vielleicht Esther* und *Nachts ist es leise in Teheran* gilt, wie Alexandra Tischel am Beispiel einiger Familien- bzw. Generationenromane außerhalb der Migrationsliteratur nachgewiesen hat, dass sie „den Weg eines nachpostmodernen Pluralismus" gehen, „der die subjektive Verschiedenheit von Weltwahrnehmung ernst nimmt und in Polyperspektivismus umsetzt, ohne die Wahrheitsfrage stellen zu müssen."[50] Die poetologische Strategie der Selbstreflexion des (migrantischen) Erzählens sowie die Pluralisierung von Perspektiven steigern die Komplexität des Erzählens, sodass die Migrationsliteratur der Gegenwart unter anderen Vorzeichen zu lesen ist, als die oftmals wegen ihrer

---

and personages." Linda Hutcheon: *A Poetics of Postmodernism. History, Theory, Fiction*. New York/London 1998, S. 5. Siehe zur historiographischen Metafiktion darüber hinaus Ansgar Nünning: *Von historischer Fiktion zu historiographischer Metafiktion. Band 1. Theorie, Typologie und Poetik des historischen Romans*. Trier 1995.

49  Petrowskaja 2014, S. 219, S. 220.

50  Tischel 2016, S. 58.

vermeintlich ästhetischen Einfachheit kritisierten Migrationsromane früherer Phasen.

## Wechselwirkung von Referentialität und Fiktion

Während die beiden Migrationsromane *Vielleicht Esther* und *Nachts ist es leise in Teheran* einerseits durch die selbstreflexiven Passagen die eigenen Fiktionalisierungsstrategien explizit ausstellen und darüber hinaus zahlreiche fiktive Sequenzen einweben, die freie Assoziationen und Sprachspiele zum Kennzeichen haben, lassen sich andererseits Realitätsreferenzen finden, die für den Leser überprüfbar und deshalb glaubhaft sind.

Zur Recherche der Lebensgeschichte von Judas Stern fließen in *Vielleicht Esther* beispielsweise Fotos, Gerichtsakten und Zeitungsartikel in den Text ein, deren Herkunft im Anhang durch Quellenangaben und Bildnachweise verzeichnet ist. Sie transportieren den Eindruck des unmittelbaren Einblicks in die Geschichte und führen durch die zahlreichen Fragmente zu einem Wechselspiel zwischen Vergangenheit und Gegenwart. Darüber hinaus lassen sie den Leser die Ereignisse aus einer anderen Perspektive wahrnehmen: Gerichtsakten und Zeitungsartikel berichten in der Regel sachlich und distanziert von Begebenheiten, die die Ich-Erzählerin subjektiv bewertet und in ihre Familiengeschichte integriert. Daneben führt der Text Internetseiten an, die auf die im Roman zitierten Interviews leiten.[51] Doch selbst verlässliche Dokumente erlangen diesen Status immer nur scheinbar, indem sie sogleich ins Zweifelhafte gezogen werden.

Die Memoiren der (fiktiven) Oma Rosa, deren Faktizität durch das auf dem Cover abgebildete Schriftstück aus dem Privatbesitz von Katja Petrowskaja suggeriert wird, könnten Auskunft über die Familiengeschichte geben, sie bestehen allerdings aus einer unsortierten Blattsammlung, von der keine Zeile lesbar ist:

> Oft vergaß sie, ein neues Blatt zu nehmen, und schrieb mehrere Seiten auf dasselbe Papier. Eine Zeile ragte in die nächste hinein, eine weitere legte sich darüber, sie überlagerten sich wie Sandwellen am Strand, einer Naturkraft gehorchend, verknäulten sie sich im Bleistiftgekritzel, gehäkelte und gewebte Spitzen.[52]

---

51  Ob es sich bei dem ins Leere führenden Verweis auf die Quelle des Interviews mit Mira Kimmelmann (oakridge.com statt oakridger.com) tatsächlich um einen Fehler handelt oder eine ästhetische Verschleierungsstrategie, bleibt hier offen – erst eine genauere Überprüfung aller im Text angegebener Verweise könnte diese Frage klären (vgl. Petrowskaja 2014, S. 119).

52  Ebd., S. 61–62, vgl. Cover des Buches.

Die Memoiren verlieren somit ihre Funktion des Erinnerns. Die Fragwürdigkeit der gegebenen Informationen aus vermeintlich sicheren Quellen kommt explizit zur Sprache, sodass die Grenzen zwischen subjektiver Erinnerung und historischer Überlieferung verschwimmen. Dies lässt sich beispielsweise an der Wiedergabe eines Zeitungsartikels erkennen, der die Grundlage der Familiengeschichte bildet:

> 1864 schrieb der Schriftsteller und Aufklärer Faiwel Goldschmidt in einer jiddischen Zeitung in Lemberg über Simon Geller und seine Schule […]. Sechzig Jahre später wurde der Text von Simons Enkel […] ins Russische übersetzt, wieder sechzig Jahre später entdeckte meine Mutter [die] Übersetzung in einem Archiv in Kiew […]. Doch die jiddische Zeitung war nicht mehr auffindbar. So gründet die Herkunft unserer Familie in einer fragwürdigen Übersetzung ohne Original, und ich erzähle die Geschichte dieser Familie nun auf Deutsch, ohne dass es für sie je ein russisches Original gegeben hätte.[53]

Über die große zeitliche Distanz und den mehrfachen Sprachwechsel bleibt der historische Kern der Erzählung fraglich. Die Überlieferungstradition zeigt vielmehr auf, wie sich Familiengeschichte rekonstruieren lässt, ohne dadurch viel mehr als eine mögliche von verschiedenen denkbaren Geschichten zu erzählen. Ebenso wie das multiperspektivische Erzählen thematisiert das Oszillieren zwischen Realitätsreferenz und Fiktionalität selbstreferentiell sowohl die Literarizität des Romans als auch die Reflexion über Probleme der Historiographie.

Ähnlich wie es auch in *Vielleicht Esther* Verweise auf die Online-Recherche von Dokumenten sowie die Suche nach Familienangehörigen über soziale Medien gibt,[54] kommen in *Nachts ist es leise in Teheran* Facebook und YouTube die Funktionen zu, nicht nur Kontakt zu den Verwandten in der ‚alten Heimat‘ zu halten, sondern auch als Plattformen über politische Ereignisse zu informieren.[55] Verweise auf diese sozialen Medien sowie Internetseiten wie tagesschau.de erzeugen Realitätseffekte, weil sie Referenzen auf die außerliterarische Wirklichkeit bieten und sich mit der Erfahrungswelt der Rezipienten decken. Gleichzeitig eröffnen die Verweise auf eine medial vermittelte – also konstruierte – Realität

---

53  Ebd., S. 52–53.
54  Vgl. beispielsweise ebd., S. 11ff. oder S. 85.
55  So kann sich Mo trotz anfänglichem Widerstand via sozialer Medien und YouTube über den Verlauf der Grünen Revolution 2009 informieren und Kontakte zu Verwandten herstellen. Beispielsweise Bazyar 2016, S. 251: „Ich denke daran, wie er [Nima] gesagt hat, Demokratie muss von innen kommen, und dass ich ihn eben nicht gefunden habe, bei Facebook, als gäbe es ihn gar nicht. Am liebsten würde ich ins Bett gehen und YouTube-Videos gucken, aber in meinem Bett ist Maryam und schläft."

eine weitere Ebene im Spannungsfeld zwischen Realitätsreferenzen und Fiktion, da auch hier eine vermeintliche Faktualität vorliegt.[56] Einen weiteren Aspekt, der auf das Unterlaufen der Grenze von Realität und Fiktion abzielt, stellt die Autofiktion dar, die immer dann gegeben ist, wenn eine Namensidentität von Autor und Figur bei gleichzeitiger Gattungsbezeichnung, die Fiktionalität indiziert, vorliegt. Zipfel betont, dass solche Texte häufig mit einer poetologischen bzw. selbstreferentiellen Perspektive verbunden sind.[57] Auf die selbstbezüglichen Aspekte ist in Bezug auf *Nachts ist es leise in Teheran* und *Vielleicht Esther* bereits hingewiesen worden. Als grundlegende Annahme gilt darüber hinaus, dass der Leser zwischen autobiographischem Pakt und Fiktionsvertrag schwankt, wenn er ein entsprechendes Werk liest.[58]

In der wissenschaftlichen Literatur über Migrationsromane älterer Phasen findet stillschweigend eine Gleichsetzung der Lebenswege der Ich-Erzähler und der Autoren statt.[59] Schließlich solle gerade die persönliche Erfahrung des Autors in das literarische Werk Eingang finden, damit sich der Leser die Bedingungen des migrantischen Lebens in Deutschland möglichst authentisch vorstellen könne. Auch Billers Artikel zielt, wie anfangs erwähnt, in diese Richtung. Als problematisch erweist sich diese Sichtweise allerdings unter anderem auch deshalb, weil der Authentizitätsanspruch, den die ältere Forschung an die Texte stellt, nicht als literarische Strategie, sondern als tatsächliche migrantische Wahrnehmung der Wirklichkeit verstanden wird.

---

56  Siehe u. a. Bazyar 2016, S. 268: „Überall gibt es Videozusammenschnitte mit unterlegter Musik. Weil es wohl allen zu langweilig geworden ist, die verwackelten Handyaufnahmen von Straßenschlachten anzuschauen. Stattdessen schneidet man die Straßenschlachten neu zusammen und legt dramatische Musik darunter."
57  Vgl. Frank Zipfel: Autofiktion. Zwischen den Grenzen von Faktualität, Fiktionalität und Literarität? In: Simone Winko/Fotis Jannidis/Gerhard Lauer (Hg.): *Grenzen der Literatur. Zu Begriff und Phänomen des Literarischen*. Berlin 2009, S. 284–314.
58  Vgl. Martina Wagner-Egelhaaf: Einleitung: Was ist Auto(r)fiktion? In: dies. (Hg.): *Auto(r)fiktion. Literarische Verfahren der Selbstkonstruktion*. Bielefeld 2013, S. 7–21.
59  Vgl. dazu kritisch Wolfgang Behschnitt/Thomas Mohnike: Interkulturelle Authentizität? Überlegungen zur ‚anderen' Ästhetik der schwedischen ‚invandrarlitteratur'. In: Wolfgang Behschnitt/Elisabeth Herrmann (Hg.): *Über Grenzen. Grenzgänge der Skandinavistik*. Würzburg 2007, S. 79–100, hier: S. 85. Am Beispiel der Werke von Emine Sevgi Özdamar hat Wilfried Barner für die deutschsprachige Migrationsliteratur gezeigt, dass sich Migrationsromane aus der ästhetischen Sackgasse des biographischen Schreibens befreit haben (vgl. Barner 2006, S. 1000).

*Vielleicht Esther* sperrt sich durch die Fiktionalisierungsstrategien sowie durch das multiperspektivische Erzählen gegen solch eine eindimensionale Deutung. So handelt es sich bei der Ich-Erzählerin um die autofiktionale Katja, die ihre Familiengeschichte erzählt. Wie die Autorin stammt die Erzählerin aus Kiew, verlor einen Großteil ihrer Familie im Krieg und wählte die Fremdsprache Deutsch als Literatursprache.[60] Vor allem in Bezug auf die Rolle als Schriftstellerin lassen sich Parallelen zwischen den Lebenswegen der Ich-Erzählerin Katja und der Autorin Katja Petrowskaja erkennen, wenn die Ich-Erzählerin sagt: „Ich dachte auf Russisch, suchte meine jüdischen Verwandten und schrieb auf Deutsch. Ich hatte das Glück, mich in der Kluft der Sprachen, im Tausch, in der Verwechselung von Rollen und Blickwinkeln zu bewegen."[61] Die deutsche Sprache dient damit der Distanzierung von der eigenen Geschichte. Ähnlich äußert sich auch Katja Petrowskaja in einem Interview mit Ulrike Timm:

> Es ist vieles in dieser Geschichte wahr. Und ich glaube, das einzige wirklich, wirklich Fiktive in dieser Geschichte ist gerade die deutsche Sprache. Weil es überhaupt kein Muss gibt, diese Geschichte auf Deutsch zu schreiben. Und gerade dieser Schritt, diese Sprache, das ist der größte fiktive Schritt.[62]

Dass Katja Petrowskaja ihre Biographie trotz der zahlreichen Realitätsreferenzen nicht im Mittelpunkt des literarischen Geschehens wissen möchte, hat sie in mehreren Interviews explizit zur Sprache gebracht: „Wir bestehen aus den Büchern, die wir gelesen haben, viel mehr als aus unseren Biografien. Die konkrete Biografie ist eine Begrenzung, das Lesen eine endlose Öffnung."[63] Erst durch das Oszillieren zwischen Fiktionalitätssignalen und Realitätsreferenzen kann eine Migrationsliteratur entstehen, die sich einerseits durch poetische Reflexionsprozesse auszeichnet und andererseits Gesellschaftsdiskurse der Gegenwart problematisiert.

Darüber hinaus verdeutlicht das letztgenannte Zitat die Relevanz, die intertextuellen Verweisen in der gegenwärtigen Migrationsliteratur zukommt: Während *Nachts ist es leise in Teheran* einerseits auf Hafis und Shamlou, andererseits auf Brecht und englischsprachige Popmusik verweist, sind es in *Vielleicht Esther* zum einen zentrale Autoren der russischen Literaturgeschichte und zum anderen Autoren wie Goethe, Trakl und Bernhard, auf die angespielt wird. Mittels der

---

60  Vgl. Katja Petrowskaja im Gespräch mit Ulrike Timm 2013.
61  Petrowskaja 2014, S. 115.
62  Katja Petrowskaja im Gespräch mit Ulrike Timm 2013.
63  Weidermann 2015, S. 104. Vgl. auch Jan Küveler: „Dieser Krieg ist unsere Antike". In: *Die Welt* (10) 09.03.2014, S. 48–49.

Intertextualität gelingt es so, einerseits Werke anderer Kulturen einzuflechten, die den deutschen Lesern fremd sein dürften, sowie andererseits die kulturellen Räume miteinander verschmelzen zu lassen.

Das Oszillieren zwischen Realitätsreferenzen und Fiktionalitätssignalen, wie es am Beispiel der Romane *Vielleicht Esther* und *Nachts ist es leise in Teheran* nachgewiesen werden konnte, verweist auf Literatur, die sich dem so genannten ‚neuen Realismus‘ zurechnen lässt.[64] Dahinter steht allerdings nicht Billers Idee, dass Texte, die von Autoren mit Migrationshintergrund über migrantisches Leben in Deutschland berichten, realer seien, als andere Werke.[65] Vielmehr repräsentiert der ‚neue Realismus‘ eine Literatur, die ebenfalls mit Biller gesprochen

> in dem Sinne post-postmodern [ist], dass keiner ihrer schreibfertigen Autoren so tut, als wäre er ein auktorialer Tyrann; aber gleichzeitig, im Gegensatz zu Calvino und seinen ironischen Schülern, meint er jedes Wort ernst, todernst, denn er und sein blutendes Ich sind der Star, sind der Text, und vielleicht ist es auch genau andersrum.[66]

Der ‚neue Realismus‘, der sich zunächst weniger als Epoche, sondern vielmehr als eine literarische Strömung versteht,[67] zeichnet sich also dadurch aus, dass er einerseits durch Realitätsreferenzen auf die außerliterarische Wirklichkeit Realitätseffekte[68] erzeugt und andererseits durch Fiktionalitätsbrüche Verfremdungseffekte. Darüber hinaus geht der ‚neue Realismus‘ einher mit einer neuen

---

64 Zu den unterschiedlichen Definitionen und Ausprägungen des ‚neuen Realismus‘ vgl. den Sammelband von Fauth/Parr 2016.

65 „Worauf ich hinauswill? Dass wir nicht deutschen Schriftsteller deutscher Sprache endlich anfangen sollten, die Freiheit unserer Multilingualität und Fremdperspektive zu nutzen. Wir müssen aufhören, darüber nachzudenken, was wir tun und schreiben sollten, damit wir Applaus kriegen, wir dürfen nie wieder den Shitstorm der deutschen Kulturvolksfront fürchten, wir müssen immer nur in den einfachsten Worten, die wir kennen, über die Menschen sprechen, wie sie wirklich sind, egal ob ihre Großeltern aus Antalya, Moskau oder Pforzheim kommen." (Biller 2014).

66 Maxim Biller: Ichzeit. Über die Epoche, in der wir schreiben. In: *Frankfurter Allgemeine Zeitung* (39) 02.10.2011, S. 23.

67 Zum ‚neuen Realismus‘ als philosophische Strömung vgl. Markus Gabriel: *Der neue Realismus*. Frankfurt a. M. 2014. Oder Maurizio Ferraris: *Manifest des neuen Realismus*. Aus dem Italienischen von Malte Osterloh. Mit einem Vorwort von Werner Gephart. Frankfurt a. M. 2014.

68 Vgl. Roland Barthes: Der Wirklichkeitseffekt. In: ders.: *Das Rauschen der Sprache. Kritische Essays IV*. Aus dem Französischen von Dieter Hornig. Frankfurt a. M. 2005, S. 164–172.

Leserrolle, denn der Leser ist permanent gefragt, die gegebenen Informationen zu überprüfen.

Moritz Baßler und Heinz Drügh bezeichnen Werke wie Petrowskajas *Vielleicht Esther* oder Konrad H. Roennes Erzählung *Will Abend werden* als „Literatur der schweren Zeichen"[69] und beziehen sich damit auf das auch schon von Biller erwähnte Merkmal der ernsten Thematik, die keine Ironie zulässt. Indem *Vielleicht Esther* sowie *Nachts ist es leise in Teheran* diese Kriterien erfüllen, lassen sie sich sowohl in Bezug auf ihre Wirklichkeitsrelevanz als auch aufgrund ihrer Poetizität als ‚realistische' Romane lesen, die nach dem *Relevanten Realismus* von Matthias Politycki Folgendes auszeichnet:

> Erzählen ist die verkappte Äußerungsform des Moralisten, ausgeübt mit dem Pathos dessen, der dabei nicht etwa nur der Lust zu fabulieren frönt, sondern sich der Pflicht entledigt, Zeitgenossenschaft aus der Mitte seiner Generation heraus zu betreiben, von einem ästhetischen Standpunkt aus, der immer gleichzeitig auch ein moralischer ist.[70]

Die Migrationsliteratur der Gegenwart lässt sich, indem sie sich auf Höhe des ästhetischen Schreibens der Gegenwart bewegt, nicht länger als „toter Kadaver"[71] bezeichnen, vielmehr schreiben die „Autoren nichtdeutscher Herkunft […] die besten Bücher der deutschen Gegenwartsliteratur"[72].

## Fazit

Während Maxim Biller die Besonderheit der migrantischen Literatur der Gegenwart einerseits in der Distanz zur Fremdsprache Deutsch sowie andererseits in der Lebenserfahrung der Autoren sieht, hat die Analyse von *Vielleicht Esther* und *Nachts ist es leise in Teheran* ergeben, dass sich die Migrationsliteratur des frühen 21. Jahrhunderts vielmehr im Bereich ihrer Artifizialität weiterentwickelt hat. Dabei knüpft sie an literarische Strömungen an, die aktuell auch außerhalb der Migrationsliteratur von Relevanz sind: Sprachreflexion, Multiperspektivität und ‚neuer Realismus'.[73] Die Sprachreflexion geht dabei über die von Biller geforderte

---

69  Moritz Baßler/Heinz Drügh: Super Wirklichkeit. In: *POP. Kultur und Kritik* 3(2), 2014, S. 81–86, hier: S. 82.

70  Matthias Politycki: Relevanter Realismus. In: ders.: *Vom Verschwinden der Dinge in der Zukunft.* Hamburg 2007, S. 102–106, hier: S. 105.

71  Feridun Zaimoglu/Julia Abel: Migrationsliteratur ist ein toter Kadaver. Ein Gespräch. In: Arnold 2006, S. 159–166, hier: S. 162.

72  Weidermann 2015, S. 100.

73  Über die enge Verbindung zwischen multiperspektivischem Erzählen und ‚neuem Realismus' heißt es bei Tischel: „Insofern kann man dem multiperspektivischen Erzählen

Distanz zur deutschen Sprache hinaus, indem sie zugunsten einer größeren Sprachdurchmischung auf binäre Kategorien verzichtet. Mittels des multiperspektivischen Erzählverfahrens, das die Werke selbstreferentiell problematisieren, zeigt sich, dass es authentische Geschichten (nicht nur von Migranten) kaum geben kann, da immer mehrere – auch widersprüchliche – Perspektiven auf eine Handlung möglich sind. Durch die Oszillation zwischen Realität und Fiktion rücken ästhetische Schreibweisen in den Mittelpunkt, die die Literaturwissenschaft derzeit unter dem Begriff des ,neuen Realismus' verhandelt. Gleichzeitig macht der stete Wechsel zwischen Fiktionalitätssignalen und Realitätsreferenzen einen Leser erforderlich, der bereit ist, den Konstruktionscharakter der Werke zu hinterfragen.

Thematisch hingegen bleibt die Migrationsliteratur auf die Aufarbeitung von Stoffen konzentriert, die weiterhin grob mit den Schlagworten Flucht, Vertreibung und Identität beschrieben werden können. Dies lässt den Schluss zu, dass sich in der Migrationsliteratur allgemeine Tendenzen der Gegenwartsliteratur widerspiegeln, die dort aufgrund der Verschränkung von moralischen Themen und ästhetischen Verfahren eine besonders günstige Konstellation bilden. Dass es sich bei den Autoren der Migrationsliteratur um keine feste Gruppe handelt, die sich für gleiche Ziele vereinnahmen lassen würde, zeigt der Artikel von Volker Weidermann in *Der Spiegel*.[74] Die Gemeinsamkeiten zwischen den Werken sind also stärker auf der ästhetischen als auf der biographischen Ebene zu finden.

## Literaturverzeichnis

Barner, Wilfried: Die Erzählprosa der neunziger Jahre. In: ders. (Hg.): *Geschichte der deutschen Literatur von 1945 bis zur Gegenwart*. 2. Aufl. München 2006, S. 964–1007.

Barthes, Roland: Der Wirklichkeitseffekt. In: ders.: *Das Rauschen der Sprache. Kritische Essays IV*. Aus dem Französischen von Dieter Hornig. Frankfurt a. M. 2005, S. 164–172.

Baßler, Moritz/Drügh, Heinz: Super Wirklichkeit. In: *POP. Kultur und Kritik* 3(2), 2014, S. 81–86.

Bazyar, Shida: *Nachts ist es leise in Teheran*. Roman. Köln 2016.

Behschnitt, Wolfgang/Mohnike, Thomas: Interkulturelle Authentizität? Überlegungen zur ,anderen' Ästhetik der schwedischen ,invandrarlitteratur'.

---

durchaus einen realistischen Index unterstellen, weil es versucht, die Zahl der Umweltselektionen mittels Perspektiven zu multiplizieren." (Tischel 2016, S. 57).

74  Vgl. Weidermann 2015.

In: Behschnitt, Wolfgang/Herrmann, Elisabeth (Hg.): *Über Grenzen. Grenzgänge der Skandinavistik*. Würzburg 2007, S. 79–100.

Biller, Maxim: Ichzeit. Über die Epoche, in der wir schreiben. In: *Frankfurter Allgemeine Zeitung* (39) 02.10.2011, S. 23.

Biller, Maxim: Letzte Ausfahrt Uckermark. Warum ist die deutsche Gegenwartsliteratur so unglaublich langweilig? [...] Was hier fehlt, sind lebendige literarische Stimmen von Migranten [...]. In: *Die Zeit* (9) 20.02.2014.

Blioumi, Aglaia: ,Migrationsliteratur', ,interkulturelle Literatur' und ,Generationen von Schriftstellern'. Ein Problemaufriß über umstrittene Begriffe. In: *Weimarer Beiträge* 46(4), 2000, S. 595–601.

Blödorn, Andreas: Nie da sein, wo man ist. ,Unterwegs-Sein' in der transkulturellen Gegenwartslyrik. In: Arnold, Heinz Ludwig (Hg.): *Literatur und Migration*. Text + Kritik Sonderband. München 2006, S. 134–147.

do Rock, Zé: *Fom Winde ferfeelt. Ain Buch fon Zé do Rock*. Berlin 1995.

Elminger, Dorothee: *Schlafgänger*. Köln 2014.

Erpenbeck, Jenny: *Gehen, ging, gegangen*. München 2015.

Esselborn, Karl: Von der Gastarbeiterliteratur zur Literatur der Interkulturalität. Zum Wandel des Blicks auf die Literatur kultureller Minderheiten in Deutschland. In: *Jahrbuch Deutsch als Fremdsprache* 23, 1997, S. 47–75.

Ferraris, Maurizio: *Manifest des neuen Realismus*. Aus dem Italienischen von Malte Osterloh. Mit einem Vorwort von Werner Gephart. Frankfurt a. M. 2014.

Gabriel, Markus: *Der neue Realismus*. Frankfurt a. M. 2014.

Grjasnowa, Olga: *Gott ist nicht schüchtern*. Berlin 2017.

Hallet, Wolfgang: Die Re-Semiotisierung von Herkunftsräumen im multimodalen Migrationsroman. In: Benz, Maximilian/Dennerlein, Katrin (Hg.): *Literarische Räume der Herkunft. Fallstudien zu einer historischen Narratologie*. Berlin 2016, S. 337–355.

Hammelehle, Sebastian: Familiengeschichte Vielleicht Esther. Nächster Halt Holocaust. *Spiegel Online* 11.03.2014, retrieved 13.12.2016, from http://www.spiegel.de/kultur/literatur/katja-petrowskaja-vielleicht-esther-a-957065.html.

Herbst, Alban Nikolai: *Traumschiff*. Hamburg 2015.

Hutcheon, Linda: *A Poetics of Postmodernism. History, Theory, Fiction*. New York, London 1998.

Khider, Abbas: *Ohrfeige*. München 2016.

Küveler, Jan: „Dieser Krieg ist unsere Antike". In: *Die Welt* (10) 09.03.2014, S. 48–49.

Mühling, Jens: Ukraine: Die Schriftstellerin Katja Petrowskaja. Lieber ganz fremd als halb. *Der Tagesspiegel* 08.03.2014, retrieved 13.12.2016, from http://www.tagesspiegel.de/kultur/ukraine-die-schriftstellerin-katja-petrowskaja-lieber-ganz-fremd-als-halb/9590042.html.

Nünning, Ansgar: *Von historischer Fiktion zu historiographischer Metafiktion. Band 1. Theorie, Typologie und Poetik des historischen Romans.* Trier 1995.

Obexer, Maxi: *Wenn gefährliche Hunde lachen.* Wien 2011.

Özdamar, Emine Sevgi: *Mutterzunge.* Erzählungen. Berlin 1990.

Petrowskaja, Katja: *Vielleicht Esther.* Geschichten. Berlin 2014.

Politycki, Matthias: Relevanter Realismus. In: ders.: *Vom Verschwinden der Dinge in der Zukunft.* Hamburg 2007, S. 102–106.

Rösch, Heidi: Migrationsliteratur als neue Weltliteratur? In: *Sprachkunst* 35(1), 2004, S. 89–104.

Schmidt-Bergmann, Hansgeorg: Von der „Gastarbeiterliteratur" zu einer „neuen deutschen Literatur". Migration und Integration in der deutschsprachigen Gegenwartsliteratur. In: *Bitburger Gespräche Jahrbuch* 53(1), 2010, S. 99–107.

Schmitz, Helmut: Einleitung: Von der nationalen zur internationalen Literatur. In: ders. (Hg.): *Von der nationalen zur internationalen Literatur. Transkulturelle deutschsprachige Literatur und Kultur im Zeitalter globaler Migration.* Amsterdam 2009, S. 7–15.

Schramm, Moritz: Ironischer Realismus. Selbstdifferenz und Wirklichkeitsnähe bei Abbas Khider. In: Fauth, Søren R./Parr, Rolf (Hg.): *Neue Realismen in der Gegenwartsliteratur.* Paderborn 2016, S. 71–84.

Schumann, Andreas: Sprachspiel und Individualität. Neue Tendenzen einer Literatur der Migration. In: Anz, Thomas/Kaulen, Heinrich (Hg.): *Literatur als Spiel. Evolutionsbiologische, ästhetische und pädagogische Konzepte.* Berlin 2009, S. 499–508.

Schumann, Andreas: „Sind sie zu fremd, bist Du zu deutsch". Migrantenliteratur in Deutschland seit 1960. 2005, retrieved 15.08.2016, from http://www.jungeforschung.de/migranten/.

Seidel, Klaudia: „A matrix for the susurration of texts". Die Ausgestaltung der Multiperspektivität in hybriden Genres. Peter Ackroyd, Antonia S. Byatt und John Fowles. In: Nünning, Ansgar/Nünning, Vera (Hg.): *Multiperspektivisches Erzählen. Zur Theorie und Geschichte der Perspektivenstruktur im englischen Roman des 18. bis 20. Jahrhunderts.* Trier 2000, S. 283–304.

Tawada, Yoko: *Verwandlungen. Tübinger Poetik-Vorlesungen.* Tübingen 1998.

Timm, Ulrike: „Es gibt keine Grenze zwischen den Literaturen." Bachmann-Preisträgerin Petrowskaja über ihre Geschichte und ihre Liebe zur deutschen

Sprache. *DeutschlandradioKultur* 08.07.2013, retrieved 19.12.2016, from http://www.deutschlandradiokultur.de/es-gibt-keine-grenze-zwischen-literaturen.954.de.html?dram:article_id=252300.

Tischel, Alexandra: Polyperspektivismus und Pluralität. Die Perspektivenvielfalt der Gegenwartsliteratur anhand von Romanen Arno Geigers, Anna Katharina Hahns, Eva Menasses und Eugen Ruges. In: Fauth, Søren R./Parr, Rolf (Hg.): *Neue Realismen in der Gegenwartsliteratur*. Paderborn 2016, S. 53–69.

Todorow, Almut: Im Schatten der Aufmerksamkeit – „Migrationsliteratur". In: Assmann, Aleida/Frank, Michael C. (Hg.): *Vergessene Texte*. Konstanz 2004, S. 235–256.

Varatharajah, Senthuran: *Vor der Zunahme der Zeichen*. Frankfurt a. M. 2016.

Wagner-Egelhaaf, Martina: Einleitung: Was ist Auto(r)fiktion? In: dies.: *Auto(r) fiktion. Literarische Verfahren der Selbstkonstruktion*. Bielefeld 2013, S. 7–21.

Weidermann, Volker: Planet Deutschland. Autoren nichtdeutscher Herkunft schreiben die besten Bücher der deutschen Gegenwartsliteratur. […]. In: *Der Spiegel* (22) 23.05.2015, S. 100–104.

Zaimoglu, Feridun: *Kanak Sprak – 24 Mißtöne vom Rande der Gesellschaft*. Hamburg 1995.

Zaimoglu, Feridun/Abel, Julia: „Migrationsliteratur ist ein toter Kadaver". Ein Gespräch. In: Arnold, Heinz Ludwig (Hg.): *Literatur und Migration*. Text + Kritik Sonderband. München 2006, S. 159–166.

Zipfel, Frank: Autofiktion. Zwischen den Grenzen von Faktualität, Fiktionalität und Literarität? In: Winko, Simone/Jannidis, Fotis/Lauer, Gerhard (Hg.): *Grenzen der Literatur. Zu Begriff und Phänomen des Literarischen*. Berlin 2009, S. 284–314.

Jill Thielsen

# „oje, wenn das mal nicht symbolisch ist" – Selbstreferenz in Christian Krachts *Imperium* (2012) und *Die Toten* (2016)

**Abstract:** Former research contributions worked out the self-referential aspects especially concerning the narrators of Christian Kracht's novels to argue for their postmodernist status. The following article tries to highlight the implicit self-reference of the novels *Imperium* and *Die Toten* by focusing on the thematisation of linguistic signs and their relation to reality on the diegetic level. Against this background Kracht's texts also make literature and its limits a subject of discussion with the result that a poetology can be extrapolated and linked to Moritz Baßler's conception of a deconstructive realism in contemporary German-language literature.

## Vorbemerkungen

Spätestens seit der Revision der Rubrizierung Krachts als Begründer der deutschen Pop-Literatur[1] durch seinen Debütroman *Faserland* eröffnen sich für die literaturwissenschaftliche Auseinandersetzung mit seinem Werk neue Perspektiven. Kritik erfahren dabei die vorangegangenen „groben Fehllektüren" nicht nur des Erstlings, der auf seine Provokationskraft und die „Beschreibung oberflächlicher Distinktionsgewinne"[2] reduziert werde, sondern auch des vierten Romans *Imperium*, dessen „[p]ostmoderne Paralogien"[3] durch eine realistische Lesart nicht als solche erkannt würden. Für den deutschsprachigen Gegenwartsroman skizziert Baßler verschiedene Optionen hinsichtlich realistischer Schreibweisen.[4]

---

1   Exemplarisch sei hier der folgende Sammelband angeführt: Johannes Birgfeld/Claude D. Conter (Hg.): *Christian Kracht. Zu Leben und Werk.* Köln 2009.

2   Beide Zitate Immanuel Nover: *Referenzbegehren. Sprache und Gewalt bei Bret Easton Ellis und Christian Kracht.* Wien/Köln/Weimar 2012, S. 178.

3   Moritz Baßler: Die Unendlichkeit des realistischen Erzählens. Eine kurze Geschichte moderner Textverfahren und die narrativen Optionen der Gegenwart. In: Carsten Rohde/Hansgeorg Schmidt-Bergmann (Hg.): *Die Unendlichkeit des Erzählens. Der Roman in der deutschsprachigen Gegenwartsliteratur seit 1989.* Bielefeld 2013, S. 27–45, hier: S. 43.

4   Zur weiterhin problematischen Begriffsverwendung von ,Realismus'/,realistisch' vgl. Rolf Parr: Neue Realismen. Formen des Realismus in der Gegenwartsliteratur. In: Søren R. Fauth/Rolf Parr (Hg.): *Neue Realismen in der Gegenwartsliteratur.* Paderborn 2016,

Im Gegensatz zu anti-realistischen Verfahren, die in der Tradition der klassischen Avantgarde stehen und „sich über den esoterischen Zugang zu einer Primärwirklichkeit [legitimieren]", stehen Formen, die entweder einem Realismus-Konzept folgen, das sich kollektiver Frames und Skripte bedient und eine Verbindung zwischen Referentialität und Wahrheit behauptet, oder Strukturen eines postmodernen Realismus, der „die Künstlichkeit seiner Zeichenverwendung [ausstellt]" und sowohl in einen ludischen als auch einen dekonstruktiven Realismus übergehen kann.[5] Die Einordnung von Krachts Roman *Imperium* in die Kategorie des postmodernen Realismus, der nach Baßlers Typologie „seine diskursive Bedingtheit, seine Zeichen- und Zitathaftigkeit immer [ausstellt]"[6], basiert vor allem auf der Fokussierung der Erzählinstanz, ihren selbstreflexiven und die eigene Zuverlässigkeit relativierenden Einschüben und den zahlreichen Verweisen auf kulturelles Wissen.[7] Dass allerdings sowohl in *Imperium* als auch in den Vorgänger-Romanen[8] (sprachliche) Zeichen nicht nur durch die Erzählinstanzen, sondern auch innerdiegetisch verhandelt werden und sich somit indirekt selbstreferentielle[9] Ebenen ergeben, bleibt in diesem Zusammenhang häufig unbeachtet. Christoph Rauen betont, dass Sprache als Kommunikationsmedium und bewusstes Manipulationsmittel bereits in *Faserland* thematisiert wird, sodass Kracht zwar Verfahren der Pop-Ästhetik anwendet, den Pop-Diskurs der 1980er und 1990er Jahre aber durch die Thematisierung der Differenz von Wesen und Erscheinung gleichzeitig problematisiert.[10] Daran anknüpfend skizziert Immanuel Nover in seiner umfassenden Analyse der Sprachreflexion in Krachts ersten drei Romanen eine Entwicklungslinie vom Debüt über *1979* (2001) zu *Ich werde hier sein im Sonnenschein und im Schatten* (2008) und arbeitet als Kernthema

---

S. 11–22. Im Folgenden wird sich an der heuristisch fruchtbaren Einteilung Moritz Baßlers orientieren.

5  Vgl. alle Zitate Baßler 2013, S. 44–45.

6  Ebd., S. 38.

7  Siehe hierzu u. a. Johannes Birgfeld: Südseephantasien. Christian Krachts *Imperium* und sein Beitrag zur Poetik des deutschsprachigen Gegenwartsromans. In: *Wirkendes Wort. Deutsche Sprache und Literatur in Forschung und Lehre* 62(I–III), 2012, S. 457–477.

8  Und auch in *Die Toten* (2016).

9  Der Terminus ‚indirekte Selbstreferenz' wird im Sinne Claus-Michael Orts verwendet (vgl. Claus-Michael Ort: Die Kontingenz der Oper. Zur Funktion musikdramatischer Selbstreferenz. In: *Zeitschrift für Semiotik* 27(1–2), 2005, S. 87–114, hier: S. 88).

10 Vgl. hierzu Christoph Rauen: Schmutzige Unterhose wird sauberer Büstenhalter. Zur ›Überwindung‹ von Postmoderne und Pop bei Christian Kracht. In: Birgfeld/Conter 2009, S. 116–130, hier: S. 116 und 122–123.

der drei Romane die unmöglich gewordene Kommunikation durch Sprache heraus, die durch verschiedene Strategien der Figuren zu kompensieren versucht wird. Der „Zweifel an den Dingen selbst"[11] und somit am referenziellen Bezugspunkt sprachlicher Signifikanten bietet den Figuren außerdem die Möglichkeit, Sprache als Machtmittel zu funktionalisieren, sofern die Diskrepanz zwischen sprachlich konstruierter Realität und den außersprachlichen Entitäten nicht nachvollzogen werden kann.[12] Krachts *Imperium* nimmt diesen Aspekt in veränderter Form wieder auf, thematisiert der Text doch ebenfalls das divergente Verhältnis von schriftlich fixierten und sprachlich vermittelten Realitätskonstruktionen zur Realität. August Engelhardt, der durch seine Fokussierung sprachlicher Zeichen und der damit einhergehenden Tilgung von Zeichengrenzen eine unmittelbare Wahrnehmung von Realität verweigert, muss an dieser Differenz schließlich scheitern. Auch in seinem fünften Roman *Die Toten* ist die Reflexion sprachlicher Mittel omnipräsent und weitet sich oberflächlich zu einem Medienstreit zwischen Sprache/Schrift und Bild/Film aus. Tiefenstrukturell etabliert der

---

11  Nover 2012, S. 281.
12  So z. B. in Bezug auf die potentielle Vergangenheitskonstruktion des *Faserland*-Erzählers, die er seinen Kindern vortragen würde („[D]ie Kinder könnten niemanden fragen, ob es denn wirklich so sei […]. Alles, was ich erzählen würde, wäre wahr." Christian Kracht [1995]: *Faserland*. München 2011, S. 152). In *Ich werde hier sein im Sonnenschein und im Schatten* ist es Brazhinsky, der auf die Macht der Propaganda verweist, die kein Referenzobjekt benötigt (vgl. Christian Kracht [2008]: *Ich werde hier sein im Sonnenschein und im Schatten*. München 2015, S. 127). Auch in seinen Reisegeschichten – versammelt in *Der gelbe Bleistift* – finden sich selbstreflexive Einschübe, die die Diskrepanz zwischen sprachlichen Zeichen und der zu bezeichnenden Realität, die als Absentes durch sprachliche Zeichen repräsentiert werden muss, markieren. Gleichzeitig verweist z. B. der Kapitelbeginn des Abschnitts *Auf der deutschen Botschaft, Bangkok 1999* sowohl auf eine Rezeptionserwartung als auch auf die prekäre Textgattung des Reiseberichts, die, wie Peter Brenner festhält, seit ihrer Ausdifferenzierung unter dem latenten Verdacht der Lüge steht (vgl. Peter J. Brenner: Die Erfahrung der Fremde. Zur Entwicklung einer Wahrnehmungsform in der Geschichte des Reiseberichts. In: ders. (Hg.): *Der Reisebericht. Die Entwicklung einer Gattung in der deutschen Literatur*. Frankfurt a. M. 1989, S. 14–49, hier: S. 15). So hält der Erzähler mit einer direkten Leseransprache fest: „Ich weiß, was Sie denken, lieber Leser, oh ja. Der Herr Kracht erfindet alles in seinen Asien-Geschichten. Er schmückt zuviel aus. Er versucht, die Welt angenehmer zu beschreiben, als sie ist. […] Wo bleibt denn da das Weltliche, der Schmutz, der Alltag, die Normalität? […] Deshalb, lieber Leser, möchte ich Ihnen heute einmal von einer sonderbaren Schattenseite der Stadt berichten." (Christian Kracht: Auf der deutschen Botschaft. Bangkok, 1999. In: ders. [2000]: *Der gelbe Bleistift. Reisegeschichten aus Asien*. Frankfurt a. M. 2012, S. 97–101, hier: S. 97).

Text allerdings die Opposition zwischen Bedeutungsaufladung und Bedeutungstilgung und entwickelt ein poetologisches Programm, das den Selbstbezug von
(literarischen) Artefakten herausstellt und damit auch die eigenen Zeichengrenzen thematisiert. Vor dem Hintergrund der Typologie Baßlers nähern sich die
beiden Romane Krachts einem dekonstruktiven Realismus an, da sie auf der
Ebene der Erzählinstanz „die Künstlichkeit aller Welten"[13] demonstrieren und
gleichzeitig innerdiegetisch Zeichengrenzen und Semioseprozesse problematisieren. Der folgende Beitrag versucht aufbauend auf diesen Vorüberlegungen die
Funktion der selbstreferentiellen Strukturen in Krachts Romanen *Imperium* und
*Die Toten* auch in einem poetologischen Kontext zu verorten, werden doch insbesondere in *Die Toten* Optionen der Kunstproduktion, wie Baßler sie für den
Gegenwartsroman konstatiert, thematisiert.

## Zeichen und Referenz in *Imperium* (2012)

Krachts vierter Roman *Imperium* schildert das utopische Unterfangen der Figur
August Engelhardt, auf der Insel Kabakon in der Kolonie Deutsch-Neuguinea den
Kokovorismus zu etablieren und auszuleben. Kracht verwendet den historischen
Fall des Auswanderers als Ausgangspunkt für seinen Roman, doch komponiert er
die historischen Fakten neu und fiktionalisiert sie, indem z. B. die Hauptfigur bis
nach dem Zweiten Weltkrieg überlebt.[14] Schließlich finden amerikanische Mari-
neeinheiten unter Leutnant Kinnboot den deutschen Auswanderer und zeichnen
seine Geschichte auf, die nach Engelhardts Tod verfilmt wird. So endet der Roman
mit dem Beginn der Filmvorführung, die den Anfang des Textes wiederholt und
ihm so eine zyklische Struktur gibt.

   Die Konstitution sprachlich konstruierter Realitäten, Sprachreflexion und
die damit einhergehende Selbstreferenz des Textes hinsichtlich des eigenen
Mediums finden sich in Krachts Roman nicht nur auf der Ebene des Erzählers,
der als unzuverlässig markiert wird[15], sondern werden auch innerdiegetisch von

---

13  Baßler 2013, S. 45.
14  Zur Einordnung in die Tendenz der Gegenwartsliteratur zu metafiktionalen histori-
    schen Romanen siehe: Robin Hauenstein: *Historiographische Metafiktionen. Ransmayr,
    Sebald, Kracht, Beyer.* Würzburg 2014, S. 120–151.
15  Die Stellung des Erzählers zum Erzählten ist undeutlich. So muss die Nullfokalisie-
    rung ebenfalls als Kommentar oder Erfindung des Erzählers gelten, wird die Erzähl-
    instanz doch bereits zu Beginn des Romans als eine distanzierte ausgegeben, die die
    Möglichkeit einer Übersicht direkt unterläuft: „**So oder so ähnlich** dachte der junge
    August Engelhardt" (Christian Kracht [2012]: *Imperium*. Frankfurt a. M. 2013, S. 12
    [im Folgenden *I*], alle Fettungen in den folgenden Zitaten sind Auszeichnungen der

den Figuren oder durch den Erzähler mit Bezug auf das Figurenhandeln thematisiert. So sind sowohl die Lektüre sprachlich konstruierter, schriftlich fixierter und damit konservierter als auch die Rezeption mündlich vorgetragener Ideen und Gedanken in der Diegese ubiquitär. Dabei fungieren insbesondere schriftlich fixierte und zur Vervielfältigung bereitgestellte philosophisch-theoretische Abhandlungen als initiierendes Moment, wie es z. B. an der Figur Max Lützow thematisiert wird, die sich Engelhardt nach der Lektüre seiner Schrift *Eine sorgenfreie Zukunft* anschließen will. Wie Engelhardt nimmt auch Lützow die gegenwärtige soziale und politische Situation in Mitteleuropa als eine defizitäre Realität wahr, sodass er sich in alternative und sprachlich vermittelte Realitätsentwürfe, die es umzusetzen gilt, flüchtet. Dabei markiert der Text die Schrift als verführerisch und gefährdend:

> Lützow […] besorgte sich, kaum […] im vorabendlichen Berlin angekommen, in einer Buchhandlung am Zoologischen Garten eine ganze Kiste freigeistiger, zeitgenössischer Literatur zum Thema Vegetarismus. Darunter, und Lützow blieb darin sofort **gefangen** wie eine sich **verirrende** Biene, die im **klebrigen** Baumharz anlandet, war auch die Schrift mit dem wohlklingenden Titel *Eine sorgenfreie Zukunft*. Der Buchhändler hatte etwas von Neu Guinea geraunt, und flugs war Lützow in der Berliner Dependance des Norddeutschen Lloyd erschienen und hatte sich […] ein Billett in die Südsee besorgt. (*I*, 150).

Das Determinans des Kompositums ‚freigeistig‘ steht auf discours-Ebene in Opposition zu der gefangennehmenden Schrift, die den Leser Lützow einnimmt und damit dem ‚verirrten‘ Rezipienten zwar Halt – hier ein Deutungsmuster – anbietet, von dem allerdings potentiell Gefahr in Form von Handlungsunfähigkeit ausgeht. Lützow bleibt dabei nicht nur an Engelhardts Abhandlung hängen, sondern in ihr, sodass die Theorie nicht nur von außen betrachtet wird, sondern zur virtuellen Realität für den Rezipienten Lützow wird. Diese Grenztilgung ist auch Engelhardts Ziel, der seine „Gedankenwelt in die Realität zu übertragen sich [anschickt]" (*I*, 132). Dabei dient Schrift – als sprachliche Fixierung theoretischer Realitätskonstruktionen in Distanzmedien der Kommunikation

---

Verfasserin). So zieht sich die Erzählinstanz immer wieder zurück, was sich auch in den passivischen und ein kontrollierendes Subjekt nivellierenden Formulierungen zeigt: „Nun, in diese Zeit **fällt diese Chronik**, und will **man** sie erzählen, so muß auch die Zukunft im Auge **behalten werden**" (*I*, 18). Zur Erzählinstanz und ihrem Verhältnis zum Erzählten vgl. auch Christoph Kleinschmidt: Von Zerrspiegeln, Möbius-Schleifen und Ordnungen des Déjà-vu. Techniken des Erzählens in den Romanen Christian Krachts. In: ders.: *Christian Kracht*. Text + Kritik 9(216), 2017, S. 44–53, hier: S. 50. Zu den zahlreichen intertextuellen Verweisen siehe ausführlich: Birgfeld 2012, S. 457–477.

wie Briefen, Traktaten, Pamphleten – insbesondere zur Konservierung und Vermittlung eben dieser Ideen.[16] Während mündlich vorgetragene Realitätskonzepte, auch wenn sie „mit großem demagogischen Können aufgetragen" (*I*, 81) werden, meist nicht den erwünschten Effekt haben[17], sind es insbesondere schriftliche Abhandlungen, die als potentielle Weltentwürfe für weitere Überlegungen anschlussfähig sind.

Die übermäßige Lektüre theoretisch-sprachlicher Realitätskonstrukte, repräsentiert durch die Figur Engelhardt, markiert der Text allerdings als nutzlos:

> In Port Said, […] als man fälschlicherweise seine elf Überseekisten mit den eintausendzweihundert Büchern ausgeladen hatte […], hatte er das letzte Mal geweint, […] aus dem dumpfen Empfinden, ihn verlasse nun zum ersten Male wirklich der Mut. […] Der ganze Thoreau, Tolstoi, Stirner, Lamarck, Hobbes, auch Swedenborg, die Blavatsky und die Theosophen, alles weg, alles fort. Ach, vielleicht war es besser so, das ganze unnütze Denken futsch, anderswohin verschifft. Aber er hing so daran! (*I*, 32–33).[18]

Die Transgression sprachlich konstruierter, alternativer Weltentwürfe in die Realität sowie das Verhältnis von sprachlichen Zeichen und der aus ihnen resultierenden Anschlusskommunikation zur Realität markiert der Text als inkompatibel. Zunächst ist es die Figur Hahl, die während eines Gesprächs unter anderem über den Gesellschaftstheoretiker Charles Fourier auf die Grenze zwischen sprachlich-ideellen Theorien und der Realität verweist:

---

16  So exemplarisch mit Bezug auf die Verbreitung des Antisemitismus: „Was für ein schrecklicher Unsympath dieser Aueckens war. Engelhardt teilte nicht jene aufkommende Mode der Verteufelung des Semitischen, die der fürchterliche Richard Wagner mit seinen Schriften […] wenn nicht initiiert, dann aber allerorten salonfähig gemacht hatte." (*I*, 127).

17  Beim Bauernpaar, das Engelhardt mit Gustaf Nagel besucht, bleibt trotz der eindrücklich vorgetragenen Utopie „wenig hängen" (*I*, 81).

18  Engelhardts Lektüren unterscheiden sich dabei von denen anderer Figuren. Während in dieser Aufzählung im weitesten Sinne theoretisch-argumentative Schriften überwiegen – einzig Tolstoi als genuin literarischer Autor wird genannt – verfolgt Gouverneur Hahl eine andere Rezeptionsweise schriftlicher Werke, besteht bei ihm doch eine Ausgewogenheit zwischen literarischen, auf ästhetisch-zweckfreie Konstrukte verweisenden und somit nicht auf Realität referierenden und philosophisch-ideellen Werken. So kann er zwar mit den Anhängern Engelhardts sympathisieren, bleibt jedoch pragmatisch veranlagt: „Hahl, der sich einer gewissen intellektuellen Sympathie den jungen Leuten gegenüber nicht erwehren konnte (er hatte auf der Rückfahrt von Singapore neben einem französischsprachigen Gedichtband Mallarmés und den Noten einiger Bach-Kantaten Engelhardts *Eine sorgenfreie Zukunft* verinnerlicht), wies die Mediziner sofort an, sich der schlimmsten Fälle anzunehmen" (*I*, 164).

[Hahl] klatschte in die Hände und meinte, es sei zwar überaus erbaulich, derartige Gespräche an einem so gottverlassenen Ort zu führen, aber man müsse jetzt, wenn die Herren erlaubten, zurück zur Realität finden, er habe diese Woche noch einen Ausbruch von Cholera in Kavieng […] zu betreuen […]. (*I*, 173).

Für Hahl können die schriftlich vermittelten Theoriegebäude und die Gespräche über sie also die Funktion der inneren Stärkung in einer orientierungslosen Situation erfüllen, doch die realen und akuten Missstände vermag die bloße Kommunikation nicht zu lösen. Die Diskrepanz zwischen theoretischen, im Raum der Sprache verbleibenden Konstrukten und der Realität verhandelt der Roman durch das letztendliche Scheitern Engelhardts. Analog dazu halten auch die Manifestationen und Materialisierungen der sprachlichen Weltentwürfe, also die Bücher der ‚Realität' – hier in Form des Wetters – nicht stand:

[Er packte] aus seiner Reisetasche einige Pamphlete aus, die er […] auf die Abteilbank legte, es waren die Schriften ebenjenes indischen Swamis […] sowie mimeographiert und mit einem Band zusammengeheftet (die fränkische **Klebebindung** hatte sich bereits im südlichen Roten Meer, bei Aden, aufgrund der starken Hitzeeinwirkung **aufgelöst**) sein eigenes Traktat, dessen Inhalt von der heilenden Kraft des Kokovorismus kündete […]. (*I*, 39–40).

Als Opposition zu August Engelhardt modelliert der Text den Kapitän Christian Slütter, dessen phantasierte Weltentwürfe erstens als realitätsnäher markiert werden („Hierin ist er wohl Engelhardt nicht unähnlich, aber seine [Slütters, J. T.] Vorstellungen und Träume zeigen ihm niemals eine andere Welt als die unsere, er sieht kein kommendes Geschlecht sich ausbreiten und keine neue Ordnung entstehen", *I*, 195) und der zweitens den Auftrag Hahls, Engelhardt unter Verweis auf „sein[en] kategorische[n] Imperativ" (*I*, 205) umzubringen, ablehnt: „Slütter, der **keine Philosophen liest**, verneint abermals, nimmt seine Kapitänsmütze und erhebt sich um zu gehen." (*I*, 206).[19] So fährt Slütter, der von seinem Instinkt und seinen Erfahrungen geleitet wird („Der Kapitän, der eine vage, aber doch ganz und gar unmittelbare Bedrohung im Raume spürt", *I*, 220), schließlich in den „wortlosen Süden des Stillen Ozeans." (*I*, 229).[20]

---

19  Slütter bewahrt sich außerdem vor einer Gefangennahme durch Gedanken: „Slütter saugt an seiner Zigarette und muß lachen, denn sein Gehirn vermag sich partout nicht um diese paradoxen Gedankengänge herumbiegen, schnappt man danach, so ist der Gedanke futsch, lauert man ihm auf, so verblaßt er im Augenblick der Erkenntnis." (*I*, 192).

20  Zum Motiv der Stille und Leere in Krachts Romanen *Faserland*, *1979* und *Ich werde hier sein im Sonnenschein und im Schatten* vgl. Nover 2012, S. 215–221.

Im Gegensatz zum erfahrungsgeleiteten Slütter basiert Engelhardts ver-
meintlicher Erkenntnisgewinn ausschließlich auf der Rezeption und Weiter-
entwicklung theoretischer Konstrukte, also sprachlicher Zeichenkomplexe, die
er geradezu inkorporiert: „Engelhardt war überwältigt von jener Erkenntnis, ja,
sie fuhr ihm **buchstäblich** ins Mark und begann dort zu wirken" (*I*, 41). Dabei
können sowohl die Argumentationsgrundlage als auch das Ziel der Argumentation variiert werden, um das eigene Handeln als Ausdruck der vermeintlich
gewonnenen Erkenntnis zu legitimieren. Während Engelhardt sich zu Beginn
seines Vorhabens, den Kokovorismus als Konzept der Lebensführung zu etablieren, auf eine Beweisführung von Plutarch über Rousseau und Burnett beruft,
die den Vegetarismus fundiert und – weiterentwickelt – den Fleischkonsum als
„Vorstufe zur Anthropophagie" (*I*, 39) markiert, variiert Engelhardt später die
Argumentationskette mit dem Hinweis auf mythologische Symbole, um seinen
zur Autophagie gesteigerten Kannibalismus zu beglaubigen:

> So murmelt er [Engelhardt, J. T.] also weiter zu sich selbst […]: Auch Nietzsche habe
> gegen Ende […] seine eigenen Ausscheidungen gegessen, es sei der große Kreis, das
> Möbiusband, das Feuerrad, die Kalachakra – nur habe Nietzsche in seiner Umnachtung
> die Sache nicht zu Ende denken können […]; Engelhardt sei hier unter unglücklichen
> Kannibalen, die sich fortentwickelt hätten, weg von ihrem natürlichen, gottgegebenen
> Instinkt, den ihnen die Missionare mit ihrem Gequatsche ausgeredet hätten, dabei sei
> alles so denkbar einfach, nicht die Kokosnuß sei die eigentliche Nahrung des Menschen,
> sondern der Mensch selbst sei es. […] Und Engelhardt greift zur Kokosschale, darin er
> seinen Daumen verwahrt hat, entfernt sorgfältig das Salz von dem abgetrennten Stück
> und beißt hinein […]. (*I*, 221).

Selbstverzehr wird im Text sowohl auf Engelhardt als auch auf dessen Gedanken-
und Argumentationsketten bezogen, die mit dem zwar autarken, aber eben auch
sich selbstverzehrenden Ouroboros gleichgesetzt werden (vgl. *I*, 179). So sind es
schließlich theoretisch-hypothetische, sprachlich entworfene Konstrukte René
Descartes' und literarisch-mythische Wesen H. P. Lovecrafts, die Engelhardt
umtreiben und ihn fast zu einem Mord an Max Lützow veranlassen, der aufgrund seines Unverständnisses im Gegensatz zu Engelhardt ruhig schlafen kann:

> Er sah wieder jenes Feuerrad […] und […] verbarg […] stöhnend vor Furcht das
> Gesicht in den Händen. Tiere erschienen ihm dann, gewaltige, dem Genius Malignus
> anverwandte Tiere, deren Anblick so unsagbar grauenvoll war, daß er sich vor Entsetzen
> zusammenkrümmte […]. Tiere, deren schauderhafte Namen er sich zu nennen scheute,
> abscheuliche Wesen, die *Hastur* und *Azathoth* genannt wurden […]. (*I*, 179–180).

Das Verharren in einem Gedanken evoziert zuvor den Vergleich mit der sich
selbst verzehrenden Schlange und beschwört dann die das Subjekt bedrohen-
den Dämonen herauf, die sich als aus sprachlich-schriftlichen Konstrukten

entsprungene Bilder manifestieren. Der Vergleich mit dem descartes'schen
Genius Malignus zielt dabei weniger auf die Unterminierung der auf Sinnes-
wahrnehmung basierenden Erkenntnis, sondern nimmt vielmehr die Funktion
eines sprachlich-destruktiven Dämons ein, der die vorherigen und für ihn konsti-
tutiven Gedanken negiert. So kann auch die zyklische Struktur des Gesamttextes
als Analogie zu den sich selbstverzehrenden Gedanken gesehen werden, schließt
doch auf der discours-Ebene der Anfang ans Ende.[21] Vor dem Hintergrund
des kolonialen Diskurses[22], auf den *Imperium* referiert, lässt sich auch Engelhardts Entwicklung zum Kannibalen als zyklische Struktur beschreiben. Robin
Hauenstein weist darauf hin, dass Engelhardts Anthropophagie in dieser Logik
als Rückfall in die größtmögliche Primitivität gelten müsse.[23] Diese Primitivität
steht im Gegensatz zu den kritisch-theoretischen Reflexionen Engelhardts, die
dann gleichzeitig auch zur Legitimation herangezogen und so ironisch unterminiert werden, bis Engelhardt schließlich „in eine geistige Archaik [**zurück**ge-
worfen wird]" (*I*, 189).[24] Gleichzeitig ist es der durch den Auto-Kannibalismus

---

21  Das Motiv der (Auto-)Anthropophagie ist in diesem Zusammenhang auch für die Thematik der Grenztilgung anschlussfähig: Vor dem Hintergrund einer kulturellen Differenz dient die Figur des Kannibalen im kolonialen Diskurs als barbarische Opposition
nicht zuletzt, weil Körpergrenzen nicht anerkannt werden. Diese kulturelle Grenze
wird von Engelhardt überschritten und in *Imperium* gleichzeitig als diskursiv etablierte
Grenze markiert (vgl. *I*, 221). Durch die Integration der Anthropophagie in die theoretischen Reflexionen des eigenen Kulturraums, wird die Andersartigkeit der Praktik
negiert und die Differenz aufgehoben (vgl. Daniel Fulda: Einleitung: Unbehagen in
der Kultur, Behagen an der Unkultur. Ästhetische und wissenschaftliche Faszination
der Anthropophagie. Mit einer Auswahlbibliographie. In: Daniel Fulda/Walter Pape
(Hg.): *Das andere Essen. Kannibalismus als Motiv und Metapher in der Literatur.* Freiburg i. Br. 2001, S. 7–50, hier: S. 10 und 12). Zur Analogie von Anthropophagie und
Sprachsystem siehe ebd., S. 16. Auf einer weiteren Reflexionsebene kann auch eine
Verbindung zwischen dem Anthropophagie-Motiv und den intertextuellen Verweisen
des Romans *Imperium* hergestellt werden. Wenn auch die Prätexte durch das Verweisen
nicht zerstört werden, so werden mit ihnen die Grenzen zwischen Texten getilgt (vgl.
ebd., S. 24).

22  Diskurs wird im Sinne Michael Titzmanns verstanden als „ein *System des Denkens und
Argumentierens*, das von einer Textmenge abstrahiert ist" (Michael Titzmann: Kulturelles Wissen – Diskurs – Denksystem. Zu einigen Grundbegriffen der Literaturgeschichtsschreibung. In: *Zeitschrift für französische und Sprache und Literatur* 99(1),
1989, S. 47–61, hier: S. 51).

23  Vgl. Hauenstein 2014, S. 144.

24  Damit entwickelt Krachts Roman zwar eine postkoloniale Perspektive, die auf die
kritische Reflexion und Dekonstruktion des kolonialen Diskurses setzt, doch etabliert
der Text auch ein zyklisches Geschichtsbild, das die Wiederkehr des Immergleichen

gesteigerte Selbstbezug, der zerstörerisch wirkt. Engelhardt verweigert durch ein Selbstgespräch (vgl. *I*, 221) eine kommunikative Anschlussfähigkeit seiner legitimierenden Argumentation, die dann durch die Umsetzung in der Realität zur physischen Selbstzerstörung führt.

Krachts Roman *Imperium* verhandelt am Beispiel der Figur August Engelhardt den Umgang mit Zeichen und die problematische Grenztilgung. Dabei thematisiert der Text nicht nur die Grenze zwischen sprachlichem Zeichen und Realität und stellt in diesem Zusammenhang auch das Potential des sprachlichen Mediums zur Lüge heraus (vgl. *I*, 55), sondern verweist außerdem auf die zu erhaltende Grenze zwischen Artefakt und Realität, wenn Engelhardt sich selbst als Kunstwerk stilisiert und das Postulat der Frühromantik aufgreift, „die Kluft zwischen Kunst und Leben [aufzuheben]" (*I*, 156–157).[25] Engelhardt und seine Geschichte dienen zwar später als Grundlage für die Produktion eines filmischen Kunstwerks, doch werden gerade der mediale Status sowie die Komposition mit Verweis auf den anwesenden Regisseur und damit die Differenz zwischen dem toten Medium Film und dem Leben betont (vgl. *I*, 241–242). Die Grenzüberschreitung respektive -tilgung markiert der Gesamttext durch das Scheitern Engelhardts als problematisch, verweist dabei aber – unterstützt durch die selbstreflexiven Erzählerkommentare – auf den eigenen Status als literarisches (und sprachliches) Zeichen und die adäquate Rezeptionshaltung. So stellt die Erzählinstanz nicht nur den medialen Status ihrer Erzählung aus („[Wir werden] August Engelhardt dort wieder aufsuchen, wo wir ihn vor einigen **Seiten** verlassen haben", *I*, 93), sondern verweist auch auf ihre selektive Konstruktion und die sich ergebende Bedeutungsstruktur, die „eine gewisse Symbolhaftigkeit

---

impliziert (vgl. hierzu auch Hauenstein 2014, S. 145 und 151). Ralph Pordzik zieht für die Abgrenzung zu anderen postkolonialen historischen Romanen die ironische Struktur zweiter Ordnung des Romans heran: Ralph Pordzik: Wenn die Ironie wild wird, oder: lesen lernen. Strukturen parasitärer Ironie in Christian Krachts „Imperium". In: *Zeitschrift für Germanistik. Neue Folge* XXIII(3), 2013, S. 574–591, hier: S. 582.

25  Vgl. exemplarisch Friedrich Schlegel: »*Athenäums«-Fragmente und andere Schriften*. Stuttgart 2005, S. 90. Auf Engelhardts Instrumentalisierung des Diktums zur Aufwertung seiner eigenen Lebensweise verweist Elena Setzer, die diese „dandyhafte Tendenz" vor dem Hintergrund der den Roman durchziehenden Theatermetaphorik mit der Camp-Lebensweise nach Susan Sontag verknüpft (vgl. Elena Setzer: Fiktionalisierung der Lebensreform. In: Barbara Beßlich/Ekkehard Felder (Hg.): *Geschichte(n) fiktional und faktual. Literarische und diskursive Erinnerungen im 20. und 21. Jahrhundert*. Bern 2016, S. 253–275, hier: S. 268).

frühzeitig zum Ausdruck [bringt]." (*I*, 151).[26] Der Roman thematisiert vor diesem Hintergrund nicht nur die Künstlichkeit der Weltentwürfe Engelhardts, sondern auch den eigenen Status als Artefakt, dessen Konstitution auf literarischen Verfahren beruht, sodass die Grenzen zwischen Zeichen und Realität erhalten bleiben.[27]

## Vom Medienstreit zur Bedeutungstilgung – *Die Toten* (2016) als poetologischer Kommentar

Während Krachts Roman *Imperium* insbesondere sprachlich konstruierte Realitäten und deren mediale Vermittlung durch Schrift sowie den Versuch ihrer Übertragung in die außertextliche Realität als Bedrohung und zum Scheitern verurteiltes Vorhaben markiert, reflektiert der Nachfolgeroman *Die Toten* nicht nur über die Medien Bild und Sprache,[28] sondern kann auch als poetologischer Kommentar gelesen werden. Dabei etabliert der Roman ausgehend von einer Medienkonkurrenz zwischen Bild und Sprache zunächst die Opposition zwischen Bedeutungsaufladung und Bedeutungstilgung, um schließlich das Konzept einer maximal selbstbezüglichen Kunst zu etablieren, dem sich der Gesamttext gleichzeitig zuordnet.[29]

---

26 Auch die Angemessenheit z. B. mythologischer Vergleiche zur Schilderung der Situation Engelhardts thematisiert die Erzählinstanz (vgl. *I*, 189), sodass das literarische Verfahren ausgestellt und problematisiert wird.

27 Das von Schwarz konstatierte „Denotationsverbot" durch Ironisierungsstrategien zur Rechtfertigung von Krachts Roman gegenüber Rezensionen wie der von Georg Diez in *Der Spiegel* (Thomas Schwarz: Im Denotationsverbot? Christian Krachts Roman „Imperium" als Reise ans Ende der Ironie. In: *Zeitschrift für Germanistik. Neue Folge* XXIV(1), 2014, S. 123–142, hier: S. 124) muss nicht unweigerlich auf das Ironie-Konzept ausweichen, wird doch innerdiegetisch die Diskrepanz zwischen sprachlichen und damit auch literarischen Zeichen und der Realität und somit die Referentialität sprachlich-literarischer Zeichen insgesamt verhandelt.

28 Oliver Jahraus erkennt in *Die Toten* ebenfalls die Medienreflexion als konstitutives Moment, kommt allerdings zu dem Ergebnis, dass gerade das Medium der Sprache respektive „das mediale Fundament" der Literatur durch die Reflexion ausgestellt und gefeiert werde (Oliver Jahraus: *Amakasu, für Film zuständig. Stil und Medienreflexion in Christian Krachts Die Toten (2016) mit einem Seitenblick auf Bertoluccis Der letzte Kaiser (1987)*, 20.10.2016, retrieved 10.06.2017, from http://www.medienobservationen.de/artikel/literatur/literatur_pdf/jahraus_kracht_die_toten.pdf, S. 1 und vgl. S. 8).

29 Dass Krachts *Die Toten* „generell die Materialität der Zeichen" thematisiert, konstatieren auch Moritz Baßler und Heinz Drügh, doch verweisen beide darauf, dass Krachts ästhetisches Konzept sich insgesamt weder „etablierte[n] literarästhetische[n]

Im Fokus des Romans stehen die zwei Regisseure Emil Nägeli und Masahiko Amakasu[30]. Der Schweizer Nägeli wird auf Bitten des Japaners vom Vorsitzenden der deutschen UFA Alfred Hugenberg nach Japan geschickt, um dort ein Filmprojekt zu realisieren. Anlass der Zusammenarbeit zwischen Amakasu und Nägeli ist der Zusammenschluss zu einer „zelluloidene[n] Achse"[31] einerseits gegen den „US-amerikanischen Kulturimperialismus" (DT, 29), der „sich virengleich […] vor allem im Kino, und dadurch natürlich auf der Straße und im Volk" (DT, 29) ausbreite, und andererseits gegen den sich etablierenden Tonfilm. Insbesondere anhand der Reflexionen Nägelis verweist Krachts Roman auf einen filmhistorischen Diskurs Ende der 1920er Jahre, wenn „sich seine Gedanken gegen die Vorstellung [sträubten], die Sprache der Schauspieler würde fortan die viel tiefere Sprache des Visuellen überlagern" (DT, 42–43).[32] Dabei ist es nicht der Tonfilm, sondern vielmehr der Sprechfilm mit „den klanglichen Holprigkeiten mittelmäßiger Dialoge" (DT, 43), der als Bedrohung der rein filmischen ‚Sprache' ausgewiesen wird, sodass der Text eine Opposition zwischen den Medien Bild und Sprache etabliert. Der Roman fokussiert Sprache nicht nur in Kombination mit ikonischen Zeichen, sondern hinsichtlich beider Medien verhandelt der Text deren kommunikative Potentiale und etabliert mit der Thematisierung des fremden Bildmediums und des eigenen Mediums Sprache

---

Positionen […] noch […] einem autonomieästhetischen Raum" zuordnen lässt (Moritz Baßler/Heinz Drügh: Eine Frage des Modus. Zu Christian Krachts gegenwärtiger Ästhetik. In: Kleinschmidt 2017, S. 8–19, hier: S. 14 und 9).

30  Während Nägeli eine fiktive Figur ist, verweist Amakasu auf den japanischen Leutnant Amakasu Masahiko, der Anfang der 1930er Jahre an der Errichtung des Satellitenstaats Mandschukuo beteiligt war und später Leiter der mandschurischen Filmgesellschaft wurde.

31  Christian Kracht: Die Toten. Köln 2016, S. 30 [im Folgenden DT].

32  Corinna Müller zeichnet in Vom Stummfilm zum Tonfilm diese Entwicklung und den zeitgenössischen Diskurs der Filmästhetik nach und konstatiert, dass der sich um 1930 durchsetzende Ton- respektive Sprechfilm nicht im Sinne einer filmtechnischen Evolution bewertet werden kann (vgl. exemplarisch Corinna Müller: Vom Stummfilm zum Tonfilm. München 2003, S. 81–82). Die filmästhetische Diskussion verweist in diesem Zusammenhang stets auf die Autonomie der Bildmontage (vgl. exemplarisch Sergej M. Eisenstein: Über die Reinheit der Filmsprache (1934). In: ders.: Jenseits der Einstellung. Schriften zur Filmtheorie. Hg. v. Felix Lenz/Helmut H. Diederichs. Frankfurt a. M. 2006, S. 134–144, hier: S. 134), die sowohl durch den Ton als auch durch die Möglichkeit der Dialogaufzeichnung unterminiert werde, sodass sich die Montage schließlich dem Ton anpassen müsse (vgl. Müller 2003, S. 273–274).

eine indirekt selbstreferentielle Ebene, die auch Semantisierungsstrategien und rezeptionsästhetische Aspekte umfasst. Sprache in Form von schriftlicher Kommunikation, literarischen Artefakten[33] und oralsprachlichen Äußerungen ist in der Diegese allgegenwärtig und wird in verschiedenen Kontexten als Manipulationsmittel und Bedrohung markiert. Auch in *Die Toten* ist sprachlichen Zeichen das Potential der Lüge und somit der Nicht-Authentizität inhärent. So „erfindet [Nägeli] irgendeine Geschichte" (*DT*, 180), um sich nicht dem ihn trösten wollenden Literaten offenbaren und die durch Idas Seitensprung erfahrene Erniedrigung gestehen zu müssen:

> [E]r kann beim besten Willen **nicht** hier, an diesem trostlosen Ort, die **Wahrheit erzählen**, die da lautet, daß er ein abgehalfteter Regisseur ist, der vor vielen Jahren einmal *einen* guten Film gemacht hat, der sich dann, nach seinem künstlerischen Bankrott und dem Tod seines Vaters, in einem Anflug der Gier und Selbstüberschätzung von jenem deutschen Monster Hugenberg nach Japan hat lotsen lassen, um hier ein Projekt zu verwirklichen, das ihm in einer trunkenen Berliner Nacht von zwei Filmkritikern **eingeflüstert** worden ist – es würde alles viel zu ungeheuerlich erscheinen […]. (*DT*, 180–181).

Das Potential der Sprache zur Lüge und Manipulation („einflüstern") markiert der Text explizit, wenn Amakasu seinen Brief an den UFA-Direktor Alfred Hugenberg schreibt, ist der Brief doch, „wie Amakasu mit einiger Zufriedenheit feststellte, ein Meisterwerk der Manipulation. Selbsterniedrigungen wechselten sich mit Schmeicheleien ab, zurückhaltende Forderungen mit völlig unhaltbaren Versprechungen." (*DT*, 28).[34] Während hier die sprachliche Konstruktion des schriftlichen Distanzmediums verhandelt wird, das eine suggestive Wirkung verfolgt und diese mit Nägelis Reise auch erreicht, ist es der mündliche Sprechakt, der gewaltvoll auf den Empfänger einwirken kann. Vater Nägeli, der als erinnertes Trauma den Sohn durch den Text begleitet, ruft ihn mit den falschen Signifikanten ,Philip'/,Fi-di-bus', die Emil auch aufgrund der spezifischen lautlichen Qualitäten als Erniedrigung empfindet:

> *Philip* hatte ihn der Vater zeit seines Lebens genannt. Fünfundvierzig Jahre lang projizierte er auf ihn diese nur schlecht als Humor getarnte Grausamkeit, so, als wisse er nicht, daß sein Sohn Emil heiße, nein, als wolle er es nicht wissen; Philip, dieses **eiserne,**

---

33  Nägeli liest Robert Walser und Gustave Flaubert und murmelt literarische Zitate. Amakasus Vater ist Professor für Germanistik und rezitiert Gedichte Heinrich Heines beim Familienpicknick.

34  Von seinen Eltern wird Amakasu nicht zuletzt als „von einem gnadenlosen Dämon besessen" markiert, weil er „mit nicht ganz neun Jahren sieben Sprachen beherrschte" (beide Zitate *DT*, 48).

**ruhige, knechtende Rufen** nach ihm, die Betonung auf dem ersten *i*. Dann, wenn die Gefahr dieser oder jener Strafe, dieses oder jenes unangenehmen Auftrags im Kinde, im Heranwachsenden gebannt war, wurde endlich das **zärtliche, heilende** *Fi-di-bus* gerufen, die **erniedrigende** Koseform eines Namens, der ganz und gar nicht der seine war. (*DT*, 20).

Gesteigert wird die Gewaltausübung mittels Sprechens durch Charles Chaplin, der nicht nur lügt und die ‚Veritas' wortwörtlich über Bord schießt (vgl. *DT*, 187), sondern schließlich Amakasu durch einen Sprechakt initiiert tötet (vgl. *DT*, 193). Die Figur Chaplin repräsentiert dabei alle Aspekte des im Text etablierten Spannungsverhältnisses zwischen Oralsprache und (Film-)Bild. Als Verweigerer des Tonfilms[35] feiert Chaplin seinen Erfolg in Japan, wo seine Stummfilme „vom Publikum als äußerst befreiend empfunden" (*DT*, 91)[36] werden. Der innerdiegetisch reale Chaplin wird dabei mit seiner filmischen Inszenierung gleichgesetzt, sodass eine Grenztilgung zwischen filmischem Zeichen (der ‚authentische' Tramp) und dem außerfilmischen Schauspieler vorgenommen wird: „er ist der berümteste [sic!] Schauspieler der Welt, man hat ihm schon immer alles geglaubt." (*DT*, 194). Chaplin setzt dabei gezielt auf diese Grenztilgung hinsichtlich seiner Person in der Realität der Diegese. Zwar sieht er „nicht aus wie in seinen Filmen" (*DT*, 93), doch bleibt unklar, ob sein Verhalten authentisch ist oder nicht (vgl. *DT*, 94). Die Projektion der Eigenschaften der authentisch wirkenden Tramp-Figur auf den Schauspieler und somit die Tilgung des filmischen Zeichenträgers markiert zumindest Amakasus Eindruck als kurzschlüssig, da

---

35  Vgl. *DT*, 94. Hierin stimmt die Romanfigur mit der historischen Person Charles Chaplin überein. Erst mit THE GREAT DICTATOR von 1940 öffnet Chaplin sich dem Sprechfilm, wobei die Sprache als Manipulativ vor allem mit der Diktatorenfigur verknüpft ist. Die Aufzeichnung der Stimme eines Protagonisten erfolgt im vorherigen Werk Chaplins nur in Form des Gesangs der Figur Charlie im Film MODERN TIMES (1936).

36  Hinsichtlich des Aspekts, dass der Stummfilm ohne gesprochene Sprache auskommt, seine Bedeutung also vorwiegend – abgesehen von Schrifttafeln – durch die Bilder generiert, sei erwähnt, dass auch im filmhistorischen Diskurs stets auf das von einem Sprachcode unabhängige Potential des Stummfilms hingewiesen wird. So attestiert u. a. Fritz Lang 1926 dem „rein Filmischen" eine „Internationalität der Filmsprache" (Fritz Lang: Wege des großen Spielfilms in Deutschland. In: Die literarische Welt 2 (1. Oktober 1926) Nr. 40, S. 3 und 6. In: Anton Kaes (Hg.): *Weimarer Republik. Manifeste und Dokumente zur deutschen Literatur 1918–1933*. Stuttgart 1983, S. 222–224, hier: 222–223). Für den historischen Charles Chaplin ist es die Pantomime, die einerseits die Universalität und Zeitlosigkeit der Figur sichert und sich andererseits der „Eindeutigkeit des Dialogs" (Jerzy Toeplitz: *Geschichte des Films 1895–1933*. München 1987, S. 687) entzieht.

er Chaplin mit einem Fuchs (vgl. *DT*, 93) gleichsetzt.[37] Chaplins Verwendung von Sprache, die im Film ausbleibt, problematisiert der Text, sind es doch seine Prophezeiungen gegenüber Ida, die sie nach Hollywood führen (vgl. *DT*, 190), wo sie schließlich als erfolglose Schauspielerin in den Tod stürzt[38]. Die Figur Chaplins repräsentiert dabei im Roman nicht nur das gewaltvolle und tödliche Potential der gesprochenen Sprache, sondern verweist außerdem auf die problematische Aufhebung der Grenze zwischen (Film-)Bild/Inszenierung und Leben sowie auf die Übertragung künstlerischer Semantisierungen auf (innerdiegetische) Entitäten.

Der manipulativen, nicht-authentischen, gewaltvollen Verbalsprache ist das Medium des Bildes gegenübergestellt.[39] Filmische Dokumente dienen dabei nicht nur als Signifikant für eine ganze Kultur, „könne man doch ein Land [am besten] im Kino kennenlernen" (*DT*, 168), sondern bekommen auf Figuren-ebene eine therapeutische Wirkung zugesprochen („in diesem Augenblick emp-findet er [Nägeli, J. T.] es so, […] als könne er durch seine Kunst heilen", *DT*, 155). Die Filmkamera wird zum „außerkörperlichen Zentralorgan" und zum

---

37  Zu den Konnotationen des Lexems ‚Fuchs' vgl. Marianne Sammer: Fuchs [Art.]. In: Günter Butzer/Joachim Jacob (Hg.): *Metzler Lexikon literarischer Symbole*. Stutt-gart/Weimar 2012, S. 137–138.

38  Idas Tod verweist auf die historische Schauspielerin Peg Entwistle, die im September 1932 ebenfalls am Hollywoodland-Sign tödlich verunglückte. Es sind allerdings nicht nur die ausgeführten Sprechakte, die im Umkreis Chaplins zum Tode führen, sondern auch die verweigerte mündliche Kommunikation. So gibt Chaplin während eines Empfangs vor, Ida, die aufgrund des Misserfolgs als Haushaltshilfe arbeiten muss, nicht zu kennen, und auch der anschließende Versuch Idas, ihn telefonisch zu errei-chen, scheitert (vgl. *DT*, 204 und 209).

39  Die indirekte Selbstreferenz, die eine Konkurrenz zwischen den Medien Bild und Sprache etabliert, findet sich auch im poetischen Realismus der zweiten Hälfte des 19. Jahrhunderts. Während allerdings im poetischen Realismus ikonische Zeichen als verführerisch und bedrohlich markiert werden (vgl. hierzu Claus-Michael Ort: *Zei-chen und Zeit. Probleme des literarischen Realismus*. Tübingen 1998, insbesondere zu Storms *Aquis submersus*, S. 53), präferieren beide Kracht-Romane ikonische Zeichen als erkenntnisfördernd. Für *Imperium* sei in diesem Zusammenhang sowohl auf die von Engelhardt nicht gedeuteten Traumbilder verwiesen, die als das Unheil verkün-dend markiert werden (vgl. *I*, 28), als auch auf den Erkenntnisgewinn des Simplicissi-mus-Redakteurs beim Betrachten des eigenen Spiegelbildes: „Der Blick des Redakteurs fällt […] durch die sich verdunkelnde, von Minute zu Minute spiegelähnlicher wer-dende Zugscheibe hinaus […] und er erkennt in diesem Augenblick den eigentlichen Grund, weswegen er Anzeige erstattet hat, und daß sein gesamtes zukünftiges Leben von einer schmerzhaften Selbstlüge überlagert sein wird" (*I*, 87).

„metaphysischen Instrument" (*DT*, 81) stilisiert, das es möglich macht, durch eine bestimmte Komposition von Bildern „mit den Mitteln der Filmkunst innerhalb der Ereignislosigkeit das Heilige, das Unaussprechbare aufzuzeigen" (*DT*, 25), sodass sich „wirkliche Empfindungen […] eher um eine Fotografie oder einen Film kristallisieren als etwa um eine verbale Äußerung oder gar um einen Slogan." (*DT*, 27). Abbildungen können außerdem zum Substitut für den defizitären Referenten werden, wie es an den Eltern Amakasus verdeutlicht wird:

> Manchmal setzten sie sich vor einen kleinen Karton […] und sahen sich gemeinsam Fotografien an […] und sie empfanden dann eine alles zerdrückende Traurigkeit […]. [D]as **Abbild** sei der **wahre Sohn**, und jener Knabe, der dort neben ihnen aufwuchs, lediglich eine Kopie, die unechte Spiegelversion, ein schauderhafter Homunkulus. (*DT*, 48–49).

Ikonische Zeichen wie Fotografien und Filme markiert der Text allerdings nicht ausschließlich als positive Alternativmedien. Einerseits etabliert der Roman eine Opposition zwischen dokumentarischen Bildern und fiktionalen Filmen und andererseits baut der Text im Bereich der fiktionalen Filme eine weitere Differenz zwischen narrativen Bilderfolgen und inkohärenten Avantgardefilmen auf.

Der Roman startet mit der Aufnahme eines rituellen und innerdiegetisch realen Selbstmords, dem Seppuku, der durch die Aufnahme konserviert zur Vervielfältigung bereitsteht. Amakasu, der den Film rezipiert, fühlt sich an Fotografien erinnert, die einen Delinquenten bei seiner Strafe Lingchi (schleichender Tod) abbilden, und konstatiert: „[E]s gab bestimmte Dinge, die man nicht abbilden durfte, nicht vervielfältigen, es gab Geschehnisse, an denen wir uns mitschuldig machten, wenn wir deren Wiedergabe betrachteten" (*DT*, 24). Während die Reflexionen Amakasus hinsichtlich des Selbstmordfilms auf die Abbildungswürdigkeit zielen und dokumentarische Bilder mit einer spezifischen Referenz infrage stellen, markiert der Text auch fiktive Filmnarrationen als problematisch, weil instrumentalisierbar, und greift in diesem Kontext außerdem die Grenztilgung zwischen filmischem Zeichen und Realität auf, wie sie schon für die Figur Chaplin bemerkt worden ist. Analog zur Sprache können auch semantisierte Bilder als Macht- und Manipulationsmittel verwendet werden.[40] So drohen die US-amerikanischen Filmgesellschaften bei anhaltendem Ausschluss amerikanischer Filmproduktionen vom japanischen Markt, zukünftig „generell die negativ konnotierten Figuren […] ausschließlich mit japanischstämmigen Schauspielern zu besetzen." (*DT*, 29). Auch Alfred Hugenberg ist sich des Bedeutungspotentials hinsichtlich einer affirmativen Rezeption filmischer Werke bewusst und plant

---

40  Vgl. hierzu auch Jahraus 2016, S. 2.

für Nägelis Schauerfilmprojekt, dass „die arische Unschuld […] durch (das dürfe man den japanischen Freunden *so* natürlich nicht erzählen) die asiatische Bestie verdorben [werde]" (*DT*, 131). Film wird somit zum Machtinstrument und begründet laut Jahraus eine ästhetische Hegemonie, „die politischer und militärischer Hegemonie gleichberechtigt an die Seite zu stellen ist".[41]

Demgegenüber steht Nägelis Filmprojekt: zwar bildet auch er zunächst dokumentarisch die Wirklichkeit ab, wie die Schilderung der Filmvorführung zeigt:

> Er zeigt eine Rohfassung seines Films […]; ein japanischer Mann und eine hellblonde junge Frau sind zu sehen, er zeitunglesend in einem offenen Wagen; dann ein Golfball, der sich elliptisch droben am Himmel entfernt; der verschneite Kegel eines erloschenen Vulkans; eine dunkle Rumpelkammer, angefüllt mit wertlosem, altem Tand; […] Nahaufnahmen der gegerbten Hände asiatischer Seeleute, die ihre Netze flicken; die lange gehaltene Einstellung eines zertretenen Pappbechers. (*DT*, 206–207).

Doch die Komposition und Inkohärenz der Bildmontage macht den entscheidenden Unterschied aus. Nägeli substituiert eine transparente, schablonenhafte Darstellung durch ein Konzept, das vor allem auf Devianz und Konventionsbruch hinsichtlich tradierter filmästhetischer Kompositionen basiert:

> [N]un aber muß er tatsächlich […] einen Film drehen, der erkennbar artifiziell ist und vom Publikum als maniert und vor allem als deplaziert empfunden wird. Es wäre immer noch ein Schauerfilm, nur könne man das Unheimliche nicht so schablonenhaft zeigen, wie es ihm dieser gräßliche Hugenberg […] vorformuliert hat. (*DT*, 153–154).

So ist es in *Die Toten* das unmittelbare, nicht-vorformulierte Bild[42], das keine dokumentarische Funktion erfüllt und nicht durch eine Verbalsprache begleitet wird, welches potentiell das Unbestimmte, aber als Sakrament auch das Heilige erfahrbar macht, dabei aber ohne Referenz[43] respektive semantische Ebene auskommt:

> Er muß sich etwas Neues ausdenken, etwas noch nie Dagewesenes, es muß fehlerhaft sein, ja, exakt das ist die Essenz; es reicht nicht mehr, durch Film eine transparente Membran erschaffen zu wollen […]. Er muß etwas erschaffen, das sowohl in höchstem Maße künstlich ist, als sich auch auf sich selbst bezieht. (*DT*, 153).

---

41  Ebd., S. 8.

42  Während Ida sich in Hollywood auf einen Tonfilm mit einem entsetzlich geschriebenen Drehbuch (vgl. *DT*, 202) einlässt, ist es nur konsequent, wenn Nägeli auch die sprachlich fixierte Vorstufe des Films aufgibt (vgl. *DT*, 170).

43  Festzuhalten ist natürlich, dass das Bild weiterhin auf die innerdiegetisch realen Objekte verweist, die es abbildet.

Die Selbstbezüglichkeit des Films Nägelis steht im extremen Gegensatz sowohl zur Sprache als auch zu den semantisierten und narrativen Werken der Filmstudios. Hinsichtlich der Filmproduktion konstituiert der Roman eine indirekt selbstreflexive Ebene, auf der er die zwei, nach Baßler nicht-synthetisierbaren Optionen[44] der Kunst- und damit auch der Literaturproduktion verhandelt. So stehen sich avantgardistische, anti-realistische Tendenzen, die eine transzendentale Wirklichkeit erfahrbar machen können, und realistische Verfahren, die „ihre Zeichenebenen zum Verschwinden bringen"[45] und damit die Grenztilgung anstreben, innerdiegetisch gegenüber.

Die zunächst als Medienstreit erscheinende Opposition abstrahiert der Text zu einer generellen Dichotomie von semiotisch Bedeutendem und Nicht-Bedeutendem und thematisiert das Verfahren der Semantisierung sowohl hinsichtlich sprachlicher als auch ikonischer Zeichen. Innerhalb des Textes nutzen und produzieren die Figuren z. B. durch Briefe, Sprechakte und Filme nicht nur zeichenhafte Systeme, sondern weisen auch der sie umgebenden Realität einen zeichenhaften Status zu. Sie stellen semantische Relationen zwischen den einzelnen Elementen her, sodass auch die innerdiegetische Realität zu einem auf Figurenebene generierten Zeichensystem wird. Die von den Figuren vorgenommenen Semantisierungen betreffen dabei nicht nur Objekte wie z. B. einen „zart-violetten Bleistift" (*DT*, 40), der auf der discours-Ebene zunächst mit Nägelis Vater verknüpft wird, „sich von irgendwoher durch den Äther dorthin [Hugenbergs Vorzimmer, J. T.] manifestiert hat" (*DT*, 128) und den Emil schließlich „nur so lange aufbewahren [wolle], bis er darauf komme, was gemeint gewesen ist" (*DT*, 152), sondern auch auf Subjekte, was im folgenden Zitat durch die Ambiguität des Lexems ‚Sujet' markiert wird: „er [Emil, J. T.], der Eifersucht stets als Emotion der Bourgeoisie verlacht und sich trotzdem geweigert hat, Ida als eigenes, von ihm losgelöstes Sujet wahrzunehmen." (*DT*, 175). Während auf der Ebene der histoire die Figuren Objekten Bedeutungen zuweisen, verknüpft der Text diese Semantisierungen auf der discours-Ebene zu einem Relationsgeflecht, indem einzelne Elemente wie der Bleistift, das gehauchte H oder die Anspielungen auf das Nō-Theater[46] in unterschiedlichen Kontexten auftauchen,

---

44  Vgl. Baßler 2013, S. 36.
45  Ebd., S. 44.
46  Ida bekommt von Emil das von Ezra Pound signierte Buch über das Nō-Theater, die Figuren besuchen eine traditionelle Aufführung (vgl. *DT*, 104–105) und insbesondere trifft Amakasu in einer Höhle an den Uferklippen auf eine Frau, die mit den Attributen der Dämonen-Figur ‚hannya' des Nō-Theaters ausgezeichnet wird (vgl. *DT*, 75–79) und Amakasu schließlich in anderen Situationen heimsucht.

ihre Semantisierung durch die Figuren und den vorangegangen lexikalischen Kontext aber nicht verlieren. Das gehauchte hah/H des sterbenden Vaters, das Emil nicht dechiffrieren kann, gleichzeitig aber ein stetes Fragen nach der Zeichenbedeutung und die Suche nach einem Referenten initiiert, begegnet als unverständliches Zeichen und unabhängig von Emil auch Amakasu und Ida. In Amakasus Fall steht das „ein paarmal" (*DT*, 76) gehauchte ‚Hah' im Kontext seiner Begegnung mit der Frau in der Klippenhöhle, die sowohl mit einem Realitätsverlust als auch mit dem Tod verknüpft ist („Ihrem Schoß entströmte ein abscheulicher Geruch von Verwesung und Pestilenz." *DT*, 76). Auch Idas schlafwandlerischer Traum, in dem sie „ein wesenloses Hauchen" hört, das „wie ein langgezogenes *hah*" (*DT*, 173) klingt, wird explizit mit dem Betreten des „Totenreich[s]" (*DT*, 173) und schließlich mit ihrem eigenen Tod verknüpft, wenn sie vom ‚H' des Hollywoodland-Schildes stürzt: „Oh, das ist ja kurios, denkt sie: Ein H, exakt so wie in meinem Traum. Es gibt ein Vergessen allen Daseins, ein Verstummen unseres Wesens, wo uns ist, als hätten wir alles gefunden." (*DT*, 211). Ida stellt hier nicht nur eine Verbindung zwischen ihrem Traum her, sondern kommentiert die Situation vor ihrem tödlichen Sturz außerdem mit einem wörtlichen Zitat aus Hölderlins *Hyperion*[47], das sie bereits vorher in einem Gespräch mit Amakasu verwendet. Die Semantisierung von Objekten und Ereignissen auf der Figurenebene führt durch die syntagmatische Anordnung der Elemente auf der discours-Ebene zu einer Überdetermination,[48] die durch kulturelles, den Figuren aber unbewusstes Wissen[49] gesteigert wird.

Aufschlussreich ist in diesem Zusammenhang das emblematisch anmutende Schlusstableau[50] des Textes und die Verweisstruktur aus textuellen und kulturellen Propositionen des Gesamttextes: Der Buchstabe ‚H' und seine lautliche Realisation sind einerseits mit einer Todessemantik besetzt, sodass Idas Traum vom Betreten des Totenreichs final eingelöst wird, und verweisen andererseits synekdochisch auf den Signifikanten ‚Hollywood'. Hollywood bezeichnet im Englischen ‚Stechpalmenwald', von dessen Signifikant Ida in das paradigmatische Äquivalent ‚Kaktus' und somit in das Bezeichnete stürzt (vgl. *DT*, 212). Idas

---

47  Vgl. Friedrich Hölderlin: Hyperion oder der Eremit von Griechenland. In: ders.: *Hyperion – Empedokles – Aufsätze – Übersetzungen.* Hg. v. Jochen Schmidt. Frankfurt a. M. 2008, S. 9–276, hier: S. 51.

48  Überdetermination im Sinne Michael Titzmanns (vgl. Michael Titzmann: *Strukturale Textanalyse. Theorie und Praxis der Interpretation.* München 1993, S. 173).

49  Ida reflektiert nicht, dass sie Hölderlins *Hyperion* zitiert.

50  Für Anregungen in diesem Zusammenhang danke ich Claus-Michael Ort.

Flucht aus dem bezeichneten Hollywood-System und damit aus den Bildern[51] auf die Ebene des Signifikanten, der durch das Hyperion-Zitat und seinen Kotext als verstummte, ausgeglichene, aber gleichzeitig auch entfremdete Zone stilisiert wird[52], scheitert, sodass sie in die Sphäre des Signifikats zurückfällt, das sich wiederum in der durch die bezeichneten Stechpalmen aufgerissenen Gesichtshaut manifestiert. Gleichzeitig konserviert der Journalist sie in einem Bild, das durch die Kombination des ikonischen Zeichens erneut mit einem Hölderlin-Verweis, „sie sei wie ein Feuer gewesen, das im Kiesel schläft" (*DT*, 212)[53], durch Rekurrenz auf einen literarischen Text semantisiert wird und auf discours-Ebene den Gesamttext beschließt.

Sowohl die Weltwahrnehmung der Figuren durch Semantisierungen, die durch den Literaten[54] noch gesteigert wird, der konstatiert, „daß es nur zwei große, eng miteinander verwandte Leitgedanken auf der Welt gäbe, den Sexus und den Freitod" (*DT*, 182), und diese als „Topoi" (*DT*, 182), also kollektive Bedeutungszuweisungen bezeichnet, als auch der Gesamttext stehen dabei in Opposition zu Emil und seinem Film. Nägelis Film verweigert einerseits das Zeichensystem der gesprochenen Sprache als weiteren semiotischen Code, stellt sich also gegen die Entwicklung des Sprechfilms und gegen eine weitere semantische Ebene, und erzeugt andererseits durch die Montage „nichtssagenden" (*DT*, 179) Materials eine inkohärente, nicht-semantisierbare Abfolge von Bildern, die durch ihre Ikonizität zwar noch auf die realen Referenten verweisen, im Kontext aber keine weiteren Semantisierungen erhalten. Zwar etabliert er damit innerdiegetisch die Bedeutungstilgung und -verweigerung, die ihm die Rubrizierung als „Avantgardist und Surrealist" (*DT*, 207) einbringt, doch verfehlt er mit dieser

---

51  Zuvor flieht Ida vor den Aufnahmen eines Vergewaltigungsfilms (vgl. *DT*, 209–210).

52  Hyperion erwähnt, dass er „nun ruhig geworden [war] […], jedem Dinge seinen Namen [gab]." (Hölderlin 2008, S. 51). Jochen Schmidt weist in seinem Kommentar darauf hin, dass Hyperions Situation mit einem Entfremdungszustand in Verbindung zu bringen ist (ebd., S. 1004).

53  Vgl. Hölderlin 2008, S. 61. Eine Analogie zwischen dem Hölderlin-Zitat und der Semantisierung des Todes Idas lässt sich durch die Flucht aus einer Gefangenschaft herstellen. Ida strebt vor ihrem Tod wie das Feuer im Kiesel „dem Ende der engen Gefangenschaft" (Ebd., S. 61) entgegen, doch fällt sie von der als Befreiung stilisierten Ebene des Signifikanten zurück in die Sphäre des Bedeuteten. Der intertextuelle Verweis auf Hölderlins *Hyperion* kann an dieser Stelle nicht weiter ausgeführt werden, steht doch das Verfahren der Semantisierung im Fokus der Betrachtungen.

54  Der Literat wird des Weiteren als homoerotische Bedrohung markiert. So hängen in seinem Haus Gemäldereproduktionen des Heiligen Sebastian und Nägeli „schiebt den Herrn brüsk von sich" (*DT*, 183), bevor er fluchtartig dessen Haus verlässt.

Kunstform, wie Oliver Jahraus bemerkt, „das Wirkpotential des Films".[55] Der Zusatz „Nicht alle Zuschauer bleiben wach" (*DT*, 207) eröffnet die Ebene eines selbstreflexiven, rezeptionsästhetischen Kommentars. So wird bereits Nägelis erster Film „*Die Windmühle*" unter Kritikern als „fulminantes Meisterwerk" (*DT*, 115) gehandelt, obwohl auch dieser die Rezipierenden einschläfert (vgl. *DT*, 25). Die fehlende Anschlussfähigkeit durch verweigerte Semantisierungspotentiale aufgrund des Selbstbezugs markiert der Text als eine die Publikumswirkung verfehlende Kunst und etabliert damit gleichzeitig genau diese wirkungsästhetische Kategorie als eine ihrer Funktionen. Irritierend in diesem Zusammenhang scheint die Gleichsetzung von Gesamttext und innerdiegetischem Avantgardefilm durch deren Titelidentität („[Nägeli] zeigt eine Rohfassung seines Films, den er so genannt hat wie dieses Buch", *DT*, 206), zeichnet sich Krachts Roman doch durch seine Überdetermination und das dichte Verweissystem zunächst als das gegenteilige Extrem aus. So hebt auch die Einteilung des Romans analog zur Struktur eines traditionellen Stücks des Nō-Theaters die Opposition zwischen Bedeutung und Nicht-Bedeutung auf der Ebene des Gesamttextes noch einmal hervor, sind doch alle Elemente im Nō-Theater bedeutungstragend. Krachts Text ordnet sich in dieses Schema ein und suggeriert damit zunächst eine Bedeutungsaufladung aller Textelemente.[56] Die Teile des Nō-Theaters sind allerdings nicht nur bedeutungstragend, vielmehr sind alle Gesten und Abläufe so stark stilisiert, dass erstens eine Wirklichkeitsnähe verweigert und zweitens ein Code etabliert wird, der nur innerhalb des Nō-Theaters gilt, sodass ein abgeschlossenes und auf sich selbst beziehendes Zeichensystem entsteht. Zusätzlich verweist der Text auf Figurenebene vor allem auf den Mangel an Handlung und die Nicht-Repräsentativität des Figurenpersonals, zwei Aspekte, die „die raffiniertesten Geschichten im Nō" (*DT*, 103) auszeichneten. Das *tertium comparationis* von Avantgardefilm und Nō-Theater besteht also in dem auch innerhalb des Kracht-Romans betonten Selbstbezug beider Kunstformen, denen sich der Gesamttext durch Titel und Struktur zuordnet. So beansprucht der Roman *Die Toten* eine maximal gesteigerte Selbstreferenz, indem er sich als geschlossenes System von Verweisen etabliert und damit die Grenze zwischen literarischem Artefakt und Realität betont. Damit stehen sowohl Nägelis Film als auch der Gesamttext im Gegensatz zu den konventionellen Konzepten, die es auf eine Tilgung dieser Grenze anlegen – in *Die Toten* vertreten durch die Produktionen der Filmstudios und

---

55  Jahraus 2016, S. 7.
56  Auf Figurenebene wird der Konstruktionscharakter des Nō-Theaters explizit thematisiert und damit auch ein Verweis auf den Gesamttext gegeben (vgl. *DT*, 103–104).

die Figur Chaplin, bei der die Grenzauflösung zur Gefahr wird.[57] Gleichzeitig markiert die Erzählinstanz explizit die Semantisierungen und die komponierte Verweisstruktur des Romans, wenn sie kommentiert: „Er hat in der Villa seinen Hut vergessen; oje, wenn das mal nicht symbolisch ist." (*DT*, 179). Kracht legt damit die Schreibstrategien zur Bedeutungsaufladung seines Textes offen und dekonstruiert gleichzeitig die Verfahren eines poetischen Realismus[58], auch weil der Hut im weiteren Verlauf des Textes keine Rolle mehr spielt und seine angekündigte symbolische Funktion nicht einlöst. So wendet die Erzählinstanz zwar das metonymische Vorgehen realistischer Erzählungen an, das laut Baßler die „Darstellungsebene mit Hilfe von Frames und Skripten [konstruiert], die im kulturellen Archiv bereits fest verankert sind"[59], doch verhindern die Erzählerkommentare das Verschwinden einer Zeichenebene[60], stellen sie diese doch erst aus. Die Kontingenzreduktion durch semantisch funktionalisierte Elemente legt der Roman explizit offen, präsentiert sich als geschlossenes und selbstbezügliches System und demonstriert die von Baßler entworfene, dekonstruktive Variante realistischer Schreibweisen.

## Zusammenfassende Bemerkungen

Sprachreflexion und damit indirekt selbstreferentielle Strukturen sind konstitutiv für Christian Krachts Romanwerk. Am Beispiel des Auswanderers August Engelhardt fokussiert der Roman *Imperium* nicht nur wie bereits zuvor *Faserland* das manipulative Potential sprachlicher Kommunikation, sondern verweist auf die Diskrepanz zwischen sprachlich konstruierten Realitätsentwürfen und der Realität. Engelhardt scheitert einerseits an seinen sich selbstverzehrenden sprachlichen Argumentationen und andererseits an dem Versuch, die Grenze zwischen sprachlichen Zeichen und ihrer außersprachlichen Referenz zu tilgen. Sowohl die Substitution einer unmittelbaren Realitätswahrnehmung durch die Konstruktion und Rezeption sprachlicher Realitäten als auch die Übertragung

---

57  Oliver Jahraus' Einschätzung, dass Kracht mit *Die Toten* das eigene Medium feiere, greift entschieden zu kurz, geht es doch vielmehr um Erzählweisen, die sowohl Film, Literatur als auch Theater betreffen (vgl. Jahraus 2016, S. 7).

58  Ähnlich hält auch Susanne Komfort-Hein fest, dass sich die „vermeintlich zeichenvergessene epische Welt" durch die Erzählverfahren immer wieder als „überaus künstliche [darstellt]" (Susanne Komfort-Hein: Harakiri, Hitler und Hollywood: »Die Toten«. In: Kleinschmidt 2017, S. 67–74, hier: S. 69).

59  Baßler 2013, S. 27.

60  Ebd., S. 44.

derselben in die Realität führen zum Misserfolg Engelhardts. Der Text problematisiert dabei die verschiedenen Strategien im Umgang mit sprachlichen Argumentationsketten, die zur Legitimation des eigenen Handelns dienen. So sind es die in der Sphäre der Sprache mögliche Variationsbreite von Anschlusskommunikationen und die Argumentationsmodifikationen aus dem geistesgeschichtlichen Fundus sprachlicher Konstrukte, die schließlich z. B. die Autoanthropophagie Engelhardts legitimieren. Der ausschließliche Erkenntnisgewinn durch die Rezeption sprachlich entwickelter Theorien von Welt, die eine unmittelbare Wahrnehmung verhindert, und der Versuch der Übertragung sprachlicher Realitätsentwürfe in die Realität müssen aufgrund der Grenztilgung zwischen Zeichen und Referenz scheitern. Durch diese Thematisierung von Zeichen und ihrem Status sowie dem Verweis auf die spezifische und problematische Rezeptionshaltung Engelhardts, die im Gegensatz zu anderen Figuren wie Gouverneur Hahl und Kapitän Slütter steht, ergibt sich eine indirekt selbstreferentielle Struktur, die durch Erzählerkommentare, in denen der mediale Status des Romans hervorgehoben wird, auch auf den Gesamttext bezogen werden kann. *Imperium* stellt damit ebenfalls seinen zeichenhaften Charakter aus und betont mit der innerdiegetischen Darstellung vom Umgang mit Zeichen auch seine eigenen Grenzen, die es gilt, aufrechtzuerhalten.

Mit Bezug auf den filmhistorischen Diskurs anlässlich der Entwicklung des Ton- respektive Sprechfilms, der die miteinander konfligierenden Medien Bild und Sprache betrifft, nimmt der Roman *Die Toten* die Aspekte seines Vorgängers hinsichtlich des Mediums Sprache auf und erweitert sie zur Opposition von semantisch-bedeutendem Zeichenmaterial und der Bedeutungstilgung insbesondere ikonischer Zeichen. Dabei sind es sowohl die innerdiegetische Semantisierung von Realität durch die Figuren als auch die Übertragung von Semantisierungen aus dem Bereich künstlerischer Zeichenrelationen auf die umgebende Realität, die als problematisch markiert werden. Demgegenüber steht die Figur Emil Nägeli, die das Verfahren der Semantisierung von Realität sowie des filmischen Kunstwerks ablegt, um schließlich ein selbstreferentielles und damit autonomes Werk zu schaffen. Das von Semantisierungen befreite, sich nur auf sich selbst beziehende Kunstwerk büßt allerdings seine Wirkung auf die Rezipienten ein, fehlt doch die kommunikative Anschlussfähigkeit, die gleichzeitig als rezeptionsästhetische Kategorie etabliert wird. Der Gesamttext verfolgt indes eine andere Strategie: Er zeichnet sich durch eine permanente Überdetermination aus und verweist mit seiner Struktur, die hinsichtlich der Kapitelbenennung dem Nō-Theater entlehnt ist, auf eine konventionalisierte Semantisierung aller Textelemente, die sich allerdings – analog zum Nō-Theater und auf diesem Reflexionsniveau wiederum im Einklang mit dem Avantgardefilm Nägelis – vor allem auf den eigengesetzlichen und selbstreferenziellen Code der Theaterform bezieht. Auch die Erzählerkommentare rekurrieren einerseits auf die programmatische Basis des Romans und andererseits kommentieren sie ironisch die rezeptionsästhetische Erwartung einer potentiell symbolischen Deutbarkeit von Textelementen. Durch die Reflexion realistischer Schreibweisen und ihrer Diegesen wenden sich die beiden Romane Krachts einer dekonstruktiven Form des Realismus zu und bestätigen eine der von Baßler konstatierten Optionen des Gegenwartsromans.

## Literaturverzeichnis:

Baßler, Moritz: Die Unendlichkeit des realistischen Erzählens. Eine kurze Geschichte moderner Textverfahren und die narrativen Optionen der Gegenwart. In: Rohde, Carsten/Schmidt-Bergmann, Hansgeorg (Hg.): *Die Unendlichkeit des Erzählens. Der Roman in der deutschsprachigen Gegenwartsliteratur seit 1989.* Bielefeld 2013, S. 27–45.

Baßler, Moritz/Drügh, Heinz: Eine Frage des Modus. Zu Christian Krachts gegenwärtiger Ästhetik. In: Kleinschmidt, Christoph (Hg.): *Christian Kracht.* Text + Kritik 9(216), 2017, S. 8–19.

Birgfeld, Johannes: Südseephantasien. Christian Krachts *Imperium* und sein Beitrag zur Poetik des deutschsprachigen Gegenwartsromans. In: *Wirkendes Wort. Deutsche Sprache und Literatur in Forschung und Lehre* 62(I–III), 2012, S. 457–477.

Birgfeld, Johannes/Conter, Claude D.: *Christian Kracht. Zu Leben und Werk.* Köln 2009.

Brenner, Peter J.: Die Erfahrung der Fremde. Zur Entwicklung einer Wahrnehmungsform in der Geschichte des Reiseberichts. In: ders. (Hg.): *Der Reisebericht. Die Entwicklung einer Gattung in der deutschen Literatur.* Frankfurt a. M. 1989, S. 14–49.

Eisenstein, Sergej M.: Über die Reinheit der Filmsprache (1934). In: ders.: *Jenseits der Einstellung. Schriften zur Filmtheorie.* Hg. v. Felix Lenz/Helmut H. Diederichs. Frankfurt a. M. 2006, S. 134–144.

Fulda, Daniel: Einleitung: Unbehagen in der Kultur, Behagen an der Unkultur. Ästhetische und wissenschaftliche Faszination der Anthropophagie. Mit einer Auswahlbibliographie. In: Fulda, Daniel/Pape, Walter (Hg.): *Das andere Essen. Kannibalismus als Motiv und Metapher in der Literatur.* Freiburg i. Br. 2001, S. 7–50.

Hauenstein, Robin: *Historiographische Metafiktionen. Ransmayr, Sebald, Kracht, Beyer.* Würzburg 2014.

Hölderlin, Friedrich: *Hyperion – Empedokles – Aufsätze – Übersetzungen.* Hg. v. Jochen Schmidt. Frankfurt a. M. 2008.

Jahraus, Oliver: *Amakasu, für Film zuständig. Stil und Medienreflexion in Christian Krachts Die Toten (2016) mit einem Seitenblick auf Bertoluccis Der letzte Kaiser (1987)*, 20.10.2016, retrieved 10.06.2017, from http://www.medienobservationen.de/artikel/literatur/literatur_pdf/jahraus_kracht_die_toten.pdf.

Kleinschmidt, Christoph: Von Zerrspiegeln, Möbius-Schleifen und Ordnungen des Déjà-vu. Techniken des Erzählens in den Romanen Christian Krachts. In: ders.: *Christian Kracht.* Text + Kritik 9(216), 2017, S. 44–53.

Komfort-Hein, Susanne: Harakiri, Hitler und Hollywood: »Die Toten«. In: Kleinschmidt, Christoph (Hg.): *Christian Kracht.* Text + Kritik 9(216), 2017, S. 67–74.

Kracht, Christian: *Faserland.* München 2011.

Kracht, Christian: Auf der deutschen Botschaft, Bangkok 1999. In: ders. [2000]: *Der gelbe Bleistift. Reisegeschichten aus Asien.* Frankfurt a. M. 2012, S. 97–101.

Kracht, Christian: *Imperium.* Frankfurt a. M. 2013.

Kracht, Christian: *Ich werde hier sein im Sonnenschein und im Schatten.* München 2015.

Kracht, Christian: *Die Toten.* Köln 2016.

Lang, Fritz: Wege des großen Spielfilms in Deutschland. In: Die literarische Welt 2 (1. Oktober 1926) Nr. 40, S. 3 und 6. In: Kaes, Anton (Hg.): *Weimarer Republik. Manifeste und Dokumente zur deutschen Literatur 1918–1933.* Stuttgart 1983, S. 222–224.

Müller, Corinna: *Vom Stummfilm zum Tonfilm.* München 2003.

Nover, Immanuel: *Referenzbegehren. Sprache und Gewalt bei Bret Easton Ellis und Christian Kracht.* Wien/Köln/Weimar 2012.

Ort, Claus-Michael: *Zeichen und Zeit. Probleme des literarischen Realismus.* Tübingen 1998.

Ort, Claus-Michael: Die Kontingenz der Oper. Zur Funktion musikdramatischer Selbstreferenz. In: *Zeitschrift für Semiotik* 27(1–2), 2005, S. 87–114.

Parr, Rolf: Neue Realismen. Formen des Realismus in der Gegenwartsliteratur. In: Fauth, Søren R./Parr, Rolf (Hg.): *Neue Realismen in der Gegenwartsliteratur.* Paderborn 2016, S. 11–22.

Pordzik, Ralph: Wenn die Ironie wild wird, oder: lesen lernen. Strukturen parasitärer Ironie in Christian Krachts „Imperium". In: *Zeitschrift für Germanistik. Neue Folge* XXIII(3), 2013, S. 574–591.

Rauen, Christoph: Schmutzige Unterhose wird sauberer Büstenhalter. Zur ›Überwindung‹ von Postmoderne und Pop bei Christian Kracht. In: Birgfeld, Johannes/Conter, Claude D.: *Christian Kracht. Zu Leben und Werk*. Köln 2009, S. 116–130.

Sammer, Marianne: Fuchs [Art.]. In: Butzer, Günter/Jacob, Joachim (Hg.): *Metzler Lexikon literarischer Symbole*. Stuttgart/Weimar 2012, S. 137–138.

Schlegel, Friedrich: *»Athenäums«-Fragmente und andere Schriften*. Stuttgart 2005.

Schwarz, Thomas: Im Denotationsverbot? Christian Krachts Roman „Imperium" als Reise ans Ende der Ironie. In: *Zeitschrift für Germanistik. Neue Folge* XXIV(1), 2014, S. 123–142.

Setzer, Elena: Fiktionalisierung der Lebensreform. In: Beßlich, Barbara/Felder, Ekkehard (Hg.): *Geschichte(n) fiktional und faktual. Literarische und diskursive Erinnerungen im 20. und 21. Jahrhundert*. Bern 2016, S. 253–275.

Titzmann, Michael: Kulturelles Wissen – Diskurs – Denksystem. Zu einigen Grundbegriffen der Literaturgeschichtsschreibung. In: *Zeitschrift für französische und Sprache und Literatur* 99(1), 1989, S. 47–61.

Titzmann, Michael: *Strukturale Textanalyse. Theorie und Praxis der Interpretation*. München 1993.

Toeplitz, Jerzy: *Geschichte des Films 1895–1933*. München 1987.

# Die Autorinnen und Autoren

Nikolas Buck, wissenschaftlicher Mitarbeiter am Institut für Neuere Deutsche Literatur und Medien der Christian-Albrechts-Universität zu Kiel.
Dissertationsprojekt zum Prozess der literaturgeschichtlichen Epochenbildung.
Forschungsschwerpunkte: Avantgardeliteratur, Gegenwartsliteratur, Literatursoziologie.
Publikationen (Auswahl): (Hg.): *Ulrich Holbein. Sein Werk zwischen Avantgarde und Archivierung.* Frankfurt a. M. 2015; Der Verbrecher aus Fatum und Fähigkeit. Über Wolf Wondratscheks Roman „Einer von der Straße". In: Text + Kritik, H. 215 („Wolf Wondratschek"). München 2017, S. 23–36.

Dr. Ewa Greser, wissenschaftliche Mitarbeiterin des Lehrstuhls für deutsche Literaturgeschichte am Institut für Germanische Philologie der Adam-Mickiewicz-Universität Poznań.
Dissertation zum Thema: *Die Stadt Posen in der deutschsprachigen Literatur (1772–1918)* (2016).
Forschungsschwerpunkte: Deutsche Literatur und Kultur des 18. und 19. Jahrhunderts, Reiseliteratur, deutsch-polnische Literaturbeziehungen.
Publikationen zur deutschen Literatur über die Provinz Posen.

Simon Hansen, wissenschaftlicher Mitarbeiter am Institut für Neuere Deutsche Literatur und Medien der Christian-Albrechts-Universität zu Kiel.
Dissertationsprojekt zum Text-Theater der Gegenwart.
Forschungsschwerpunkte: Gegenwartsdramatik, Theorie des Dramas, Drama und Theater, Gegenwartsliteratur.
Publikationen (Auswahl): Roland Schimmelpfennigs *Auf der Greifswalder Straße* – aktuelle deutsche Theaterliteratur am möglichen Ende der Postdramatik. In: Michał Jamiołkowski/Nina Oborska/Krzysztof Tkaczyk (Hg.): *Theater als Begegnungsort. inter intra trans.* Warschau 2016, S. 23–37. Vom Komiker zum Schriftsteller: Heinz Strunks ›Trilogie des Sexualtriebs‹ *Fleisch ist mein Gemüse* (2004), *Fleckenteufel* (2009) und *Der goldene Handschuh* (2016). In: Ewa Żebrowska/Magdalena Olpińska-Szkiełko/Magdalena Latkowska (Hg.): *Germanistische Forschung in Polen. Gegenstände und Methoden, Formen und Wirkungen.* Warschau 2017, S. 121–133.

Svea Hundertmark, Lehrbeauftragte am Institut für Neuere Deutsche Literatur und Medien und wissenschaftliche Mitarbeiterin am Lehrstuhl für Fachdidaktik Englisch der Christian-Albrechts-Universität zu Kiel.

Dissertationsprojekt zum US-amerikanischen Märchenfilm des 21. Jahrhunderts. Forschungsschwerpunkte: Märchen, Intertextualität, Unzuverlässiges Erzählen. Publikationen (Auswahl): Glückliches Ende ohne Ende? – Zur Verarbeitung von Märchen in TV-Serien. In: *Märchenspiegel – Zeitschrift für internationale Märchenforschung und Märchenpflege* 28(2), 2017, S. 32–49.

AGATA KOCHANOWSKA, wissenschaftliche Mitarbeiterin am Institut für Germanistik der Universität Zielona Góra.
Dissertation zum Thema: *Wenn das Wort dem Ton gehorchen muss. Der Librettist Richard Wagner und sein „Ring des Nibelungen"* (2017)
Forschungsschwerpunkte: Richard Wagner, deutschsprachige Oper, Librettologie, das Verhältnis von Text und Musik, Erinnerungsdiskurs, Gedächtnis- und Verdrängungsmechanismen in der deutschsprachigen Gegenwartsliteratur.
Publikationen (Auswahl): Günter Grass' autobiographisches Schreiben – Selbsttherapie oder Selbstinszenierung? In: *Kwartalnik Neofilologiczny*, LVII; Rollenspiele des Grassschen Erzählers: Zwischen Ich und Er. Wie der junge Grass und der alte Grass nach dem gemeinsamen Nenner suchen. In: *Annales Universitatis Mariae Curie-Skłodowska*, Sectio FF Philologiae, VOL. XXVIII.

DR. EWA PŁOMIŃSKA-KRAWIEC, wissenschaftliche Mitarbeiterin am Lehrstuhl für Geschichte der deutschen Literatur an der Adam-Mickiewicz-Universität in Poznań.
Dissertation zum Thema: *Stoffe und Motive der polnischen Geschichte in der deutschen Erzählprosa des 19. Jahrhunderts* (2005).
Forschungsschwerpunkte: Imagologie, historische Stereotypenforschung, deutsch-polnische Beziehungen in der Literatur des 19. Jahrhunderts, ostpreußische Regionalliteratur und Presse in der Weimarer Republik.
Publikationen (Auswahl): zusammen mit Edyta Połczyńska: *E. T. A. Hoffmann w Poznaniu 1800–1802*. Wydawnictwo Poznańskie 2004.
Aufsätze zu Siegfried Lenz, Gerhart und Carl Hauptmann.

DR. CHRISTOPH RAUEN, wissenschaftlicher Mitarbeiter am Institut für Neuere Deutsche Literatur und Medien der Christian-Albrechts-Universität zu Kiel.
Dissertation zum Thema: *Pop und Ironie. Popdiskurs und Popliteratur um 1980 und 2000* (2010).
Forschungsschwerpunkte: Literatur der Goethezeit, Methodologie der Literaturwissenschaft, Pop-Literatur und Ironie.
Publikationen zu Literatur, Film, Musik und Journalismus seit dem 18. Jahrhundert. Derzeitiges Buchprojekt: *Dichterglaube. Plausibilität und die Grundlagen von Fiktionalität, Vertrauen und Religiosität bei Ludwig Tieck.*

2017 erschien das Text + Kritik Heft 215: Wolf Wondratschek, 2016 der Band *Pornographie in der deutschen Literatur. Texte – Themen – Institutionen* (jeweils Mitherausgeber).

Dr. Maike Schmidt, wissenschaftliche Mitarbeiterin am Institut für Neuere Deutsche Literatur und Medien der Christian-Albrechts-Universität zu Kiel.
Dissertation zum Thema: *Grönland – Wo Nacht und Kälte wohnt. Eine imagologische Analyse des Grönland-Diskurses im 18. Jahrhundert* (2011).
Forschungsschwerpunkte: Literatur des 18. Jahrhunderts, Kulturkontaktforschung, Literatur des 21. Jahrhunderts.
Publikationen (Auswahl): Sammelbände: *Norden und Nördlichkeit. Darstellungen vom Eigenen und Fremden*, hg. mit Dennis Hormuth (2010); *Gegenwart des Konservativismus in Literatur, Literaturwissenschaft und Literaturkritik* (2013). Aufsätze: „wenn man nur danach Augen hat." Zur romantischen Poetizität in E. T. A. Hoffmanns „Nußknacker und Mausekönig". In: Astrid Arndt/Christoph Deupmann/Lars Korten (Hg.): *Logik der Prosa. Zur Poetizität ungebundener Rede* (2012), S. 185–197; Der historische Regionalkrimi. In: Hans-Edwin Friedrich (Hg.): *Der historische Roman. Erkundungen einer populären Gattung* (2013), S. 245–256; „Ich aber glaube, daß gerade der Realismus für die Literatur lebensnotwendig ist." Der ‚neue Realismus' bei Maxim Biller und Alban Nikolai Herbst. In: Rolf Parr/Søren R. Fauth (Hg.): *Neue Realismen in der Gegenwartsliteratur.* (2016), S. 227–235.

Jill Thielsen, wissenschaftliche Mitarbeiterin am Institut für Neuere Deutsche Literatur und Medien der Christian-Albrechts-Universität zu Kiel.
Dissertationsprojekt zur Bedeutungskonstitution in avantgardistischen Texten und der Nonsens-Poesie des 20. Jahrhunderts.
Forschungsschwerpunkte: klassische und Neo-Avantgarde, Erzählliteratur des 20. und 21. Jahrhunderts, Literatursemiotik, Selbstreferenz.
Publikationen (Auswahl): „Alte, aneinander geknotete, aber auch ineinander verfitzte Zwirnstücke". Ulrich Holbeins chimäre Poetik in *Samthase und Odradek*. In: Nikolas Buck (Hg.): *Ulrich Holbein. Sein Werk zwischen Avantgarde und Archivierung*. Frankfurt a. M. et al. 2015, S. 31–44. Literatur als Reise zur Mitte der Welt – Wahrnehmung und Vermittlung von Wirklichkeit in ausgewählten Werken Christoph Ransmayrs. In: *Flandziu. Halbjahresblätter für Literatur der Moderne*, Neue Folge, Jg. 7, 1 (2015), S. 201–219.

## BEITRÄGE ZUR LITERATUR UND LITERATURWISSENSCHAFT
### DES 20. UND 21. JAHRHUNDERTS

Herausgegeben von Hans-Edwin Friedrich
Begründet von Eberhard Mannack

Band 1 Rainer Stillers: Maurice Blanchot: *Thomas l'Obscur*. Erst- und Zweitfassung als Paradig-men des Gesamtwerks. 1979.

Band 2 Jörg W. Joost: Molière-Rezeption in Deutschland 1900-1930: *Carl Sternheim, Franz Blei*. Hermeneutische Rezeptionsfragen zur Wechselbeziehung zwischen wissenschaftlicher Interpretation, dramatischer Gestaltung und literarischer Bearbeitung. 1980.

Band 3 Thomas Kopfermann: Konkrete Poesie - Fundamentalpoetik und Textpraxis einer Neo-Avantgarde. 1981.

Band 4 Edith Ihekweazu: Verzerrte Utopie. Bedeutung und Funktion des Wahnsinns in expres-sionistischer Prosa. 1982.

Band 5 Rolf J. Goebel: Kritik und Revision. Kafkas Rezeption mythologischer, biblischer und historischer Traditionen. 1986.

Band 6 Karin Hörner: Möglichkeiten und Grenzen der Simultandramatik. Unter besonderer Be-rücksichtigung der Simultandramen Ferdinand Bruckners. 1986.

Band 7 Ingrid Scheffler: Albin Zollinger, Max Frisch und Friedrich Dürrenmatt als Publizisten und ihr Verhältnis zu den Medien. Im Anhang ein Gespräch mit Max Frisch. 1986.

Band 8 Ulrich Kinzel: Zweideutigkeit als System. Zur Geschichte der Beziehungen zwischen der Vernunft und dem Anderen in Thomas Manns Roman 'Doktor Faustus'. 1988.

Band 9 Beate Porombka: Verspäteter Aufklärer oder Pionier einer neuen Aufklärung? Kurt Tuch-olsky (1918 - 1935). 1990.

Band 10 Uwe Neumann: Uwe Johnson und der *Nouveau Roman*. Komparatistische Untersuchun-gen zur Stellung von Uwe Johnsons Erzählwerk zur Theorie und Praxis des *Nouveau Roman*. 1992.

Band 11 Susanne Evers: Allegorie und Apologie. Die späte Lyrik Elisabeth Langgässers. 1994.

Band 12 Anja Kreutzer: Untersuchungen zur Poetik Günter de Bruyns. 1994.

Band 13 Frank Joachim Eggers: "Ich bin ein Katholik mit jüdischem Gehirn" - Modernitätskritik und Religion bei Joseph Roth und Franz Werfel. Untersuchungen zu den erzählerischen Wer-ken. 1996.

Band 14 Gisela Hansen: Christliches Erbe in der DDR-Literatur. Bibelrezeption und Verwendung religiöser Sprache im Werk Erwin Strittmatters und in ausgewählten Texten Christa Wolfs. 1995.

Band 15 Anja Koberstein: "Gott oder das Nichts". Sartre-Rezeption im frühen Nachkriegswerk von Alfred Andersch im Kontext der zeitgenössischen Existentialismusdiskussion. 1996.

Band 16 Paola Bozzi: Ästhetik des Leidens. Zur Lyrik Thomas Bernhards. 1997.

Band 17 Iris Block: "Daß der Mensch allein nicht das Ganze ist!" Versuche menschlicher Zweisam-keit im Werk Max Frischs. 1998.

Band 18 Anne Raabe: *Das Wort stammt von Kierkegaard*. Alfred Andersch und Sören Kierkegaard. 1999.

Band 19 Jutta Kristensson: Identitätssuche in Rose Ausländers Spätlyrik. Rezeptionsvarianten zur Post-Schoah-Lyrik. 2000.

Band 20 Leonhard Fuest: *Kunstwahnsinn irreparabler*. Eine Studie zum Werk Thomas Bernhards. 2000.

Band 21 Simonetta Sanna: Die Quadratur des Kreises. Stadt und Wahnsinn in *Berlin Alexanderplatz* von Alfred Döblin. 2000.

Band 22 Anette Horn: Kontroverses Erbe und Innovation. Die Novelle *Die Reisebegegnung* von Anna Seghers im literaturpolitischen Kontext der DDR der siebziger Jahre. 2005.

Band 23 Hans-Edwin Friedrich (Hrsg.): Der historische Roman. Erkundung einer populären Gattung. 2013.

Band 24 Albrecht Haushofer: Gesammelte Werke. Teil I: Dramen I. Herausgegeben von Hans-Edwin Friedrich und Wilhelm Haefs. 2014.

Band 25 Kristin Eichhorn (Hrsg.): *Neuer Ernst in der Literatur?* Schreibpraktiken in deutschsprachigen Romanen der Gegenwart. 2014.

Band 26 Nikolas Buck (Hrsg.): Ulrich Holbein. Sein Werk zwischen Avantgarde und Archivierung. 2015.

Band 27 Jürgen Egyptien (Hrsg.): Albrecht Fabri – Frühe Schriften. Essays und Rezensionen aus der Zeit des Dritten Reichs. 2016.

Band 28 Uwe Buckendahl: Franz Fühmann: *Das Judenauto* – ein Zensurfall im DDR-Literaturbetrieb. Eine historisch-kritische Erkundung mit einer Synopse aller publizierten Textvarianten. 2017.

Band 29 Jaime Alazraki: Elemente einer Poetik der Neofantastik. Die Erzählungen von Julio Cortázar. Aus dem Spanischen übersetzt und herausgegeben von Max Wimmer. 2018.

Band 30 Simon Hansen / Jill Thielsen (Hrsg.): Tendenzen der deutschsprachigen Gegenwartsliteratur. Narrative Verfahren und Traditionen in erzählender Literatur ab 2010. 2018.

www.peterlang.com

Printed in Great Britain
by Amazon